人力资源

任力资源

人力资源总监管理手册

那些教材上不会告诉你的
实战方法

任康磊◎著

第2版

人民邮电出版社
北京

图书在版编目（ＣＩＰ）数据

人力资源总监管理手册：那些教材上不会告诉你的实战方法 / 任康磊著. -- 2版. -- 北京：人民邮电出版社，2022.10（2023.11重印）
ISBN 978-7-115-59148-7

Ⅰ．①人… Ⅱ．①任… Ⅲ．①人力资源管理－手册 Ⅳ．①F243-62

中国版本图书馆CIP数据核字(2022)第062447号

内 容 提 要

本书以作者的工作经历为背景，聚焦于实践，以人力资源总监的视角，从认知和应用两个角度展开，详细介绍了人力资源管理的各个环节和重点，并且给读者提供了一些不一样的方法、技巧及实践中容易忽略的细节。

本书共9章，主要内容包括人力资源管理者在企业中的留存与发展，人力资源管理人员工作的价值创造，保证人才持续供应，像产业化生产一样量产人才，人才与组织的利益绑定，平衡财聚人散和财散人聚，维护人才与组织的关系，人力资源量化管理，以及实战过程中的一些疑难问题。

本书案例丰富、通俗易懂、实操性强，能够有效地指导读者做好人力资源管理实务工作，特别适合人力资源总监（HRD）、人力资源经理（HRM）、人力资源主管（HRS）、想要快速晋升人力资源管理者的人力专员阅读和使用。

◆ 著　　　任康磊
责任编辑　马　霞
责任印制　周昇亮

◆ 人民邮电出版社出版发行　　北京市丰台区成寿寺路 11 号
邮编　100164　　电子邮件　315@ptpress.com.cn
网址　https://www.ptpress.com.cn
涿州市般润文化传播有限公司印刷

◆ 开本：700×1000　1/16
印张：17.5　　　　　　　　　2022 年 10 月第 2 版
字数：286 千字　　　　　　　2023 年 11 月河北第 2 次印刷

定价：79.80 元

读者服务热线：(010)81055296　印装质量热线：(010)81055316
反盗版热线：(010)81055315
广告经营许可证：京东市监广登字 20170147 号

HR，用专业证明自己

有很多做人力资源管理工作的朋友问过笔者这样的问题："HR（Human Resource，人力资源，本书用以泛指从事人力资源工作的人员）要如何证明自己？"

营销类岗位的员工可以用业绩证明自己；产品类岗位的员工可以开发出好的产品证明自己；运营类岗位的员工可以通过达成项目预期来证明自己；就连财务类岗位的员工，也可以通过定期形成财务报表，用财务分析结果来证明自己。

可是，HR 要用什么来证明自己呢？

实际上，HR 证明自己的方法非常多，比如划分清楚岗位权责利，保证人才的招聘满足率，为关键岗位建立胜任力模型，帮团队培养出能力达标的人才，设计出有激励效果的薪酬体系，建立起有助于实现目标的绩效体系，帮助团队提高员工敬业度，实施有价值的人力资源数据分析，帮助团队提升绩效，帮助公司降低人力成本等。

不过，任何一个能够证明自己的方法，都需要 HR 自身专业能力的支持。HR 这份职业是一个上限可以很高的职业。要想拓展 HR 的职业上限，答案已经很明显，增强专业能力是大多数 HR 的唯一解。

如果不具备人力资源管理的实战专业能力，HR 就只能做人力资源管理中价值比较低的事务性工作。只有具备系统实战专业能力的 HR，才能在人力资源管理岗位上获得好的职业成长与发展。

十几年之前，笔者刚接触人力资源管理工作的时候，特别想系统地学习人力资源管理实战技能，帮助自己更好地开展工作，但当时找遍了全网，也没找到好的学习资料和课程。

后来，靠着不断向世界顶级的管理咨询公司学习方法论，靠着大量人力资源管理咨询项目的不断实施，靠着实战中搭建的人力资源管理体系的不断应用复盘，靠着十几年的经验积累，笔者终于能相对全面地总结出实战中人力资源管理体系的方法论。这些内容能够帮助 HR 更系统、更快速、更有效地提升人力资源管理技能水平。

"任康磊的人力资源管理"系列丛书自上市以来就好评如潮，销量与口碑都名列前茅，如今已有超过 50 万册的总印刷量。

许多读者在线上平台和笔者的社群中发出书架上摆着一整套"任康磊的人力资源管理"系列丛书的照片，并开心地说这套书已经成为其案头必备的工具书，非常实用。笔者很高兴自己的经验知识能够帮助读者学习与成长。

为帮助读者们更高效地学习人力资源管理实战技能，笔者在此介绍一个"4F"学习成长工具。"4F"分别指 Facts（现实／事实）、Feeling（感受）、Findings（思考／观点）、Future（未来，引申为行动计划）。"4F"对应着 4 个学习步骤，按照这个步骤学习，能让学习事半功倍。

第 1 步，总结事实。

注意学习内容中都有什么。看从事实中可以总结出多少对自己当前工作有价值的要点。学习的过程固然重要，个人的总结同样重要。没有总结，知识都是别人的；有了总结，知识才能变成自己的。

第 2 步，表达感受。

通过总结出的要点，表达自己的感受。这里的感受可以很宽泛，可以随意延展，不限于总结出的要点。"横看成岭侧成峰，远近高低各不同。"相同的内容，相同的人在不同时间点的感受都是不同的。

第 3 步，寻找观点。

通过学习，进行了怎样的独立思考？形成了哪些自己的观点？有了哪些具体收获？"学而不思则罔，思而不学则殆"。学习的过程必然伴随着深度的独立思考。

第 4 步，行动计划。

经过独立思考之后，形成具体的行动计划。这里的行动计划最好有益于实际工作，可实施、可落地。行动不仅是实践学习成果的方法，也是检验学习成果的有效方式。形成行动计划的过程中如果发现问题，可以再回到第 1 步。

"4F"学习成长工具是一个闭环。每一个学习过程都可以用"4F"学习成长工具进行复盘。当人们刻意运用这个工具学习的时候，即便是学习自己已经知道的内容，也往往会有一些新的认知、新的理解和新的感悟。

如果读者在系统学习"任康磊的人力资源管理"系列书、线上课或线下课，建议不断运用这个工具开展学习，您将能够不断获得成长与提升。

系统有效地学习任康磊的人力资源管理系列学习产品（图书、线上课、线下课），将帮助读者全面提升个人能力，提升职场竞争力；帮助读者成为解决人力资源管理实际问题的专家，提高读者的岗位绩效；帮助读者增加个人价值，获得更多的职场话语权。

最后，要感谢广大读者朋友们的支持与厚爱，感谢人民邮电出版社恭竟平老师与马霞编辑的指导与帮助，感谢张增强老师的鼎力协助。

祝读者朋友们能够成为卓越的人力资源管理者。

HR，让咱们用专业证明自己！

任康磊

有人认为企业人力资源管理能不能做好，理论知识是关键。如果这个观点成立，那么那些在名校攻读人力资源管理的博士到了企业应该能如鱼得水。可现实并非如此，那些来自书本、课堂的理论在实践中常常变得既不通用，也不实用。

如何让企业真正意义上实现从劳资管理到人事管理、人力资源管理，再到人力资本管理的功能性转变，这是令许多企业人力资源从业者头疼的问题。要实现和推动这种转变，仅靠理论知识是远远不够的，更需要我们对人力资源管理的"认知升级"和"活学活用"。

人力资源管理在我国还处于起步阶段，许多企业的老板和人力资源从业者对它的认识还停留在"点的阶段"，远未做到系统，全面的认知。就好像面对一张空白的 A4 纸，在上面随机地滴上几滴墨水，画上几段线条——如果不是抬杠，一般意义上来说，这当然不能算作一幅画。

为什么画不好这幅画？因为画这幅画的人不是站在纸的上方往下看，而是处在这张纸的二维平面中。在纸的上方画画尚且需要画功，更何况"身在此山中"。知识的局限、眼界的局限、心智的局限，让许多人力资源从业者深陷其中，难以自拔。所以，我们常听有人总结：做人力资源"简单而重复""就是个文员""没有前途""注定工资低"等。

如果我们能站在纸的上方往下看，就会发现人力资源管理的深度、宽度和前景远不是那些认知不足之人想象的样子。也许，不是人力资源管理没有"前途"或"钱途"，只是某些人没有"前途"和"钱途"。这些没有"前途"的人不是因为做人力资源管理而没有"钱途"，事实上，他们做什么都没有"前途"及"钱途"。

如果把屠龙刀给一名厨师，他可能只会用它切菜。怎么才能用好这把屠龙刀？我想一定需要学习几本武功秘籍，需要一段时间的修炼，需要和一些武林高手切磋。做人力资源管理也是同样的道理，理论知识就像屠龙刀，有了这把刀，还需要实践运用上的"武功秘籍"，坚持实践，不断练习，灵活运用。

为什么人力资源总是不受老板重视？

为什么理论在实践中不管用？

如何正确理解人力资源的各模块？

如何把人力资源理论应用于实践？

如何有效推动人力资源组织变革？

如何有效实施人力资源量化管理？

这些问题在本书中都有答案。

本书以人力资源管理的六大模块为逻辑线，在实践层面，以人力资源总监的视角，从认知和应用两个角度展开，介绍人力资源管理的一些"实用技巧"，希望能为人力资源从业者在职业发展上提供一些帮助。

随着方法的更新变化，本书迎来了第一次改版。本次改版增加了第9章，专门讨论人力资源管理实战中遇到的疑难问题，以及这些难题的解决方案，意在通过对这些高频难题的解析，帮助读者洞察问题本质，更有效地落实行动。

本次改版还对第1版某些内容做了改写和升级，修正了个别表述。

希望本书能够持续为读者们的人力资源管理实践提供帮助。如有更多人力资源管理实战技能的学习需求，欢迎关注"任康磊的人力资源管理"系列书及其他线上课或线下课。

祝读者们能够学以致用，更好地学习和工作。

一得之见，抛砖引玉，希望与读者们在交流学习中共同成长与提高。

本书若有不足之处，欢迎各位批评指正。

本书特色

本书理论联系实际，不仅介绍了工具和方法，还加入了人力资源管理的艺术化应用；不仅从人力资源总监的角度看人力资源管理，还站在公司和老板的高度看人力资源管理；不仅适用于人力资源的高管，也适用于各层面人力资源从业者；不仅介绍了传统的人力资源管理模块，还涉及了人力资源量化管理模块。

本书总结了人力资源管理的各类原理、方法论、工具、图表等，不仅讲了理论，更阐明了把理论运用到实践当中发挥作用的行之有效的方法；大量运用人力资源管理实践案例和故事，使读者更容易阅读并理解，更易接受并记住，从而引发读者联系实际工作的深层次思考；同时，故事不落俗套、打破常规，从更多的角度、更广阔的视野、更深的层次阐述人力资源管理的现实应用。

本书读者对象

- 人力资源总监（HRD）；
- 人力资源经理（HRM）；
- 人力资源主管（HRS）；
- 人力资源专员；
- 人力资源管理初学者；
- 想要从事人力资源管理的人员；
- 准备考取人力资源管理师证书者；
- 各大院校资源管理专业的学生；
- 需要人力资源工具书的人员；
- 需要人力资源实战案例的人员；
- 其他对人力资源管理感兴趣的人员。

08 第8章
一定要做人力资源量化管理 / 194

09 第9章
人力资源管理实战疑难问题 / 231

第1章

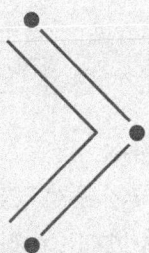

> 如何在企业中"活下去"

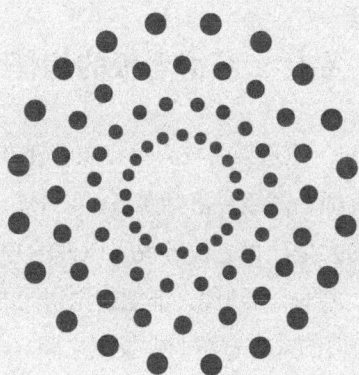

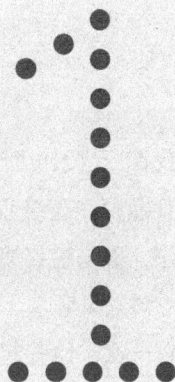

1

人力资源界流传着这样一套书单，被视为"HR 必读"，第一阶段——《人力资源管理》《组织行为学》《驱动力》等，第二阶段——《教你怎么不生气》《老子》等，第三阶段——《活着》。这虽是个笑话，却说出了一个道理：在组织中，人力资源管理者要想顺利开展工作，除了掌握基本的知识和技能外，必须要先"活着"，因为只有让自己在企业中"活下去"，才有可能体现价值，只有"活得好"才有可能推动变革。"活着"的前提是获得老板的信任。

1.1 靠什么获得老板的信任

我有一位 HR 朋友 David，他是某名校人力资源管理专业硕士，有高级人力资源管理师、高级心理咨询师、高级经济师等各种证书，参加过数场培训和高峰论坛，参与过许多重要的大型项目。按理说，以他的知识和能力，他的事业发展应该顺风顺水。可是，我每次见到他，都能察觉到他的苦闷。

有一次，他聊起了他坎坷的人力资源职业发展之路。他在 15 年的职业生涯中换了 9 家企业，从金融业到制造业再到服务业，从外企到国企再到民营企业，从北京、上海转战二线城市，又从二线城市转战三线城市。如今他已经 40 多岁了，却还没找到能给他归属感的组织。

我问他："问题出在哪儿呢？"

他苦笑了一下，说："我明明有能力做成的事情，老板偏偏不支持；我明明有充足论证的方案，老板偏偏不采纳；我明明有充分理由的建议，老板偏偏不同意。哎！说到底，老板还是不信任我呗！"

老板不信任某个人是谁的问题？是老板的问题，还是那个人的问题呢？如果老板对所有人都不信任，那应该是老板的问题；如果老板信任一部分人，不信任另一部分人，那问题很可能不是出在老板身上。

人力资源管理工作者不像某些业务部门的工作者可以靠业绩数据生存，业务部门的工作者甚至不需要考虑老板是不是信任自己，他们的工作大多靠的是能力、资源或客户。可人力资源管理工作者如果得不到老板的信任，工作将步步难行。

那么，要如何让老板或领导信任自己呢？在回答这个问题之前，首先要回答它下一层面的问题：领导如何判断你的为人？当然不是靠想象，领导一般会通过我们呈献给他的样子来判断我们的为人。

那么，我们又是如何向领导呈现自己的样子的呢？是通过我们每天的日常工作吗？其实不是，领导不可能每天站在我们身后看我们的工作状态，也不可能知道或判断我们做过的每一项工作。是从我们的同事那里知道的吗？也不全是。因为对于同事，也存在同样的问题，领导怎么能完全信任他们呢？怎么能只通过听同事的意见就判断我们的为人呢？

那么，领导究竟是通过什么判断的呢？答案是"标志性事件"。人与人之间所谓的"认识""了解""知道"这些概念，其实都源于标志性事件。

在《西游记》的"取经团队"中，相比沙和尚和白龙马，孙悟空为什么给人的印象更深刻？为什么他的特点更鲜明？因为孙悟空有许多标志性事件，比如孙悟空的"大闹天宫"显示了他的武艺高强和叛逆等。

而沙和尚和白龙马的标志性事件相对较少。作为"取经团队"的一员，沙和尚和白龙马在整个过程中的表现相对低调。当然，低调本身也是一种标志。可如果只有低调，很难给别人留下其他印象，也就很难被别人记住。

标志性事件，让我们在心中建立对每个人的"印象"，让我们能够区分每个人的性格、分辨每个人的特质，让我们有了对每个人的好恶。

比如，我对某位同事的印象是"他是个非常热心、很有爱心和同情心的人"。我为什么会这么认为呢？因为有一次公司的一位同事生了一场大病，家庭困难，没有足够的钱治疗，公司组织捐款，大多数同事都捐了100元。他每月工资3 000元，竟然捐了1 000元给这位同事。

后来，他还问及这位同事的住院地址，自己利用节假日买了水果和鲜花去医院看望这位同事。最后由于公司筹到的善款不足以支付医疗费，他还帮助这位同事的家人把其情况发到网上，利用互联网筹款凑齐了剩下的医疗费。

我曾去一家公司工作，岗位是人力资源总监，当时我28岁。入职前经过了3轮面试，总经理觉得我年纪太小，拿不准，特地找了一位人力资源管理咨询方面的专家来面试我。最后，那位专家让我先做副总监，总监这个位置先空着，看我的能力来调整，如果我的能力可以，再做总监；如果不行，公司会再招聘一位总监。

我入职后才知道，这家公司有30多年的历史，干部队伍的平均年龄是40岁，平均司龄为11年。我成了这家公司最年轻、资历最浅的干部。可我在入职1年后，人力资源部的年终考评排名第一，决策层的主要领导都对我的工作能力很满意。我不仅顺利地升为总监，2年后还升职为公司VP（副总经理）。领导是如何逐渐信任我的呢？其实也源于我的一个个标志性事件。

1.2 危难时刻最能突显能力

我在入职这家公司大约1个月时，遇到的第一个棘手事件是3名司机的去留问题。当时公司由于业务调整，厂房搬迁，车队有3辆危化品车辆已经不需要运营。领导的想法是把车卖掉，司机如果愿意留下就安排他们做生产车间的工人；如果不愿意留下，则希望他们能自行辞职。

处理这件事的是当时该车队所属分公司的一位副总，这位副总已经在公司工作了30多年，是公司的元老级人物。他在处理这件事之前，打电话问了我法律方面的风险和建议。我给他的建议是：先跟这3名司机好好谈谈，听听他们的意见，如果他们没有特殊的想法，就直接告诉他们公司现在对他们的安置方式是调到生产车间做工人，希望他们理解。

结果，这位副总没跟他们沟通，直接下了调令，要求他们在某时间到某车间报到上班，如果到期未报到，将视作旷工。这3位司机看到调令后，意见很大，在车队的办公室里闹起了情绪，对正常的工作造成了较大的不良影响。

总经理得知情况后，找到这位副总，问他事情怎么会演变成这样，当初是怎么沟通的。

这位副总说："哎，我平时对下属的管理很严格，以为不需要沟通，一纸调令就能解决问题，没想到事情会变成这样。"

总经理说："现在这个情况你要怎么处理？"

这位副总犯了难，说："我真是没办法了，要不公司赔他们一些钱，让他们走吧。"

总经理听后气不打一处来："你如果把员工放在心里，提早妥善地沟通，就不会发生这种事！"

后来，总经理找到我，问我这件事该怎么处理。这个时候问我"该怎么处理"，背后的意思就是让我想办法把这件事处理好。所以，我爽快地对总经理说："让我去处理这件事吧！"因为这件事的处理结果，会决定公司上下所有人未来怎么看我。答应起来容易，实际做起来还需要一些技巧。这个事件的情况比较复杂，时间比较紧迫，需要妥善周到地处理。

从总经理那里出来，我直接去了车队办公室，见到了这3位司机。他们低着头、闷不吭声地坐在房间的角落。办公室里还有其他几十位司机，看到我来了，全都看向我。

我装着傻说："今天早晨，我这里收到了一份调令，现在听说出了一些问题，想请问一下，这份调令上的3位司机师傅是谁？"

说罢，这3人都懒洋洋地说："是我，我是×××，你找我们有什么事？"

我说："哦，你们好。我先自我介绍一下，我是负责公司人力资源工作的×××，刚来公司不久，许多情况不了解。今天早晨，我听说3位因岗位调整的事情和公司闹了一些误会，想向3位了解一下具体是怎么回事。"

3人一听我是刚来的不了解情况，而且我管这个事，于是他们打开了话匣子，你一言我一语地说了起来。而在这个过程中，我专心地聆听，不停地点头，时不时地给一些反馈："还有呢？然后呢？接下来呢？"等他们说累了，消极情绪也基本消退了一大半。

这时，我平静地说："哦，我听明白了，原来是这么回事呀！看来这只是个误会，是沟通上出了问题。我刚才听几位大哥说话，觉得你们也都是非常明事理的人，所以我们能沟通得很顺畅。既然现在情况已经明确了，几位大哥准备怎么办呢？"

他们有点儿蒙了，一是因为憋了一肚子的话想找能负责的人倾诉，说完之后反而不知道说什么了；二是没想到我能这么认真地听他们说那么久，一点儿不打岔；三是因为我说他们"明事理"，他们要"自我验证"，人都喜欢别人把自己说得很正面，所以他们要赶快验证我说的"特质"；四是因为他们只是闹情绪，从来都没想过自己到底要什么，到底希望公司做什么。

他们停顿了几秒，然后说："其实我们也明白公司的意思，我们就是对副总没有和我们事先沟通就下调令这个行为感到气愤。"

我说："几位大哥，误会解开以后，这事儿其实就很简单了。公司业务变更，几位大哥都能理解。公司不想辞掉几位大哥，提供了车间岗位，新岗位的工资比车队工资还高。我听说长期开车对人的颈椎和下肢都不好，要不几位大哥先到车间试一试？如果这个车间的岗位不适合，还可以再换到另一个车间的岗位。正好今天上午有个车间开叉车的员工离职了，这个岗位处于空缺状态，现在3位大哥谁先同意，谁就可以先去那个岗位，工资比现在高，工作性质和原来也差不多。"

人面面相觑，一会儿，其中一位说："我去开叉车吧。"

另外两人瞅了他一眼，说："我们都开了这么多年的车了，开车就是我们的手艺，到车间干，不成了从零开始了吗？"

我看他俩低着头，很犹豫，就说："也对，一般从事一种职业的时间长了，冷不丁换了，难免不适应。但公司已经没有司机岗位了，如果我是两位大哥，还不如辞职算了，正是年富力强的时候，这么耗着对个人有什么好处呢？我有朋友在其他公司做人力资源管理，我可以帮两位大哥问问他们公司招不招司机。"

他俩想了一会儿，说："好吧，你说得也对！"

我接着说："是啊，不如早点儿把手续办了得了。"

他们又想了一会儿说："好吧，就按照你说的办！"

然后，他们很配合地办完了离职手续。

回去后，我不仅向总经理汇报了我处理这件事的始末，还分析了这件事发生的原因，背后反映的问题，我们未来要怎么做才能有效防止类似事件发生，以及如果再次发生类似事件的应急预案。总经理听后点点头，表示很满意。

1.3　会分配利益才能站住脚

人力资源管理者的工作事项庞杂，领导不太可能因为你做好了一两件事就马上信任你。一件事只能看出一个人某几个方面的特质或能力。经过一段时间，通过这个人对一连串事件的处理，我们才能真正认识并看清楚这个人。

既然我入职的岗位是人力资源副总监，能处理这种应急事件只能说明我有危急事件的处理能力和一定的沟通能力，还远不能体现出我在这个岗位的价值。所以，我必须尽快在人力资源管理方面寻求突破。

大约在我入职两个月时，总经理说公司已经两年多没有调工资了，个别部门单独申请调工资的他都批了，但是现在公司的薪酬结构暴露出了很多问题。一是内部薪酬与外部薪酬相比较低，没有竞争力，无法吸引人才，内部人才流失率较高，员工抱怨较多；二是内部薪酬不平衡，在相似的岗位上做着相似的工作，各子公司之间、各部门之间的工资差别却很大，不利于内部的安定团结。

基于此现状，总经理表示想给公司的全体员工涨工资，新的薪酬方案必须在两周内完成，同时要解决前面说的两大问题。这一次总经理没有试探，直接安排我做。

薪酬的事，按理说我当仁不让。可公司之前没有建立人力资源部，薪酬相关的所有资料散落在各子公司的财务部。收集资料倒还好，关键是资料收集完之后，我发现各子公司之间的岗位设置、职等职级、薪酬逻辑、工资水平全都不相同，甚至同一子公司内部相同职级、相同岗位的薪酬也存在很大差异。

可能有人觉得不过是做一个薪酬方案，有什么难的？讨论一下出个方案直接执行就行了。没那么简单！薪酬调整是"权责利"当中"利"的分配，很多"团队散伙"都是因为"利"的分配不合理。

如果我不谨慎行事，到时候一定会有人问：这是谁出的方案？谁定的标准？最后很可能所有的矛头都指向人力资源部。

我曾见过多家公司调整薪酬方案，老板年初就在公司大会上向全体职工宣布要调薪，结果HR把这件事拖到年底，过程中求全责备，怎么看、怎么算都有问题。而且拖到最后制定的最终方案是工资普涨300元，遭到员工各种吐槽——就这样还用得着从年初拖到年底？

一方面，老板自己说出去的话不实现会打老板的脸；另一方面，人力资源管理工作者反复提醒老板方案这里不平衡，那里不平衡，这块欠考虑，那块有问题。诚信对于老板来说是很重要的，不能失信于人，所以最后宁可吃"大锅饭"也要调。

这也可以看出来许多人力资源管理者和老板之间思维的差距，老板关心的是"为什么做""一定要做""快一点儿做""关键是做"；而有的人力资源管理者想的是"怎么做""做了可能对我有什么坏处""怎样做自己能免责""可不可以不做"。

按理说，人力资源各模块是相互关联的，在其他几个模块都没做好的情况下，很难单独把一个模块做好。但这次情况紧急，短期内让所有模块齐头并进也不现实。于是，我决定把这个薪酬方案作为人力资源专业工作开展的起点，走完这步之后，再逐渐改进其他模块。

1. 明确公司人员分类的概念

人员分类是岗位管理的基础，而岗位管理是人力资源管理的基础。在确定薪酬方案之前，确定公司的人员分类不仅是基于薪酬的需要，更是为未来的绩效管理、能力管理、招聘管理、培训管理、福利管理、荣誉管理等一系列人力资源管理工作服务。

根据迈克尔·波特（Michael Porter）的价值链理论，按照工作属性的不同，我将全公司所有的岗位划分为13种序列、25种角色。根据不同序列和角色的岗位价值、岗位要求、工作复杂程度、专业程度、人才市场的可替代性等的不同，划分出32个职等，按每个职等薪酬增长10%依次递增，确定对应的宽带工资标准。

2. 统一干部职等职级的标准

几家子公司原来的干部职级混乱、职级名称不统一，类似岗位有的叫经理，有的叫部长；同一职级内的等级划分不统一，有的分3等，有的分5等；同一职等职级内的薪酬不统一，最高的比最低的薪酬高出50%。

如果干部的职等职级不统一，将无法制定薪酬标准。所以我在这一步把干部划分为主管、高级主管、经理、高级经理、副总经理、高级副总6个职级，每个职级又分成3个职等，按每个职等薪酬增长10%～20%依次递增，划分出对应的薪酬标准。

3. 确定整体取齐补差的定位

薪酬方案的定位很重要，一个方案不可能解决所有问题，一个方案也不可能照顾到所有人的利益。确定方案制定的目的，就是要解决"为什么"的问题。明确定位，也是为方案制定前后与全体职工的沟通做准备，便于职工理解方案。

经过与公司的决策层沟通和公司的战略匹配，我最终把第一年的薪酬方案定位于"取齐补差"，同时也明确了未来3年薪酬调整的定位。

4. 制定各类人才测评的依据

薪酬标准确定了，下一步的关键是怎么把现有的人员"安放"到相应的薪酬标准中。也就是说，按照新的薪酬标准，通过构建胜任力模型、人才测评等手段进行人员薪酬分配。

5. 方案的论证和实施

关于方案的论证，曾经有许多人找我帮忙看他们制定的某个方案、制度、流程等，然后问我是否"正确"。我还没见过什么东西是"绝对正确"的，在一个组织中更是如此。不要讲"对错"，也少讲些"利弊"，多讲"合不合适""和不和谐""能不能接受"。

制定方案本身是为了得到想要的结果。这件事的关键在于决策层或核心管理层能不能接受方案可能带来的问题，能不能接受最坏的情况。如果能，论证通过，不要再拖，马上开始实施。

1.4 分得清权责才能算称职

薪酬体系明确了"利"的分配，接下来一定要搞清楚"权"和"责"的归属问题。许多企业在人力资源管理上出问题，根本原因就是没有搞清楚权、责、利的关系。

总经理一开始向我介绍这家公司时，说了许多问题，其中至少70%与机构设置、权责划分和绩效管理相关。当时总经理希望我快速展开工作，迅速到各子公司调研情况并立即制定方案。

HR了解一家公司最快的方式就是看这家公司的组织机构图以及部门和岗位说明书，但我在第一家子公司就碰了壁。因为我是新人，之前没有人力资源总监这个岗位，子公司人事专员不给我看他们的组织机构图和岗位说明书，说需要请示子公司总经理。

我找到子公司总经理，他说："我们公司是保密单位，资料不能随便给别人看，你想了解公司，可以找人事专员聊聊，或者到公司里转转，不过因为需要保密，车间和档案室都不允许进。"

在到这家公司之前，我很难想象集团公司的人力资源总监竟然不被允许看子公司的组织机构图和岗位说明书。于是，我回去先把人力资源总监这个岗位的权限和职责编写清楚，找到了公司总经理让他在上面签字生效。我拿着公司总经理签字的权责表，才行使了我该有的权限。

后来我才知道，这家子公司的组织机构图和岗位说明书全部存在认证办（负责质量体系认证的部门），已经好几年没更新了，而且只有纸质版没有电子版。所以，即使我看到了这些文件，它们也不过是一堆废纸。在这种情况下，我毅然决定根据公司战略自己制定公司的组织机构图以及部门和岗位说明书。

经过大量的调研与沟通，以及与总经理反复确认，我制定了集团公司和子公司的整套组织机构图、部门说明书、岗位说明书。在薪酬体系得到确认之后，公布至全公司。我从来没想过，这件在我看来再正常不过的事竟得到了公司各级领导的一致好评。可见这家公司曾经深受权责不清的影响。

原来互相推诿的部门，现在明确了责任归属就没办法再推卸责任了；原来工作负责得不全面的部门，现在明确了工作范围有些事就不得不做了；原来不知道各自岗位的权限具体是什么的员工，现在也知道了。

权责划分清楚后，绩效考核一定要跟上。公司之前是吃"大锅饭"，对干部唯一的评价标准就是老板对其的印象。在一家原本没有绩效考核的公司，有人会觉得开展绩效考核就像采购一台打印机一样容易，公司原来没有，只是因为没有一个叫人力资源总监的人去做而已。

可实际要想推行下去，必然要有一些管理程序、管理行为的支持和改变，比如最起码要有一个清晰的战略，要有全面预算管理，执行中要有绩效的沟通和反馈等。如果没有这些框架做支撑，绩效考核只会停留在探讨绩效指标的层次，远达不到"绩效管理"的层次，最后的结果必然是"走形式"，绩效会成为每月打分的结果，绩效得分只会成为年底发奖金的依据。

因为怕出现问题就什么都不做，管理效率不会有任何提升；为了做事而做事，盲目强推，结果不是适得其反，就是流于形式。要把这件事做得恰到好处，分寸的拿捏很重要。

我把现在的情况和绩效管理的必要性向总经理说完后，他表示今年先不做，先做好前期的准备，明年再推行。我则向他建议第一年可以先在高层关键管理岗位之间小范围推行。最后确定推行范围为 20 人，同时完成车间所有一线操作工的月度考核。

选择在高层关键管理岗位推行，一是因为让高层习惯整套绩效管理的理念，且可作为绩效管理程序的试运行；二是因为高层的财务指标比较明确，确定指标相对客观和容易。选择在车间一线岗位推行，一是因为绩效考核与产品的质量和生产效率直接相关；二是因为车间一线岗位的考核指标相对比较明确；三是因为运行起来阻力较小。在高层关键管理岗位推行和在车间一线岗位推行都是可以产生管理正效益的。

第二年，我把管理层绩效考核的范围扩大到了 200 人。总经理想把范围扩大至全体的行政岗位，他认为行政岗位尤其是坐办公室的文职岗位也应该有明确的考核指标，他听说有的公司执行"积分制管理"，效果就很好，每个人根据平时表现每月进行打分。类似的情况有做 HR 的朋友问过我，他所在公司的老板要求他必须对坐办公室的文职岗位考核，结果考核来考核去最后变成了每月的"走形式"。

我向总经理建议不这么做，原因是管理颗粒度（细致程度）的提高，必然会带来管理成本的增加，但是并不一定能带来管理效果的显著提高。当公司现在的能力承载不了这种管理成本的增加时，必然得不到好的结果。

比如，我们公司的行政办公室有 9 个人，他们平时的工作非常繁杂，有一大半的工作不可规划，比如处理领导的日程安排、接待临时来访客户等。现在，要评判这 9 个人工作的好坏。有一种方式比较传统而粗放，就是 360 度考评打分，然后强制排名。这种方式客观、精确吗？肯定不是。效度有多少呢？拍脑袋想，大概有 80% 吧。

现在我们用另一种所谓科学细致的方法，即积分制管理，每天记录打分，月底结算。客观、精确吗？我敢说肯定也不，因为一定会有许多人为的因素等影响结果。效度会达到多少呢？继续拍脑袋想，大概也就在 85% 吧。

原本简单粗暴的方式，效度是 80%，一年的工作量大概只需要 1 名员工用不到 12 小时的时间就可以完成。第二种所谓科学细致的方法，效度提高了 5%，效度落实到这个 9 人的部门大概不会存在实际的提高，却可能因此要多增加 1 个人来专职做这件事，而结果只是得到了 9 个人的工作"评价"结果，并不会因此而改善工作成效。

有时候，领导的出发点是好的，可想法不尽合理，所以对领导的话不要言听计从，基于专业的角度给予领导一定的纠偏非常必要。管理有模式无定式，绩效考核不只是为了评价员工，也不只是为了给员工戴个"紧箍咒"，更重要的是要激发员工做出公司想要的行为，达到公司想要的结果。

1.5　能主导策略才有影响力

在我入职半年的时候，有一次开总经理办公会，会上总经理谈及目前公司销售人员的积极性不高，表示要调整一下销售人员的提成策略，让销售总监负责起草方案。一周后，销售总监把起草好的提成策略报给了总经理。总经理直接把这个策略转发给了几位副总和各个部门总监，让大家先看看，过几天专门开会讨论这件事。

我打开邮件，只有一个附件，是个 Word 文档。内容大体是 A 产品的提成比例是 a%；B 产品的提成比例是 b%；C 产品的提成比例是 c%，完全没有测算过程和数据分析模型。我粗略测算了一下，如果按照这个策略，当业绩达到去年的水平时，销售人员的总销售提成额要比去年增长 1 倍。这显然很有问题，这种策略不会对销售人员有任何激励，本质上就是一个给销售人员"涨工资"的策略。

这让我看不下去了，在提成策略的讨论会议上就讨论这个——一个 Word 文档，一大堆文字，连基本的测算和数据都没有，目测都有一大堆问题的方案？这有什么好讨论的？难道要现场拍脑袋决定 A 产品的提成比例应该是 a%，是（a+1）%，还是（a-1）%？谁知道不同的提成比例对最终的提成额有多大影响？谁来预估这对业绩会有多大影响？召开这种会议，不是浪费大家的时间吗？

在参加销售策略的讨论会议之前，我给将要参加会议的所有人发了一封邮件。

提成策略收到，一点拙见供大家参考。

整个策略没有基础的模拟数据测算。目测按照此策略销售人员达到上年同样业绩水平时，销售提成将比上年至少增长80%。公司本来付出1元的成本，能拿回5元的价值，现在平白无故变成要付出1.8元的成本，才能拿回5元的价值。人才的投资回报率毫无缘由地降低，我无法理解。

当然，让销售人员拿到高薪不是坏事，没有人想克扣销售人员的待遇。但也不应无序增长。我粗略测算，如果公司的业绩比上年提高5%，销售人员的提成会达到去年的2.5倍。这意味着公司付出了2.5倍的成本，换来了5%的增长，那么，明年要怎么办？未来要怎么办？

目前的这个策略，我看不到给销售人员带来的"动力"在哪儿，也看不到它为公司带来的好处在哪儿。如果我是一名销售人员，我会为这种销售策略拍手叫好。因为我不需要付出多少努力，就能大幅加薪。

建议财务人员按照这一版销售策略的逻辑做详细的数据测算和分析，关键是公司提成付出与收益的投资回报率，以便于会议上讨论决策。

总经理看到邮件后，马上通知财务中心准备各种数据。销售总监得知后也修改了原来的策略。在提成策略讨论会议的当天，又拿出了一个新版的策略，有意思的是，这个新版的策略依然只是个Word文档。

与原来不同的是，这一次策略设置了两个档，一个是力保额，一个是目标额。比如，当销售额低于力保额时，提成比例是a%；高于力保额但低于目标额时，提成比例是（a+1）%；高于目标额时，提成比例是（a+2）%。设置力保额的理由是销售人员预计明年的市场行情不好，能够达到力保额就很不容易了。

另外，为了鼓励诸如技术、生产这类销售支持部门，销售策略设置了一部分非销售人员的奖励，当销售额低于公司去年的同期数据时，没有奖励；当销售额高于去年的同期数据但低于预算销售额时，奖金比例为b%；当销售额高于预算销售额时，奖金比例为（b+1）%。

看到这里，我又提出了一些新的建议。

（1）我不建议设置力保额和目标额两个档，公司要的就是目标额，也就是公司的销售目标。公司在设置年度销售目标的时候已经考虑过了力保额，结果就应该是销售目标。策略中有了力保额，等于给所有销售人员一个潜台词：公司"公开支持"业务员"达不成"销售目标。

（2）既然我们想要的是达成销售目标，把去年同期数据（比销售目标低20%）搬出来恐怕会有所混淆。《孙子兵法》有云："求其上，得其中。"公司想达成的是我们的销售目标，也就是 A 目标，在策略设置时可以在达到了（1+10%）×A 后给予奖励。这样比单纯地设置实现 A 目标后就予以奖励更利于实现目标。

提成策略之后的进展变化，果然在按照我提议的方向走。这个事件之后，每逢公司有策略要制定，总经理必然会让主导部门征求我的意见。从这时候开始，我的岗位定位就渐渐开始不只是人力资源管理了，而是趋于整个公司的经营管理。

1.6 有时候你需要态度强硬一点

许多人力资源管理者以为公司之间的管理差异就只是有没有制度或者有没有硬件，以为给公司制定一个制度、买一些硬件就万事大吉，就能达到别的公司的管理水平，结果在制度推行的过程中阻力重重，最终要么无疾而终，要么流于形式。

是否实行打卡考勤，就是管理差异的一种。一家没有实行打卡记考勤的公司的公司管理者常常会羡慕那些实行打卡记考勤的公司，会简单地认为这种差异只是有没有《考勤管理制度》、有没有打卡机的事，其实制定制度、买硬件这个层面的事情太容易做了，难的是将其推行和落地。

对于一家从来没有打卡记考勤的公司来说，冷不丁套上一个考勤制度，大部分人都会不适应，许多人会排斥。那些不愿意被束缚的人，会想尽一切办法找制度的问题，钻制度的漏洞，甚至抵制新制度的执行。

一是因为大家本来对于考勤的时间概念是松散的，公司规定 8:00 上班，这个 8:00 是按照什么标准确定的呢？我的手表的时间比你的慢 10 分钟，我的 8:00 比你的 8:00 就晚 10 分钟。我以前是可以按照我的 8:00 来上班的，现在有了标准，我就必须按照公司的 8:00 来上班，而且还必须要打卡，好麻烦。

二是组织内的许多管理干部，尤其是中层偏上接近高层的领导，谁来管他们？他们平时上下班比普通员工要自由，有时候连老板看到他们晚来一会儿或者早走一会儿也不闻不问，可能是为了给他们面子，也可能觉得为这事找他们没必要。这下有了制度，他们忘了打卡，迟到了，不补单子，你要拿他们怎么办？

在我到这家公司之前，这家公司就没有打卡记考勤的规矩。总经理要求推行打卡记考勤，这项工作自然落到了我头上。我完成了《考勤管理制度》公开征集意见，买了足量的考勤机调试好系统之后试运行了两个月，每个月通报并公布当月的未打卡情况，对不按照制度执行的负激励。对于打卡有问题的部门，我还会发一封邮件给该部门的分管副总以示提醒。

××总，您好：

附件是您部门20××年4月的考勤异常情况，上月已做过一次提醒，本月再次提示，请您根据附件核对4月您部门人员的实际出勤情况，将遗漏的《未打卡事项说明单》补齐，5月6日前未补齐的将按照考勤机结果计算4月工资。

为严肃公司考勤管理制度，从下月起，对考勤异常将不再做任何提醒，当月考勤结果以考勤机和《未打卡事项说明单》为准，直接在当月工资中体现。

另外，特殊工作原因不能作为迟到、不打卡，以及不按要求填写《未打卡事项说明单》等考勤异常的理由，若有不遵从考勤管理制度的需要，请找总经理申请签批。

感谢您对我们工作的支持与配合，望理解。

每个部门负责人在正式执行考勤制度的前两个月都会收到我发送的类似的一封提醒邮件。这样全公司都知道考勤将会从第三个月开始严格执行。

可也有一些平时散漫惯了的部门，适应不了制度的要求，不愿意改变自己的习惯。这时候人力资源部门就面临以下两个选择。

一是继续提醒，继续不断地通过口头或邮件要求。

二是按照《考勤管理制度》坚决执行。

对于违规行为，提前教育是必要的，可如果只是持续不断地提醒，不采取任何行动，就不会让问题得到改善，只会让员工越来越不把规则当一回事。有时候我们需要强硬一点，坚决按照制度执行。

1.7 说服老板没你想的那么难

在很多民营企业，带领企业创业的领头人通常一言九鼎。多少的争论、疑惑、不确定因素到了老板那里，只要他一拍板就立刻有了定论。总之，似乎完全遵照老板的意思办肯定不会错。

可是，如果发现老板的决策有问题，该怎么办呢？是直言相告还是难得糊涂呢？我相信大部分人会选择难得糊涂，不然要怎么办呢？难道要站出来跟老板唱反调？确实，一味顺从老板可能不会给自己带来麻烦，可如果尝试跟老板沟通探讨你认为他的决策中存在的问题，往往会让他对你刮目相看。

《西游记》中有个故事叫《三打白骨精》，讲的是孙悟空为了保护唐僧，不惜以自己被误解为代价 3 次打死了白骨精变成的人形。这个标志性事件让我们进一步看清了孙悟空想保唐僧取经的忠心和诚心，也让唐僧在事后懊悔不已，进而充分信任孙悟空。当然，在这个故事中，如果孙悟空多一点沟通技巧，可能过程会少一些曲折。

这个故事也告诉我们：有时候，在一定的范围内，运用一些技巧和方法，尝试和老板"作对"，不仅能让老板对你印象深刻，而且会收到来自老板不一样的正面评价。

有段时间，老板提出减员增效的要求，命令各子公司、各部门审视各自的工作内容，检视内部人员的冗余情况，超编的岗位要把人减下来，达到编制数量要求。

那时，有个叫 Sunny 的人，曾经给老板做过一段时间助理，因工作非常认真努力，深得老板信任。后来，老板把她调到了一家子公司的某部门工作。到了那个部门后，Sunny 的工作态度渐渐变了，觉得自己是老板钦点的人，和别人不同，工作不像之前那么积极了，不仅频频出错，还常常迟到早退。

该部门的正常编制为 5 人，多了 Sunny 后超编 1 人。这个部门的负责人很头疼，因为其他 5 个人工作都很积极认真，也很优秀，Sunny 是她目前团队中绩效和工作态度最差的人。她不知道该怎么办好，Sunny 是老板钦点调过来的人，总不能裁掉她吧？那不是等于得罪老板吗？可她部门 5 人的编制已经很紧张，如果把其他 5 人中的 1 人裁掉，部门的正常工作必然会受影响。

对于我来说，在这种情况之下，通常有几个选择。

（1）装傻，当不知道这件事。这种选择最安全，也叫难得糊涂。在这种情境下，我知道了实情，可是无能为力，这很"正常"。我不采取任何措施是因为我不知道该怎么办。什么都不做，别人就找不出我的错。因为多做多错，少做少错，不做不错。但这种选择的缺点是会被人视作不作为。

（2）劝这个部门负责人要"想得开、识大体"，忍一忍就过去了，遵照公司指示的同时要考虑老板的感受。这种选择最势利，表明自己站在老板这一边。老板的话要听、老板的利益要维护，如果有违背老板意见的情况，完全以老板的意见为准。这种选择的缺点是可能会一味盲从。因为老板的决定不全是对公司有利的，一味盲从可能会渐渐失去群众基础。

（3）劝这个部门负责人把对我说的话告知老板。这种选择最能免责，等于把问题又推了回去。你把球踢给我，我再把球踢回给你。你踢给我的意思是想让我给你解决，我踢回给你的意思是告诉你，这种事跟我说没用，我解决不了，这个问题的正解是你要自己去找老板解决，而不是通过我。这种选择的缺点是传出去可能会被认为没担当、推卸责任。

（4）我找老板反映这个情况。这种选择最冒险，不过高风险的事情，往往也蕴涵着高收益。大家都在做、都会做的事情，又怎么能突显出你呢？

我们的选择和行为，等于告诉了别人我们是谁。我选择了第四种，向老板说明了整个情况。当然，找老板也是有技巧的：第一，要在他心情好的时候找他；第二，要在早上第一个找他，趁他的心情还没有被坏消息破坏；第三，要站在公司利益的角度向老板陈述，同时表明自己知道这里面的关系要害；第四，不要给出建议和方案，让老板自己决定。

在一个早晨，我敲开了老板办公室的门，向他汇报了几个好消息后，问到："老板，您还记得 Sunny 吗？就是原来给您做过助理，调到 × 部门的那位。"

老板笑着说："记得啊，那小姑娘真不错，认真踏实。我调她去那个部门，就是觉得她是个人才，想让她学习锻炼一下。"

我低着头阴沉着脸说："您近期了解过她的工作状况吗？"

老板说："没有啊，怎么了？"

我说："我近期走访了 Sunny 的部门，向她的主管和同事了解了一些情况，大家对她近期的工作评价一致很低。我从侧面了解到，她是借着自己曾经做过您的助理，就趾高气扬，不服从管理，不遵守工作纪律。"

老板有些吃惊："什么？这怎么行？"

我接着说："最近公司减员增效，那个部门正好超了 1 人的编制。经过多方评估，一致认为裁掉 Sunny 是最佳方案，这是评估报告，请您过目。"

老板接过评估报告看完后，说："没问题，就这么办！"

这个事件过去约一周后，一次开会时，公司另外一位部门总监悄声告诉我，总经理跟他说老板对我的评价非常好，老板创业30年，很少有干部为了公司利益主动找他探讨他已经定好或者签字的事情，让这位总监要向我学习。

1.8　老员工也能接受新事物

在我刚来公司不久时，总经理亲自带队组织过一场培训，培训的主题是战略管理。参训人员是公司全体干部，包括车间主任在内，一共400多人。

至于组织这场培训的原因，一是总经理最近在战略管理上有些疑惑，在公司中基层管理者身上找不到灵感，所以想找外部的培训师来给我们讲讲；二是总经理觉得目前公司干部的素质普遍较低，没接受过正规的培训，要多学习；三是他想让我以后多组织一些培训，先给我做个示范，让我以后好参照。

然而，总经理请来的培训师都是"理论派"，讲的东西大多是书本上的理论，解决不了具体的问题。在培训开始之前，总经理对大家说："公司原来因为没有人力资源部，所以从来没有组织过正规的大型培训，现在我们已经正式成立了人力资源部，今后公司会组织许多类似的培训。"

结果，原本4个小时的培训，不到1个小时底下就睡倒了一大片，讲到最后会场仅剩下不到一半的人，其他人实在听不下去都默默地回去上班了。后来，类似的培训总经理又组织了两场，参训人员依然是全体干部，但培训的效果越来越差。

在经历了3场失败的培训之后，马上采取体系化的培训会让大家很难接受，如果制定一套制度，采取强制手段只会招致大家更强烈的反感。既然此前不少人普遍以日常工作较忙，培训影响正常工作为由拒绝参加集中培训，那我就以"微课"形式推行碎片化学习。润物细无声，由浅至深，逐步渗透，当大家不知不觉地习惯了之后，原本推动困难的事情也就变得简单了。

在与老板和总经理说明了整套方案之后，我们针对不同层次和岗位的人群建立了5个微课群。每期微课都找内部不同部门的管理者来讲，这样做的好处一是可以培养内部讲师队伍，锻炼内部人员的经验萃取和授课能力；二是找外部人讲大家不接受，现在由内部每个部门轮流讲，大家平时那么熟，出于面子一般都会参与培训。

每期微课的时间不超过 15 分钟，大约每周 1 次，全年共 50 次。在每期微课结束后，会有相应的培训评估作业，培训内容的不同，作业形式也不同，有时是写计划方案，有时是考试，有时是提合理化建议，有时是总结感悟。按照要求完成整个课程及评估作业者将获得 1 个培训学分。在微课群内分享行业、产品以及管理等相关知识供大家学习与探讨的，一次奖励 0.2 个培训学分。年终累计的培训学分将按照 5∶1 的比例兑换成绩效考核得分。

我在向总经理汇报方案的时候，他曾表示对不参加的人要扣分，我建议他不要实行负激励。负激励只会让大家更反感。因为我们的年终绩效奖金是根据绩效考核得分按比例分配的，以中层管理者为例，在类似岗位、相同职等职级、年终绩效考核其他项得分一样的情况下，如果 A 全年每周都参与微课，B 从来不参与，A 的绩效考核得分将比 B 高 10 分。根据每年奖金池金额的不同，换算成年终绩效奖金后，A 的奖金会比 B 高 3 000 ～ 5 000 元。

这就是运用正激励的原理，B 如果不想接受微课培训，没关系，公司不会罚他，也不会强制他参加。但是，A 在进步，公司会变相奖励 A，这时候 B 还看得下去吗？不患寡而患不均，他多半也会行动起来。B 会想，公司表面上没有罚他，但公司年底绩效奖金的计算方式是先确定奖金池后根据绩效考核得分计算的，奖金池是固定的，A 因得分高而比他多得的奖金，其实有一部分"原本应该"是他的。

运用正激励的方式，微课每期的参与率都在 95% 左右。我推广微课的成功经验也得到了许多兄弟公司和咨询机构的一致好评。微课推行成功后，我做了详细的培训调研，制订了全年的培训和人才培养计划，又组织了许多有针对性的线下培训，让培训体系也实现了线上到线下（Online To Offline，O2O）。

1.9 如何令老板持续信任你

有一次在聚会上遇到一位 HR 朋友，他在现在的公司服务了 6 年，刚开始时因为给公司带来了许多新鲜的理念和思维，帮助公司在人力资源管理工作中取得了许多突破和进展，老板很欣赏他。可后来，慢慢地，老板对他越来越冷淡，开始指责他许多工作没有做到位。

他将这种变化总结为职业人在公司的"生命周期"，认为这个"生命周期"

有"熟悉期""成长期""成熟期""衰退期"之分，他已经到了"衰退期"；又感慨或许是验证了"彼得原理"（The Peter Principle），即"在一个等级制度中，每位职工都趋向于上升到他所不能胜任的地位"，老板对他的要求越来越高，他现在已经被推到了一个自己不能胜任的地位。

可是，我身边也有一些一直在同一家公司服务于同一个老板的朋友，他们却可以一直得到老板的青睐。他们有的是基层管理者，有的是中高层管理者；有的做人力资源管理，有的负责其他工作。他们都以各自的方式，在不跳槽的前提下，在职场道路上越走越远。

他们是如何持续获得老板信任的呢？每次我遇到这类朋友的时候，都会问他们类似的问题。虽然他们的回答各不相同，但总结一下，也有许多共性的部分。

1. 心态

用什么样的心态工作比做什么样的工作更重要。HR是以打工者的心态工作，还是从公司的角度出发以老板的心态工作？站在不同的角度做事，决定了能不能持续得到老板的信任。如果把自己定位成一个打工者，那么你凡事都会以个人利益为先；如果把公司当成是自己的，把自己定位成和老板站在一起的人，那么你凡事都会以公司利益为先。

同一件事，基于这两种不同心态的行为是完全不同的，给老板的感受也是完全不一样的。比如，当你发现别的部门将要推出的某项制度明显对公司没有好处，可这项制度老板已经签字通过了，你要不要把你的意见说出来？如果是打工者的心态，何必说呢？你的岗位说明书里又没有这一项，说出来自己得不到一点好处。如果是以公司利益为先的心态，一定要说！对错不要紧，别人怎么想你也不要紧，关键是要对公司有利。

2. 需求

·老板是人力资源管理者的"顾客"，如何持续满足"顾客"的需求？东京理工大学的教授狩野纪昭（Noriaki Kano）提出过一个KANO模型，体现了顾客需求和顾客满意度之间的关系。KANO模型定义了3个层次的顾客需求：必备需求、期望需求和超预期需求，如图1-1所示。把这3种需求按绩效指标分类就是基本因素、绩效因素和激励因素。

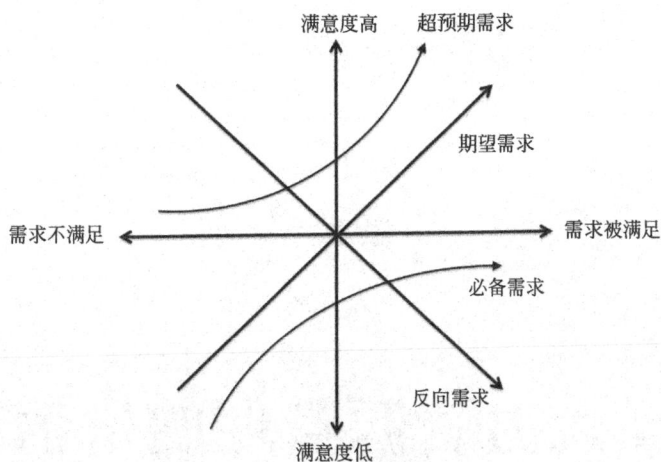

图1-1 KANO模型

必备需求是顾客对产品 / 服务的基本要求，是顾客认为产品 / 服务"必须有"的属性或功能。当满足此项需求时，用户满意度不会提高；当不能满足此项需求时，用户满意度会大幅降低。比如，夏天买空调，如果空调正常运行，顾客不会为此而对空调质量感到满意；反之，一旦空调无法制冷，那么顾客对该品牌空调的满意度会明显降低。

期望需求是指顾客的满意状况与需求的满足程度呈比例关系的需求。满足此需求时，用户满意度会提高；不满足此需求时，用户满意度会降低。比如酒店提供的免费早餐，免费早餐通常不是酒店提供的服务中必备的，可是许多酒店已经提供了此项服务，顾客对此项服务具有"期望"。

超预期需求是指顾客意想不到的需求。如果不能满足此项需求，顾客满意度不会降低，但如果满足此项需求，顾客满意度会有很大提升。比如，在某商城购买的东西较多，不好拿，商城服务人员看到后，提供的免费送货上门服务。

反向需求指顾客根本没有此需求，提供后顾客满意度反而会下降的需求。比如，某商家在顾客购买产品后进行的销售回访，表面上是为顾客再次购买提供便利，却容易引起一些顾客的反感。

其实，人人都是产品经理。人力资源管理者也是为了更好地服务公司和老板，更好地满足顾客的需求，让自己的产品循序渐进、迭代升级。以KANO模型为理论基础，以产品经理的心态做事情，可以让你提供的人力资源管理和服务更加受到"顾客"的青睐。

第 2 章

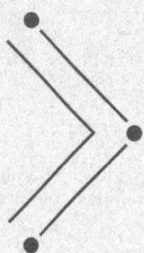

人力资源管理的价值在哪里

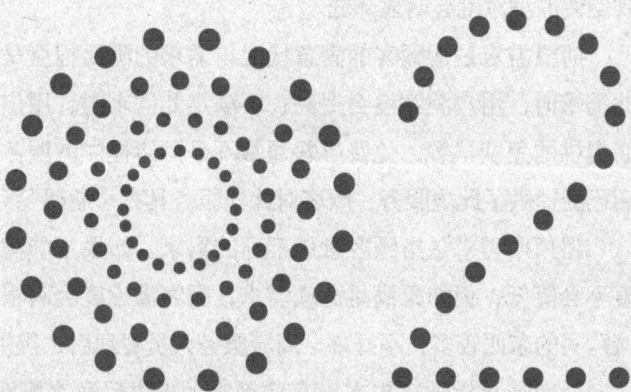

在很多公司的老板眼里，人力资源部就是"打酱油"的，远不及能直接创造价值的业务部门重要。人力资源从业者也感慨，老板不懂人力资源，不能体会 HR 的良苦用心。基于这种现实矛盾，我们有必要深入探讨：人力资源管理的价值究竟在哪里？ HR 如何做才能体现人力资源管理的价值？

2.1　老板为啥不重视人力资源

当我们问一位老板：人力资源管理重不重要？

老板八成会回答：重要！当然重要！

当我们再问他：如果按重要性排序，人力资源管理工作在公司应该排第几？

他八成会回答：排第一！因为以人为始、以人为先、以人为本嘛！

可到了实务中，当我们问他：公司有一个主题是人才培养和发展的会议和一个主题是经营业绩评估的会议，两个会议的紧急程度一样，但只能参加其中一个，您会更希望参加哪一个？

他八成会回答：参加经营业绩评估会议！

之前还说人力资源管理重要，为什么一涉及经营业绩问题、销售问题、采购问题、技术问题、生产问题、客服问题，就每一个都比人力资源管理问题更重要呢？为什么明明老板心里也认为人力资源最重要，可表现出来的行为却像不重视人力资源呢？

我经常听许多同行朋友抱怨这个问题，并且他们常常把这个问题怪到老板头上。其实，这事儿不能怪老板，要怪就怪人力资源管理者自己。

老板重视或不重视一个干部和干部的态度、素质、能力、水平、表现等直接相关。所以不要总是去找老板的原因，还是审视一下自己，从自身找原因。

1. 你有定位吗？

许多公司的老板既期望人力资源管理者能够像诸葛亮那样掌控大局、运筹帷幄，又期望他们能够像邻家阿姨那样和员工交心唠嗑。站在老板的角度对干部提一些高要求无可厚非，但人力资源管理者自身必须要足够清醒，要做邻家阿姨还是做诸葛亮？需要有一个明确的定位。

2. 你的素质和能力合格吗？

有的人力资源管理者脾气火爆，非常强势，动不动就喜欢教训员工，连老板都经常顶撞；有的人力资源管理者唯唯诺诺，随便一个人都能把他唬住；有的人力资源管理者是"单兵作战"的能手，做某项工作1个人能顶3个人，可到了管理下属的时候就不知道该怎么办，到了要跟老板沟通工作的时候舌头就打颤；有的人力资源管理者像甩手掌柜一样，成了上下级之间的传话筒。

作为一名人力资源管理者，首先要具备管理者应有的沟通、组织、协调、承上启下等基本素质。不然如何服众？如何带领团队？如何培养下属？如何与平级部门沟通？如何与老总沟通？如何说服老板？

3. 过分强调技术，有必要吗？

有些人力资源管理者喜欢开展培训，一看到某个理念好，恨不得自己公司马上运用，不加思考立马在公司内部推广学习，可结果往往无疾而终。而有一些过分追求专业的人力资源管理者，在公司张口闭口就是各种模型、各种方法论、各种工具。

马车比赛从F1赛车中吸取经验是可以的，因为两者有着"竞速"的相同点，但一定也要看到不同点比相同点更多。如果一味照着葫芦画瓢，恐怕是要"水土不服"的。但是，许多人力资源管理者不明白这个道理，一味羡慕别的公司，抱怨自己的老板理念落后，不支持自己。德鲁克说过："管理首先是一种实践，所有的理论必须经过实践的检验才能为大众所接受。"管理的精髓在于行，而不在于知。

4. 你具备老板的高度吗？

人力资源管理者很容易因为做太多事务性工作而丧失了管理思维的高度，很少能站在公司战略的角度考虑公司整体状况。于是，和老板沟通的内容永远停留于某部门职工因为上班迟到要通报批评等对老板来说实属鸡毛蒜皮的小事。

人力资源管理者要具备全局意识，要做"设计师"而不是"救火员"。就算每天必须处理一些琐碎的事务性工作，可能忙得团团转，也一定要站在老板的角度，用他的高度和视角去观察和思考明天的问题。

5. 你曾试过让老板知道人力资源的价值吗？

老板为什么关注业绩？因为业绩是企业经营情况最真实的反映，所以他十分关注。在公司中，老板最关心哪类人？当然是营销人员，是他们直接为公司带来了业绩。千万不要一边嘴上说为了公司的利益，一边又抱怨老板的关注点总是偏向营销人员。

人力资源管理者要想办法让自己像营销人员一样，用数据来表达自己，用业绩来展示自己，用价值来证明自己。人力资源管理者要多接触营销部门、业务部门了解学习业务知识，多问老板一些业务上的问题，对公司的经营模式、产品定位、业务流程、目标客户群等都了然于心，把企业发展遇到的瓶颈、问题、关键点、需要提高的方向都弄清楚。

做人力资源规划时，少说些长篇大论的背景、意义、方法、工具，多和公司的经营战略、业务活动相匹配，并落实到绩效考核和薪酬体系中，落实到每月、每周、每天的切实行动中。让老板感受到，人力资源和业务开展是紧密联系在一起的。

2.2　经营企业其实就是经营人

养花的人研究花性，养鱼的人研究鱼性，许多人力资源管理者每天跟人打交道，却鲜少研究人性。

经营企业表面上是经营事，但企业里的所有事都是通过人来完成的，所以经营企业本质上就是经营人。人是企业的无形资产，是不可忽视的巨大财富。经营人是企业持续健康发展的基础，只有不断地让人才能力得到提升，为客户创造价值，将人才能力转化为生产力，才能推动企业高速发展。

无论是老板还是人力资源管理者，之所以会在对待人才的问题上出现失误，常常是因为在经营人的意识和认识上存在误区。

1. 把人当成工具

经营企业与经商不同，经商只是产品买卖的过程，而经营企业是产品升级和增值的过程。经商可以"单兵作战"，经营企业则需要带好团队。可是，许多老板在用经商的思维经营企业，"铁打的营盘流水的兵""举起招兵旗，自有吃粮人"这些理念就反映了老板把人当成工具来看待的理念。

工具是冷冰冰的物件，想怎么用就怎么用，想什么时候用就什么时候用，想用的时候用，不想用的时候就可以扔到垃圾桶里不用，呼之则来挥之则去，用坏了还可以再买新的。把人当成工具，就必然不会理会人的情感和生活、不会关注人的企业归属感，不会培养人的能力。

2. 觉得员工欠企业的

这类老板和人力资源管理者认为企业给员工提供了就业机会、生活保障、实现梦想的机会，所以员工理应对企业感恩戴德，理应把自己全部的价值奉献给企业，但他们忽视了企业是因为这些员工才得以存在的。员工不仅创造着企业的现在，也同样创造着企业的未来。

企业给员工提供舞台，但不同的演员在舞台上表演的舞台效果截然不同；企业给员工提供球场，但不同的运动员在赛场上展现的运动技巧也大相径庭。企业和员工之间是共生共荣的关系，根本不存在谁欠谁。

3. 认为员工必须服从企业

许多老板和人力资源管理者求全责备，对员工的要求近乎苛刻，最喜欢用"执行力""服从"这类关键词，希望企业推出一项规定后，员工一呼百应、全部服从、百分百执行，否则就会想尽一切办法来管理员工。他们觉得员工的思想工作不重要，不认为企业的制度、规定、指令应得到员工内心层面的支持，或者说至少要得到大部分员工的理解。

4. 期待人才依靠自己就能展现好的绩效

一些老板和人力资源管理者常常认为提供舞台就够了。可是没有灯光、音响的支持，没有给演员提供一定的练习机会，即使演员天生有再好的底子，演出来的舞台剧也会干巴巴的不好看。管理者往往忽略人才培养，因为培养人才要耗费大量的财力、物力，而且培养成才之后还有人才流失的风险。

企业要给员工提供的不仅仅是舞台，更应该提供能够让员工创造价值的"环境"。这个环境不仅指真实的工作环境，更包括企业规则、学习氛围、企业文化等软环境。员工只有在企业提供的环境中不断得到滋养，不断成长进步，企业才能得到长足发展。

5. 不想让人才享受企业发展的成果

许多老板觉得企业是股东的、是老板的，员工只是来打工的。你打工我给钱，我们两不相欠。企业发展再好，利益分配也主要是股东和老板之间的事，跟员工没关系，员工就拿应得的工资就行了。

事实上，让员工享受企业发展成果至关重要，只有这样员工才会感受到自己和企业之间的关联性，才会觉得自己是这个企业的主人，而不是为企业打工，才会认识到企业是和自己共同发展的，才能发挥自己的主人翁意识和责任感。

企业的竞争最终是人才的竞争，对人才重要性的认识必须发自内心，体现在行为上，而不是只挂在嘴上。如果企业没有经营好人才，再好的产品、再新的机器、再先进的技术，也无法彰显其价值。更何况在激烈的市场竞争中，产品同质化严重，客户面对同质化的产品选择太多，这时候企业唯一能依靠的竞争优势就是人才队伍。企业只有把经营人放在首位，才能使之为企业创造更大的价值。

2.3　人力不仅是资源更是资本

有人说有财务背景的人做不好人力资源工作，因为他们很容易把人力看成"成本"。可是，就算把人力看成资源，也未必能做好人力资源工作。因为人力不仅是资源，更是资本。

什么是人力资源？什么是人力资本？二者之间有什么不同呢？抛开那些抽象的概念，用一个公式和一句话就能说明白。人力资本 = 人力资源 + 对其的开发利用。人力资源是大家的，而人力资本是自己的。

什么意思呢？当人力作为一种资源而存在的时候，它的属性是不以人的意志为转移的。比如，水、空气、石油、天然气、金属、煤炭等自然资源，它们是客观存在的。那么，这些自然资源如何转化为资本呢？两个字：开发！要把人力资源转化成人力资本，同样需要开发。

著名的管理学家彼得·德鲁克（Peter F. Drucker）说："手工工作者是一种资源成本，而知识工作者则是一种资本，这种资本就是通常所说的人力资本。"员工所具备的知识与技能能够增强生产力，是一种资本，因此美国经济学家西奥多·舒尔茨（Theodore W. Schultz）将其称为人力资本。

从组织层面来看，人们常提到的人力资源通常是指组织的规模和员工的数量，实际代表着人力资源的"量"；我们说的人力资本是组织内所有成员教育、技能、经验的总和，代表着人力资源的"质"。

对人力资源和人力资本的不同认识体现在实务中是怎么样的呢？我曾经帮A公司做过一个项目。在这个项目中，A公司HR体现出来的对人力资源的观点和做法，就淋漓尽致地展现了这种认识上的不同。

A公司销售部的工资构成为固定工资 + 提成工资，每月的固定工资是10万元，提成工资根据业绩情况浮动。随着时间的推移，员工对工资的要求越来越高，然而该部门每月的整体业绩变化不大，因此员工到手的工资没有太大变化。这直接导致销售部的离职率比去年同期增长了一倍。这时候销售总监提出一个方案，将固定工资增加到12万元/月。

这让A公司的HR陷入了一个两难的局面，因为增加的这2万元/月的成本没有为公司带来任何价值。可是，如果公司不增加这部分固定工资，很难再招来人才，招来了也很难留住。这样的话，公司还要付出更多的招聘成本及员工离职造成的损失成本。而这部分成本，也不会给公司带来任何价值。

看起来，工资加与不加，短期内对公司都没有好处，最终他们呈报给总经理的方案是加工资。总经理觉得这里面有问题，于是找到了我。

我去的时候，恰巧销售部的小李提出离职，我对他进行了离职访谈。得知小李是在大学毕业后就来到这家公司，他当初选择这家公司是因为看好这个行业。当初的几个 Offer 中，这是唯一的销售岗，他想挑战一下自己。

小李来的时候 HR 对他进行了简单的面试，让他填写了一些表格以后，就直接安排他上岗了。上岗后，没有人带他，销售经理只是给了他一摞宣传材料，里面有公司简介和产品简介；向他介绍了一下部门的其他同事，给他安排了办公位置，安排他领了一些办公用品，给他下达了销售任务，给了他几页客户名单，然后就让他直接开展工作。

小李刚毕业，没什么实质的工作经验，但凭着对这份工作的热情，还是选择了坚持。可是，他对产品的了解很少，对业务也是一头雾水，转眼半年过去了，他一单业务都没做成，每月只能拿到固定工资。这让他看不到希望，所以才选择离开。听完小李的描述，我基本知道问题出在哪里了。

我们想象一下，假如小李现在到了 B 公司，也是他想从事的销售岗，销售的产品、工资计算方式和 A 公司完全一样。不同的是，B 公司的人力资源部在他上岗之前，对他进行了公司发展史、公司文化、规章制度等方面的培训，使他先对公司有一个非常全面的了解。到销售部上岗后，又对他进行了产品知识、销售技巧等方面的培训，随后销售经理给他安排了一位经验丰富的销售人员做他的老师，为他提供 3 个月之内的实战帮带。在这之后，才让他独立开展工作。在部门每周的例会上，销售经理还会不断组织大家对销售过程中遇到的疑难问题进行讨论，帮助大家解决问题，不断增强业务能力。小李在这种周到的训练和辅导下，很快就能入门。加上他自身也有做好这份工作的意愿，销售业绩必然会迅速上升。这时候他的月工资一定不只是那一点固定工资，而是随着自己能力的逐渐增强、业绩的逐渐提升，每月的提成工资也会逐渐增加，如此形成一个"能力提升—创造价值"的良性循环，他就不会轻易离职。

A 公司和 B 公司本质的不同，在于 A 公司将人才仅视为资源，只要招进来就算完成任务；B 公司则将人才视为资本，根据公司的需要不断对其进行经营开发，助其升值，使之成为企业的利润来源。

两种做法的结果可想而知：A 公司感慨"人才难求"，一直忙于寻找好的"人力资源"；B 公司人才济济，经营业绩不断提升。而实际上他们原本都拥有相同的人力资源。

这就是把人力看作"资源"和"资本"的不同做法及不同结果。只有将人力视为资本，不断开发人才，使人才不断成长，才能最经济地拥有人才，才能拥有最充足的人才，才能让公司拥有源源不断的利润。

2.4 不量化就别说自己在管理

有一次我去一家公司考察学习，上午刚到，这家公司的老板就亲自带我们参观。

过程中，我问这位老板："请问咱们公司一共有多少员工？"

他回答说："有 1 万多人。"

我接着问："请问是 1 万刚出头还是快接近 2 万了？"

他说："大约是 12 000 人吧。"

我又问："请问这些员工每年的人力费用是多少？人力费用率是多少？职工教育经费有多少？"

这位老板转向一旁的人力资源总监："你知道这些数据吗？"

这位总监对老板说："您先等等，我打电话问问部门经理。"

我试图阻止这位总监，说："抱歉，我只是随便问问。"

可老板对这位总监说："不！你一定要搞清楚！这些基本数据你和我本来都应该很清楚的！"

到了晚上我们要离开时，这位老板对我说："你问的那几个问题，我终于知道答案了！"

我好奇地问了他一句："为什么现在才知道呢？"

他说："因为人力资源部平时没有统计数据的习惯，这些数据需要临时统计。"

德鲁克说："只有可测量的才能够被有效管理。"很多做传统人事管理的人，每天做惯了基础工作，侧重于定性管理。可随着公司规模不断扩大，市场竞争越发激烈，管理要求不断提高，如果不做量化管理，必然会给人力资源管理工作的开展带来许多障碍。

1. 当作为战略伙伴时，缺乏战略沟通的共同语言

当 CEO 组织召开重要的会议时，本来人力资源管理者该有一席之地，但是在会议的过程中，当 CEO 提出一个关于新业务领域的投资发展方案时，财务总监和各业务部门总监都可以用财务数据或者具有说服力的图表来对方案发表意见，人力资源管理者呢？

如果只能说一些"可能""大概""也许"，只是依靠一些简单的员工数量、人力费用数据，就很难提出和该投资方案相关的具有战略意义和可操作性的人力资源决策建议，很难吸引 CEO 的注意力。久而久之，在重要的战略研讨会中，人力资源管理者就变成了一个可有可无的角色。

相反，如果人力资源管理者能够用数据指出这个投资方案存在的问题，并提出完善的建议，就能配得上战略伙伴的定位。比如，人力资源管理者如果可以用数据或图表从新业务领域的产业环境、人才配置、能力、培养周期、来源、可持续性等不同角度给 CEO 提建议，而不是依靠经验与感觉，就有可能获得战略对话的权利。

2. 当作为业务伙伴时，却因为资源配置问题变成博弈对手

大部分业务部门经理的人力资源管理理念是缺失的，他们常常会为了完成部门业绩，争取自己的奖金，想办法扩充部门的编制，招募过量的人力，却很少核算人力费用。

如果缺乏人力资源管理的量化技术，那么业务部门经理与人力资源部之间的沟通协作就会变成互相妥协折中的谈判。缺乏科学的指标和数据为指导而进行的博弈，只能获得一个"谁说得过谁"的结果。

如果最终部门的人力费用超标，人力资源管理者输；如果人力资源管理者在博弈中表现得比较强势，把编制缩减下来了，结果业务部门因为人手不足影响了业务，人力资源管理者还是输。没有数据和量化，人力资源管理者会成为公司的众矢之的。只有建立基于数据的科学量化的人力资源工具模型，才有可能避免因资源问题引起的人力资源管理者与业务部门经理的博弈。

3. 当要显示专业能力时，却无法对自身的工作成果准确评价

许多公司的人力资源部由于缺乏数据和量化的评价指标，人力资源管理的许多工作成果不能得到有效的评价。人力资源管理者的工作总是模模糊糊、似是而非，不能准确定位问题所在，也没有办法找到解决问题的有效方法，总是处于一种"心有余而力不足"的状态。

建立一套系统的、可量化的人力资源管理者工作成果评价体系，不仅是为了充分展现人力资源管理者的价值，更是为了提高人力资源管理者的工作效率。但是，数据、量化、科学管理这些名词说起来简单，听起来很厉害，看起来很"正能量"，实际做起来却很难。难在哪里呢？难在愿望与现实之间的障碍。

1）需要大量的前期投入

人力资源的数据化管理并非关乎公司生死，也无法直接把公司从经营困境中解救出来，它不是"雪中送炭"，而是"锦上添花"。

要实现量化管理的价值，达到数据支撑决策的目的，需要形成一整套完整的闭环管理体系，需要大量的原始数据积累，也需要对现有人力资源管理的方法、流程、制度做出相应调整。

这就好比一家公司本来是生产服装的，突然有一天决定不做服装了，要生产汽车，这就需要更换大量的生产设备，改变生产流程，换一批员工或者重新对员工进行培训等才有可能实现目标。

比如人力资源的招聘模块，如果想通过数据来指导和改进招聘工作，那就需要彻底变革招聘数据管理。

（1）流程的全面覆盖。要从提出招聘需求、岗位发布，到简历筛选、电话预约、初试、复试，再到入职、转正、绩效考核、离职等实现数据全流程覆盖。只有这样，才能知道哪里做到位了，哪里有问题，哪里存在改进的空间。

（2）数据的全面和精细化。任何有招聘需求的岗位，都要有详尽准确的底层数据的记录和支持。只有底层数据全面了，人力资源管理者才可能知道不同岗位空缺的原因，才有可能根据不同情况有针对性地制定改进措施。

（3）数据来源的多样性。有时候为了提高招聘相关数据的广度和深度，还需要用人部门的深度参与。比如，为了对招聘进行评估，需要用人部门平时积累一些基础数据，需要用人部门的负责人对招聘工作的不同阶段打分。

2）需要付出大量的工作和时间

数据量化的过程不仅需要人力资源部派专人负责、用人部门积极参与，还需要大量的工作作为基础。可能做了 1 年以后，发现之前的数据积累和提取有不合理的地方，需要优化。即使不需要优化，只有 1 年的基础数据，其可靠性也需要验证。要想做到让数据真正指导实践，保守估计也需要 3 年。这对许多连人力资源正常模块都没做好的公司来说，似乎太遥远了。

3）他人的支撑很重要

人力资源的量化数据管理显然不只是人力资源部的事，其准备过程如果得不到决策层的明确支持和协助，如果人力资源工作在公司的定位是与业务脱离的边缘化，那么这件原本非常有意义的事情，反而会显得多此一举。

得到了决策层的支持之后，能不能做成，还要看人力资源管理者有没有这个能力。如果人力资源管理者没有达到一定的战略高度，没有一定的统筹、规划、协调、沟通、建模、项目管理等能力，这件事最终也还是做不成。

2.5　如何设计人力资源部架构

有一次参加一个人力资源论坛时，我遇到几位人力资源总监，大家聊起了各自公司人力资源部的人员配置、模块开展情况、各自存在的问题，以及人力资源管理的成效，发现有几家公司的业务规模、人力资源部人数都相差无几，人力资源管理的成效却大不相同。这其中当然有领导风格、公司文化、公司的架构和战略等层面的原因。

深入交流后我发现，还有一个重要的影响因素，那就是人力资源部本身的组织机构设置、功能划分以及职能定位。关于组织机构的设计和发展，许多人力资源管理者都是这方面的专家。可是，很少有人会考虑和研究人力资源部自己的组织结构。这就好比一个医生经常给别人治病，望闻问切样样精通，但从没想过给自己治病一样。

集团公司的管控模式一般分为 3 种：财务管理型、战略管理型和操作管理型。其中，操作管理型最集权，财务管理型最分权。这 3 种类型在发展目标、总分公司关系、管理手段、核心功能、应用方式上的不同如表 2-1 所示。

表2-1 3种管控模式的不同

	财务管理型	战略管理型	操作管理型
发展目标	· 投资回报 · 通过投资业务组合的结构优化 · 追求公司价值最大化	· 公司的协调发展 · 投资业务的战略优化和协调 · 战略协同效应的培育	· 各业务单元经营行为的统一与优化 · 公司整体协调成长 · 对行业成功因素的集中控制与管理
总分公司关系	以财务指标进行管理和考核，总部无业务管理部门	以战略规划进行管理和考核，总部一般无具体业务管理部门	通过总部职能管理部门对下属业务的日常经营运作进行管理
管理手段	· 财务控制 · 法律 · 公司并购	· 财务控制 · 战略规划与计划控制 · 人力资源	· 财务控制 · 生产、质量 · 人力资源 · 营销/销售 · 新业务开发
核心功能	· 资产管理	· 资产管理 · 战略协调	· 资产管理 · 经营管理
应用方式	· 多种不相关产业的投资运作	· 相关型或单一产业领域内的发展	· 单一产业领域内的运作

从表2-1可以看出，采用不同管控模式的公司，对人力资源管理的幅度和要求是不同的。想让人力资源管理在不同的公司发挥价值，人力资源部内部架构和职能的设置显然不可以千篇一律，从集中和分散的角度考虑，大体可以分成以下3种类型。

1.纵向集权型人力资源部架构

这种架构在传统纵向型组织机构的公司中最为常见。集团总部的人力资源部各模块的职能设置通常完整而清晰，在承接和分解集团总体战略后，统筹安排和规划集团总部及各子公司的人力资源管理工作，如图2-1所示。

从图2-1可以看出，各子公司设立的人力资源部的定位是执行层，执行集团人力资源部安排的各模块工作。各子公司的人力资源经理受集团人力资源部的直接管理，受子公司总经理的行政管理。这种架构适用于战略管理型或操作管理型的集团公司，管控模式的集权程度越高，人力资源部的集权程度通常也应该相应越高。

2. 横向分权型人力资源部架构

这种架构比较适用于财务管理型的集团公司，集团总部的人力资源部只负责集团本部的人力资源管理工作，如果集团本部的人力资源部为虚设或人数较少，也可以不单独设人力资源部。有的集团公司甚至只在总部虚设一个人力资源总监岗位，由某子公司的人力资源总监或经理兼任，如图2-2所示。

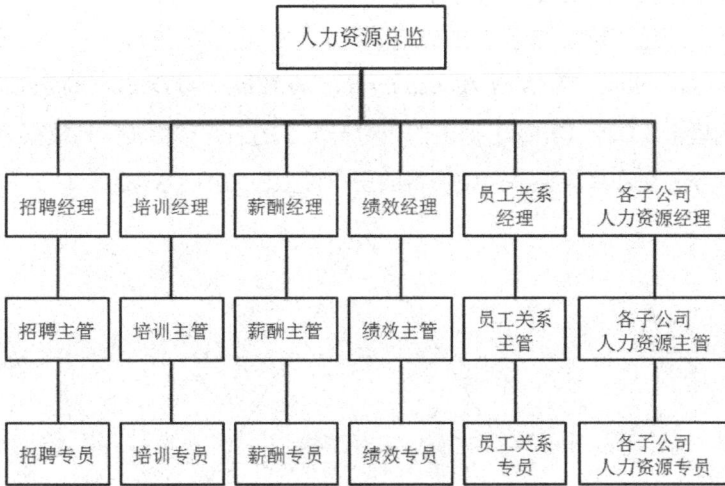

图2-1 纵向集权型人力资源部架构

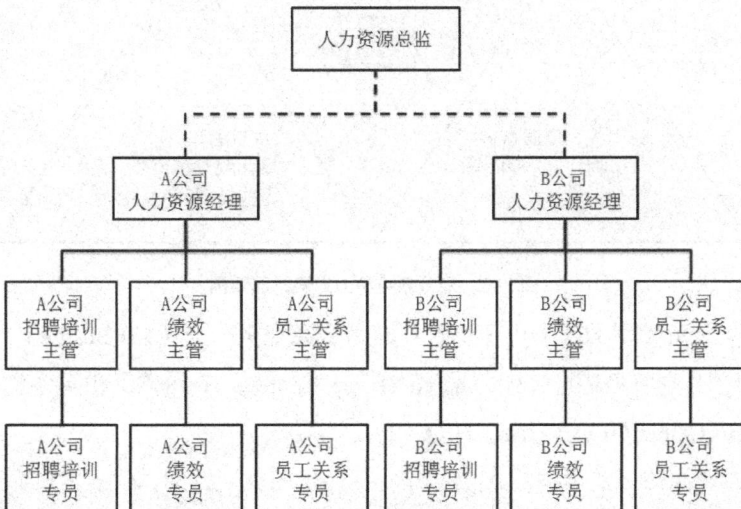

图2-2 横向分权型人力资源部架构

从图 2-2 可以看出，子公司内部设人力资源部，工作职责涉及各模块。各子公司之间的人力资源部相对独立，子公司人力资源部负责人受子公司总经理的直接管理。集团人力资源部不直接管理和干预子公司人力资源部的工作，只做一些必要的业务支持或指导，以及一些重大事项的安排或布置。

3. 划分角色型人力资源部架构

这种人力资源架构运用的理论依据是《人力资源最佳实务》(*Human Resource Champions: The Next Agenda for Adding Value and Delivering Results*) 中，戴维·尤里奇（Dave Ulrich）提出的人力资源部的组织架构再设计框架。这个框架也成为今天在许多大型公司中流行的三角模型，如图 2-3 所示。

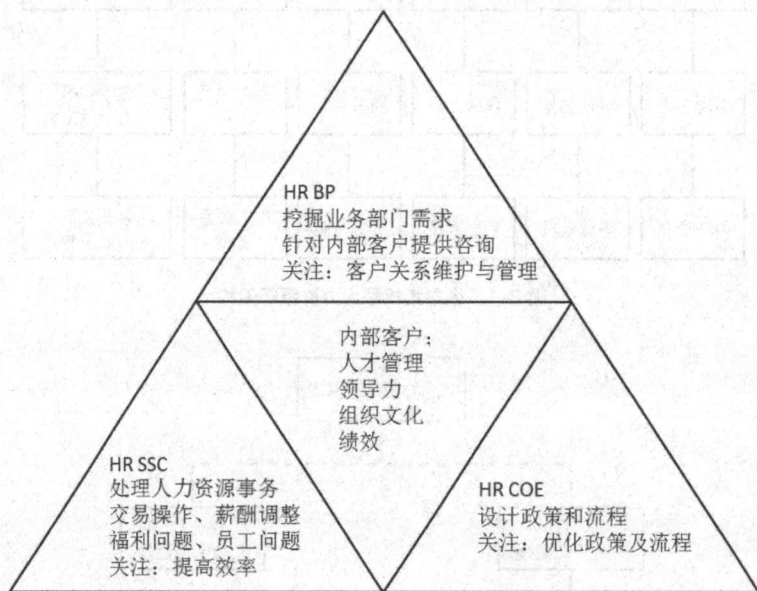

图 2-3 划分角色型人力资源部架构

这个三角模型的 3 个角分别是：人力资源业务伙伴（HR Business Partner，HR BP）、共享服务中心（HR Shared Service Center，HR SSC）和人力资源专家中心（HR Center Of Expertise，HR COE）。

人力资源的三角模型是人力资源变革转型的发展方向，使人力资源部从职能导向转型为业务导向，以实现人力资源管理的业务增值和价值主张，能够极大地提升人力资源管理的效率和效能。

2.6 如何平衡效率与成本

曾经有一位HR朋友找到我，告诉我他遇到一个两难的情况，不知道该如何处理。他所在的公司原来没有标准的定编人数，基本是用人部门提出招聘需求，领导审批后人力资源就招人的。一次开会时，老板觉得人力费用越来越高，就要求人力资源部必须把岗位定编做出来，要在全公司实施减员增效。以后公司全部岗位都要按照定编来，如果要超编招聘必须走特殊的审批流程。

该HR根据劳效和人力费用率做出了一个人员定编方案，经过公司高管会议讨论，决策层拍板确定后开始生效。HR是依据老板"减员增效、严控定编"的思路制定的定编方案，根据这个方案，许多部门不但不能增加人，还要减人。这版定编方案发下去之后，子公司和各部门意见很大。本来还想招人呢，没想到不仅不让招，这还要减人了！

人力资源部为了严格执行老板的想法，在激烈的反对声中苦苦支撑，坚决不招人。HR本来以为自己严格执行了老板的意见，应该会得到老板的赞赏，可没想到，事情并没有朝其预想的方向发展。这个减员增效的计划运转了半年以后，公司业绩出现下滑。老板在会议上大发雷霆，质问各子公司问题出在哪儿？

各子公司把矛头一起指向了人力资源部，表示因为人力资源部做的定编方案不准招人，各子公司大幅裁减了一线工作人员，所以业绩下滑。老板对着人力资源部大声指责："让你们减员增效，没让你们不给一线招人啊！销售业绩下降，人力资源部要负主要责任！"

当时，我的这位HR朋友骑虎难下，老板自己说要减员增效，不准随便招人，结果他顶着压力不招人，出了问题却又指责人力资源部，让人力资源部陷于左右为难的境地。遇到这种情况，他到底该怎么办呢？

听完他的描述，我向这位朋友分析了3个层面的问题。

1. 减员能不能带来增效

减员是手段和措施，增效是目的和结果。减员并不一定能带来增效，减员后是增效还是减效，要看这两者能不能有机结合，以及管理要求与流程、方法、技术等因素的支持与配合。

比如，某生产车间岗位员工的工作效率是每小时生产10件产品，每天工作8小时，每天生产80件产品，每月工作22天，每月生产1 760件产品。这个效率虽然受生产工艺和设备的影响，但也是个相对确定的数字。生产计划要求该车间每月生产176 000件产品，那么员工的配置应该是100人。在其他条件不变的情况下，老板说要减员增效，把100人要减到80人。想象一下结果会怎么样？

再如，某公司一共有1 500名员工，人力资源部有10名员工，工作内容覆盖了人力资源管理的全模块，其中有2人专门负责培训。这2人平时比较努力，经常加班。他们的工作内容从需求调研、需求分析，到培训组织实施，再到结束后的基础评估，每年组织大大小小的培训100多场。在其他条件都不变的情况下，老板要求减员增效，从2人减成1人，还要求把原来所有的工作都做好。想象一下结果会怎么样？

减员与增效绝不是因果关系。办事慢、效率低的原因多种多样，有时候是因为流程冗余，有时候是因为技术落后，有时候是因为设备陈旧，有时候是因为组织机构的设计和文化因素。在不清楚原因的情况下盲目减员，不但不会增加效益，反而可能会减少效益。

2. 到底需要多少人联动

减员增效是一项非常系统的工程，需要全公司上下所有人的联动。在老板层面，首先要有基本的科学管理理念，不可以随意拍脑袋做决策，不可以"一刀切"。在业务部门层面，要想办法让他们支持和配合公司减员增效的决定。在全体员工层面，要让大家理解公司关于减员增效的决定。在人力资源部层面，要有能够科学测算定岗定编的机制和人才。

要想发动公司全员在这件事上的主观能动性，还需要一定的奖励支持，比如合理化建议的奖励、减员之后薪酬的增长、年终奖金的增加、职等或职级的晋升等。

3. 遇到这种情况该怎么办

在这种情况之下，从大类来说，HR有两个选择，要么直接离开这家公司，要么想办法改变这种现状。有些老板习惯了粗放式的管理，喜欢随意决策却不全权负责。在这样的公司中，公司文化必然存在问题，HR与老板之间、与业务部门之间的沟通成本必然会很高。碰到这样的公司，HR可以比较一下，离职再找一家更加合适的公司与留下来说服和改变所有人，哪个选择更优？

利润＝销售额－成本－费用。减人可以减少成本的绝对数，却不一定能带来利润增长的相对数，因为盲目减人很可能会因为一系列负面效应导致销售额的下降。减人之前，一定要进行充分的调研和准备。不加思考的减员增效，带来的往往是负面结果。减员不是目的，增效才是目的，为了增效，在减员之前，务必三思而后行。

2.7 HR 如何引领组织的变革

有些公司的 CEO，明白公司要发展就必须进行变革，于是大张旗鼓地号召公司上下改革，甚至多次在会议上提出要以"壮士断臂"的决心来推行变革。然而，结果常常只是"说说而已"。有的 CEO 只是把变革停留在嘴上，号召一些干部向前冲之后，自己却停滞不前。变革过程一旦出现异常，就把责任全部推给那些向前冲的干部。

根据统计数据，公司变革行为的成功率非常低，仅有 54% 的公司变革能真正获得成功。大部分的公司变革无法达到预期的效果，通常的结果是浪费了公司大量的资源（包括时间、人力、金钱），还削减了员工的士气。

总结起来，公司变革失败的原因主要有以下几点。

（1）在没有做好充分准备的情况下进行变革，变革相关的管理团队随意决策和执行，只关注想要的结果却不理会实施的方法和过程。做出改变之前，不做调研和评估，不做准备和计划，说改就改，说变就变。

（2）公司 CEO 或者高管团队只发号施令，光指出公司这里有问题，那里也有问题；这里需要改，那里也需要变。变革推动者们自己不行动，组织成员不会因为单纯的命令而自行改变。这样做不但不起作用，长期的"只说不做"反而会让组织成员产生"听觉疲劳"，久而久之，整个组织对 CEO 或者高管团队的指令越来越没有反应。

（3）变革过程中，变革管理者会有种自然的心理假设，以为所有员工的思维、认识、沟通、敬业度都和自己一样，都能够主动接受变革；以为变革过程中的沟通就是做几场培训，开几次会议，听几个汇报；以为设计一套奖励政策就能推动变革，提升组织效能，但结果并非如此。

既然人力资源不只把人才当成"资源"，而是当成"资本"，那么就要以资本投入的角度去思考和推动变革。除了在变革前做好调研、计划、评估等工作外，还要利用一些至关重要的辅助手段来推动变革。

1.利用组织文化

大多数变革项目需要有效处理组织层面的许多具体管理事务，比如决策流程、组织机构、绩效管理等，但组织文化是一种默契的行为规范，并不受组织管理层面太多的影响。它由组织成员的思考方式、共同信仰、行为和感受结合而成。因此，管理者必须处理文化层面的变革，否则组织变革将会遇到很大的阻碍。需要做的如下。

（1）找到组织文化中最引以为豪的东西，并将改变与之连接。比如，某组织的组织文化包含大量儒家思想，那么，要想改变整个组织的行为，就可以将儒家思想中的精髓思想与变革的目的和意义关联起来。

（2）可以借助组织中的"特殊力量"，一般是组织中非正式的管理者的力量。这些员工值得信任，且工作积极主动，并为组织感到自豪。比如，某具有60年历史的老牌公司要变革，不妨利用一些德高望重的"元老级"人物，得到他们的支持和背书。

（3）需要在组织中建立具有"连贯性"的环境。所谓"连贯性"，是指作为组织中的一员，不论是从管理者的公开讲话，还是从公司邮件、会议、标识等渠道，公司上下所接受到的关于变革的信息是一致的，给组织成员"必须要做"的暗示，避免出现任何"不连贯"。比如，如果CEO要做某项改变，某副总却在某次公开会议中发表了质疑该变革的言辞，这就是"不连贯"。

2.确保各方参与

理想的变革管理团队需要有不同层级的员工，其中最重要的是组织的CEO或者高层管理者。高层管理者不仅要理解变革项目，更需要以身作则，带领组织其他成员参与变革。

同样，中层管理者也非常重要，变革的过程要尊重中层管理者的意见，帮助中层管理者承担起变革带来的不同职责。一线管理者直接面对客户，也是变革中的重要一环。在组织中设立变革的项目咨询顾问，让他们解答各个层级的问题，辅助变革项目的实施，并适时给出专业的建议。

3. 员工关怀

给员工创造一些日常的精神或物质关怀，能更好地让员工产生归属感。比如，为员工举办生日会，给员工的家人送上生日祝福，为员工提供个性福利等，都能让员工感觉自己被重视，从而愿意拥抱变革，产生进取之心。

公司还可以为员工提供一些"雪中送炭"的关怀。当员工患病时，如果公司提供一些医疗资源，可以极大地给予员工安心感。当员工感到自己被重视并且知道公司会为自己提供安全保障时，员工才能充满自信、毫无后顾之忧地接受新的变革与挑战。

4. 创造交流空间

员工更倾向于执行自己参与讨论并认同的决策。公司决策通常是不容置疑、由上到下的，有时难免会引发员工的抵触情绪。员工认为自己为公司做了贡献却没有发言权，就可能不理解或否认变革。这时，可以引导员工们参与有关变革的讨论，创造一种方式，让员工可以交流分享关于变革的一切。员工之间的相互交流和鼓励可以让其产生更多的信心，公司也可以借此收集到一些有用的信息。

5. 信息共享

信息共享是指了解变革正处于哪个阶段，做出必要的修正，并适时告知员工公司的积极变化。许多变革通常需要较长的时间才能显示成效，如果员工一直看不到变革成效，则容易丧失信心。适时地告知员工一些变革短期可见的积极成效能让员工更有信心。

管理者可以通过以下两个角度来把握变革所处阶段。

（1）公司绩效的提升速度是否比没变革前更快？

（2）员工的关键行为是否开始发生改变？

2.8　有一种境界叫作"目中无人"

质量体系中的"人、机、料、法、环"五大因素排第一的就是"人"，企业经营层面的"人、财、物、事"四大因素排第一的还是"人"。所以，"人"是最重要的。所以，大家都特别喜欢关注"人"，每天想怎么更好地招人，怎么训练人，怎么用人，怎么留人。

可是，老板往往不这么想，老板以事为先，老板思考问题逻辑的第一层是我要做什么事情？第二层是要做成这件事情我需要哪些资源？第三层是要获得需要的这些资源，我需要付出多少成本？做事的难度和可能性怎么样？第四层是这些资源之间有没有可能通过替代或转化来提高效益或效率？第五层才是在当前既定的这些资源中什么是最重要的？应该怎么对待这个资源？

你看，在许多人力资源管理者和老板的思维逻辑之间，至少差了4个层次。这也是许多人力资源管理者跟不上老板思维的原因——他们太关注人这个资源层面的问题，却看不清楚全局；太把对人的管理当回事了，却不关注组织所在的整个行业和市场；过多研究该怎么"选训用留"了，却不想有没有"不用人"的可能性。

其实，在人力资源管理领域，有一个更高的境界，叫"目中无人"。

所谓"目中无人"，就是不要仅关注人力这个资源或资本层面的问题，还要看到其他资源或资本，要看到各类资源或资本之间转化的可能性，要看到整体到局部的关联性，要看到如何才能更好地服务于组织目标。比如，随着科技的进步，自动化程度的加深，扩大经营规模带来的结果不一定是人力资源数量的增加，反而可能会越来越少。

富士康科技集团（以下简称"富士康"）是全球有名的代工厂，它的PC、平板电脑、手机的生产总量都是世界第一，员工规模也极为庞大。但富士康的许多工作岗位是无技术含量的重复性动作。对这类技术附加值偏低且枯燥乏味的重复性工作，用机器人来取代人显然是更好的方法。

早在2011年，富士康创始人兼总裁郭台铭就向外界透露过要用机器取代人工的计划。到了2016年，富士康高管在接受采访时表示，富士康每年可以打造1万台机器人，未来还将继续利用自己生产的"富士康机器人"（Foxbots）替代人工，而仅在昆山工厂，富士康就裁掉了6万名员工。

富士康为什么要用机器人？

（1）在工作效率上，一台机器人的效率相当于3个以上的工人。工人手工生产的产品会产生大量的次品。而机器人的工作稳定性更强，生产过程中产生的损耗额更低。

（2）机器人成本更低，3个工人一年的人力费用在20万元左右，而一台工业机器人的成本为10万元，一台机器人使用不超过一年，成本就能收回来。而且机器人的使用寿命为3~4年，上岗后只需要很少的维护费。

（3）工人越来越难招，招工成本逐渐增加，缺工率逐渐上升。越来越多的年轻人厌恶枯燥的生产线工作，离职率大幅提高；并且工人多了不仅管理困难，管理成本也高。机器人则不存在这些问题，它们可以日夜兼程、不眠不休地持续工作。而富士康也不需要再考虑它们心里是怎么想的，高兴不高兴、难过不难过。

（4）机器人对于处理一些时间短、数量大、要求高的订单至关重要。类似苹果公司这种大客户，其订制化的要求非常高，比如，某些微细螺丝的规格，被要求精确到1%毫米，唯有机器人可以兼顾这种规模化和精细化的要求。因此，使用机器人也是富士康提高产能和技术含量，能接到大单的必要条件。

我国目前工业机器人的使用密度仍然远远低于全球平均水平，与日本、韩国、德国等精密制造业较强的发达国家相比还有一定差距。

美国的亚马逊公司（以下简称"亚马逊"）所生产的机器人正在全面推动美国仓储市场的运作。亚马逊在2012年收购了Kiva公司后，聘请了许多科学家投入机器人的生产研究中。2015年，亚马逊将其改名为Locus Robotics。2016年，Locus Robotics公司生产的机器人LocusBot首次运用到亚马逊自己的仓储管理系统中，从家庭用品到汽车配件的仓储运送都是由这些机器人完成的。

Locus Robotics公司生产的机器人软件可以让其在仓库中将每一件货物精准放送至特定位置。工作人员拿着iPad，让机器人去完成自己的想法，他们只需要负责巡视就可以了。

根据研究公司Forrester的数据，在未来10年内，全球经济因为自动化将会失去2 500万个就业岗位，而新技术将创造1 500万个就业机会。在物流业务中，智能仓库机器人的发展，也必然会减少原本仓库所需要的工作人数。

美国西雅图一家公司Flexe的首席执行官卡尔·西布雷希特（Karl Siebrecht）表示："我不认为人们是因为短期劳动力短缺投资自动化的，而是为了提高生产率、降低成本。所以这意味着人力劳动终将被取代！"

顺应时代，利用科技，多做一些利用其他资源或资本的考虑和验证，人力资源管理者有时候要学会"目中无人"。

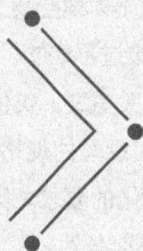

第 3 章

持续的人才供应才能"玩下去"

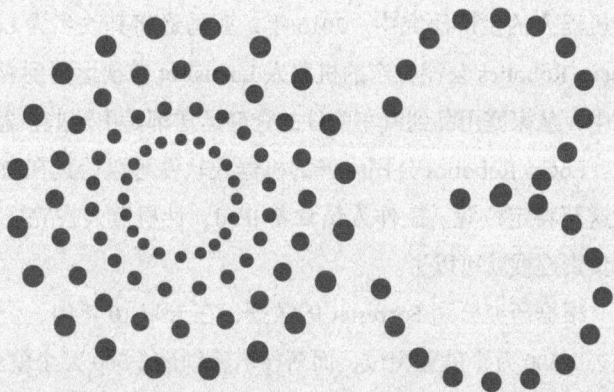

市场竞争归根到底是人才的竞争，组织拥有什么样的人才决定了它在市场竞争中能处于什么样的地位。苹果公司前 CEO 史蒂夫·乔布斯（Steve Jobs）说他大约有 1/4 的时间用在了人才招募上。人才是战略实现的根本，人才供应对于组织就像造血功能对于人体一样重要，源源不断的人才供应是组织持续发展的保障。

3.1 什么样的人是人才

有一次我参加一个为期 3 天、主题为"运营管理"的培训，听课的学员大部分是公司老板。培训最后一天的下午是培训老师和学员的互动问答环节，老师抛出的问题是：在公司经营管理方面，目前最困扰你们的问题是什么？

学员中有一对夫妻，他们是开连锁美容店的，现在已经有几十家分店。站起来回答的是老板娘，45 岁左右，短发配淡妆，很精明干练的样子。她说他们两口子本来做这个生意只是想赚一点钱，没想到后来生意越做越大，开的分店越来越多。为了适应公司的快速发展，他们到全国各地学习连锁经营。

他们觉得公司已经积累了大量的资金和技术，具备拓展市场的实力。可同时，他们也感到公司的发展遇到了瓶颈，最大的问题是他们自己精力有限，找不到"优秀的人才"来帮他们经营这些分店。她表示人才的薪水不是问题，只要人好，钱可以谈。

听到这里，培训老师说："听起来是个关于人力资源方面的问题，这方面我不擅长，不过我们现场正好有位人力资源方面的专家，要不让我们一起问问他会怎么解决这个问题吧？"说完，这位培训老师指向我。

我问这位老板娘："请问您需要的优秀人才，具体是什么样的人？"

她想了想，说道："要有能力、有水平的！"

我接着问："请问具体是要什么样的能力、多高的水平？"

她有些慌乱了："得具体看见人以后再定。"

我问："如果您的 HR 找到了一位人才，他做过跨国连锁集团的 CEO，美国人，不会中文，有 30 年工作经验，上一家服务的公司有几千亿元的体量、几万家连锁店，年薪要价是税后一千万元。这样的人才能力和水平够吗？"

她说："什么？年薪一千万元？我一年的净利润才几百万元！这种人才太高端了，我们肯定用不起啊！"

我接着问："那如果您的 HR 又找来一位人才，他是自己经营社区小商店的，高中毕业，开了 3 年店以后就开不下去了，想找个地方上班，工资要价一个月3 000 元。这样的人才怎么样？"

她说："自己家的店都能开黄了，谁还敢用他管店？工资要这么低，可见他已经给自己定了位。这种人，我们也不想用！"

我接着问："还是当初那个问题，请问您需要的优秀人才，具体是什么样的人？"

她很聪明，想了一会儿，说到："我想，应该是有规模比我们大 3 倍及以内的连锁品牌 5 年以上的成功运营经验，如果是连锁美容行业相关的更好。年薪控制在 20 万～ 30 万元吧。"

我说："我想，也许现在您的优秀人才不会像以前那么难找了。"

她笑了笑，说："谢谢！我明白了！"

什么是人才？

不同的层面、不同的角度、不同的考虑、不同的人，对人才的定义也不尽相同。这些定义或大或小，或宏观或微观。但对于公司而言，人才的定义很简单，就是能够为公司的未来发展创造价值的人。

人才不是越高端越好，迈克尔·舒马赫（Michael Schumacher）开着他的法拉利赛车赢得过数个 F1 方程式赛车总冠军。可如果请他去参加骑马比赛，他很可能比不过任何一个每天在草原上骑马的牧民。

人才也不是越廉价越好，一分钱一分货。值得一百万元年薪的人才是因为他有能力为公司创造一千万元的价值。乔布斯说："一个出色的人才能顶50个平庸的员工。"他把大约1/4的时间用在招募优秀人才上，就是因为那些优秀人才往往具备高附加值。

在进行人才的招聘和选拔之前，一定要先弄清楚几个问题。

（1）公司想要什么？候选人能带来吗？

（2）候选人想要什么？企业给得了吗？

把这两个问题想清楚、弄明白，人才的选拔就成功一半了。

但很多人在犯与那对夫妻老板同样的错误——不知道自己要什么。他们通常只是靠头脑中一个模糊的想象来选拔人才。其实在人才市场上，各式各样的人才多得是，但如果不懂得聚焦目标，人才选拔就如同大海捞针。

谁都想要优秀人才，但对具体的公司、具体的岗位来说，怎样是优秀人才？每个人都有专长，有时候让他做擅长的事，这个人就是优秀的；让他做不擅长的事，这个人就是不优秀的。所以，是不是优秀人才其实是相对的，关键在于"人岗匹配"。

人力资源领域对人才和岗位之间的匹配和评价通常从4个维度来定义，分别是素质、知识、能力、经验。这4个维度包含的内容如表3-1所示。

表3-1 人才评价的4个维度

维度	内容
素质	人格、智商、价值观、自我定位、性别、年龄等
知识	专业学历、社会培训经历、证书、认证、专利、岗位所需知识等
能力	核心能力、通用能力、专业能力等
经验	持续运用某项能力的时间

素质一般指那些由个人自身特质决定，不太容易改变的东西，包括人格、智商、价值观、自我定位、性别、年龄等。它通常会反映出人才"愿不愿"层面的问题。

知识一般指那些通过学习、查阅资料等后天努力能获得的东西，包括专业学历、社会培训经历、证书、认证、专利、岗位所需知识等。它通常会反映出人才"知不知道"层面的问题。

能力一般是指在一定的知识基础上，能够完成某个目标或者任务的可能性，是一种知识的转化，包括由个体间差异造成的不同的核心能力、不同岗位间可以转化的通用能力、岗位独有的专业能力等。它通常会反映出人才"会不会"层面的问题。

经验一般是指人才持续运用某项能力的时间，其外在表现就是持续从事一项特定工作的时间。它通常会反映出人才"熟不熟"层面的问题。

按照这4个维度把对岗位的要求列清楚，不仅有方向性，而且招来的人才会跟岗位很匹配，稳定性强、敬业度高，让人才和公司都满意。

3.2　如何快速招到人才

许多刚接触招聘模块不久的新人或者没做过人力资源管理的其他部门人员，当面临大范围缺少中基层岗位的招聘压力时都会有个疑问：怎样才能把人招上来？尤其在人口红利不再，"用工荒"频现的时候。不仅是生产一线的操作岗位和基层服务岗位人才紧缺，连设计人才、IT人才等也开始变得紧俏起来。

当然，人才会不会选择你的企业不仅跟招聘方式有关，从企业的角度来看，和雇主品牌、薪酬福利、企业文化、工作时间、劳动保障等因素都有关系。为了聚焦，我们先不讨论其他因素，单从招聘方式的角度来看人才招聘。

理论上，企业战略决定部门策略，各部门因新项目需要的新增人员数量应出现在部门规划中，提前招聘、储备、培训，项目开始时直接上岗。可是在实际工作中，各部门总是临时提出新项目的用人需求，还要求人力资源部必须快速把人员招齐。如果招不到人影响了项目进度，那就是人力资源部的责任了。

这时候如果跟用人部门争论，会显得人力资源部不以大局为重。因为项目摆在那里，老板也想尽快启动项目以产生利润，哪有心情听人力资源部抱怨用人部门要人太急、没有规划。所以最好的方式是人力资源部先把人尽快招到，满足部门的用人需求，再找老板规范招聘流程。

我曾经遇到最难的一个项目，是要在3个月内招到500名一线操作工。这是个一年6亿多元营业额的项目，企业反反复复与对方谈了好多次，最终对方表示我方如果能在3个月内把人员、设备、物料全部安排到位，双方就可以合作；如果不能，对方就跟别人合作。设备和物料我们可以临时采购，一个月之内就可以保证全部到位；唯有人员，是最不确定的因素。

这个项目的投资回报率很高，企业决策层决定必须做，于是招人的压力到了我这里。当时我只有2名招聘专员，除了这个项目的人才需求，还有50多个其他岗位在招聘中。时至8月，前不着年，后不着节，是全年最难招聘的时候，不过最终我还是完成了这项任务。

招聘人才的原理就像广告传播的原理，广告被越多人看到，产品被购买的可能性就越大。招聘信息被越多人看到，人才到你企业面试，最终选到合适人才的可能性就越大。所以，如果把传播受众的数量作为"分母"，成交数量作为"分子"，只要想办法不断增大"分母"的值，"分子"的值就会增大。我当时运用的方式有以下几种。

1. 网络招聘

（1）招聘网站。招聘网站有高端、中端、低端之分，有全国和本地之分。这种招聘方式的优点是成本较低、适用面广、局限性小、成功率高、方便筛选、选择空间大；缺点是随意性大、无效简历多、面试成功率低。

（2）企业官方网站、官方公众号、官方微博。这种方式的优点是免费、受众针对性强；缺点是认可度不高、效果比较差。

2. 内部招聘

内部招聘即鼓励内部员工"以工代工"。我们制作了精美的动画和宣传图片，鼓励员工尤其是一线员工，在微信朋友圈发送该招聘信息。这种方式的优点是成本低，能够充分发挥人际关系的作用，招来的人一般稳定性较强，平时工作生活上有问题还可以向推荐人倾诉；缺点是如果员工推荐来的人不适合企业可能会引起推荐人的不满，有拉帮结派的风险，管理不当可能引起"抱团"辞职。

另外，对于处于成熟期的大型企业，内部有岗位空缺时，可以优先考虑用内部竞聘、轮岗、调岗、晋升等方式从内部人才中选拔，这样既可以促进内部人才流动，又是人才培养与开发的有效方式，但需要注意内部岗位调整后的工作交接问题。

3. 社会招聘

（1）参加招聘会。这种方式的优点是招聘成本较低、人员类型多样、选择余地大、初筛空间大、周期短、沟通及时，方便集中面试、培训、工作安排等；缺点是招来的人才良莠不齐、求职人员的选择余地大、有一定的区域局限性。

（2）到偏远地区招聘。这种方式的优点是可能会在短期内招聘到大量劳动力；缺点是成本较高，有一定的风险，招来的人可能会拉帮结派、难于管理，可能会"抱团"离职。

4. 校园招聘

校企合作，开展校园宣讲会、招聘会。这种方式的优点是可以有针对性地招聘人才，应聘率较高，宣传成本较低，可以树立企业形象，候选人思维活跃，学生具备一定的创新能力和学习能力，如果用在校学生，成本较低；缺点是稳定性较差，学生普遍缺乏社会经验。

5. 传媒招聘

传媒招聘即利用报纸、公交车广告、电视广告等发布招聘信息。这种方式的优点是受众较多、关注度高、反馈迅速，有利于提高企业的知名度；缺点是运营成本较高、时效性较低，有一定的区域局限性。

6. 与劳务派遣公司合作

利用劳务公司做劳务派遣或者委托招工，一般适用于一线操作人员或者文化程度要求低的岗位。这种方式的优点是招聘成本低、有序用工、便于管理、用工风险低、劳动争议少；缺点是人员流动性大，且劳务工不容易融入本企业文化。

7. 寻求政府部门的帮助

请党委、工会、残联等帮助宣传。这种方式的优点是充分利用资源，扩大影响力，能产生良好的社会效应；缺点是效果一般，有一定的局限性。

对于这500名一线员工的招募，这些招聘方式的效果大约是网络招聘占比为30%，内部招聘为15%，社会招聘为20%，校园招聘为10%，传媒招聘为10%，与劳务派遣公司合作为10%，寻求政府部门的帮助为5%。

当然，这些方式在快速招聘一线员工方面比较实用，如果要招聘中高端人才，还要加上猎头、竞争对手挖角等方式，那就完全是另外一套招聘方式和模式了。

3.3 如何有效测评人才

管理者要建立高绩效团队，在员工构成上，既要有具备专业特长的人才，又要有能解决问题、做出决策的人才，同时还需要具有善于倾听、反馈意见等人际技能的人。所以，企业在选人时，应把不同性格、气质、能力的人放在一起，形成性格互补、气质互补、能力互补的团队，使团队成员结构更为合理。

如何更准确地确定不同类型人才的"特质"呢？在人才招聘选拔方面，一般可以从人格、能力、动力这3个维度对候选人进行测评，如图3-1所示。

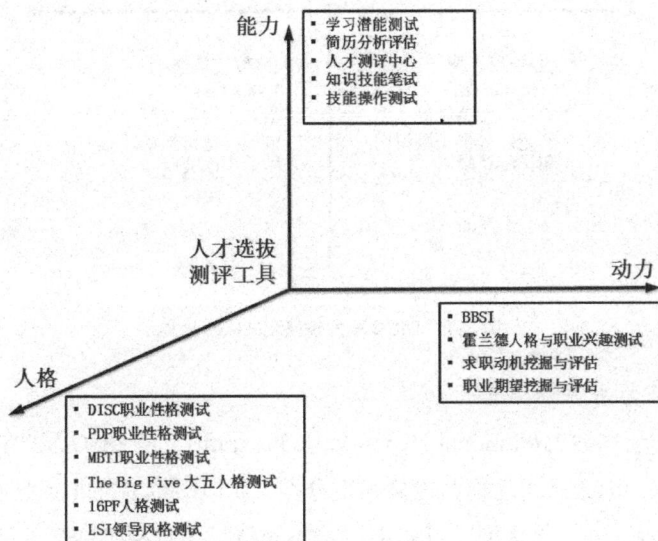

图3-1 人才选拔测评工具

1. 人格维度测评

人格维度测评旨在测评应聘者与岗位、组织氛围、企业文化的匹配度。匹配度越高，越有利于员工的稳定与能力发挥。人格测试的方法有许多种，具体如下。

1）DISC 职业性格测试

DISC 职业性格测试是一个非常流行和简便的人格测验。它把人格分为支配 / 老板型（Dominance）、影响 / 互动型（Influence）、稳健 / 支持型（Steadiness）与服从 / 修正型（Compliance）四大类。由于它能给出较细的分类，同时又能对每类的特征、团队价值、所适宜的工作环境给出详细说明，在企业界比较受欢迎。4 类人格之间的分类关系与特质如图 3-2 所示。

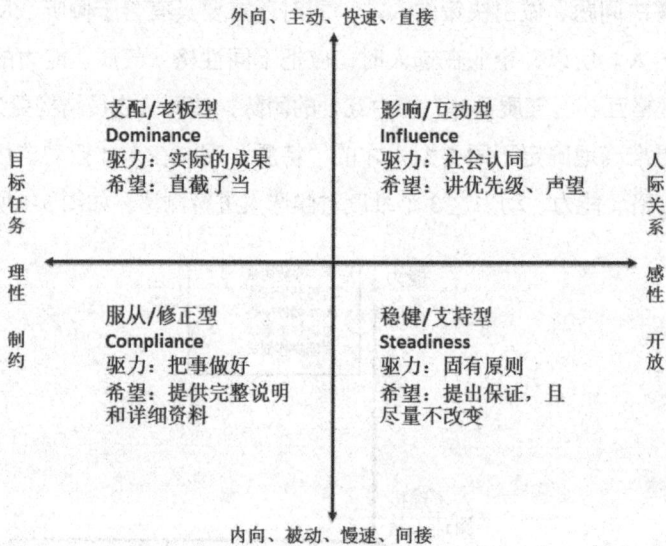

图 3-2　DISC 职业性格测试人格分类

2）PDP 职业性格测试

PDP 的全称为 Professional Dyna-Metric Programs，是 DISC 职业性格测试的演化和变形，因为采用动物为性格维度分类，所以很容易被非专业人士记住和理解。它将人分成"老虎型""孔雀型""猫头鹰型""考拉型""变色龙型"五大类。它们之间的关系与特质如图 3-3 所示。

3）MBTI 职业性格测试

MBTI（Myers–Briggs Type Indicator）是以 8 种类型为基础，加以扩展，形成 4 个维度，分别是外倾（E）—内倾（I）；感觉（S）—直觉（N）；思维（T）—

情感（F）；判断（J）—理解（P）。它们之间的对应关系如表 3-2 所示。

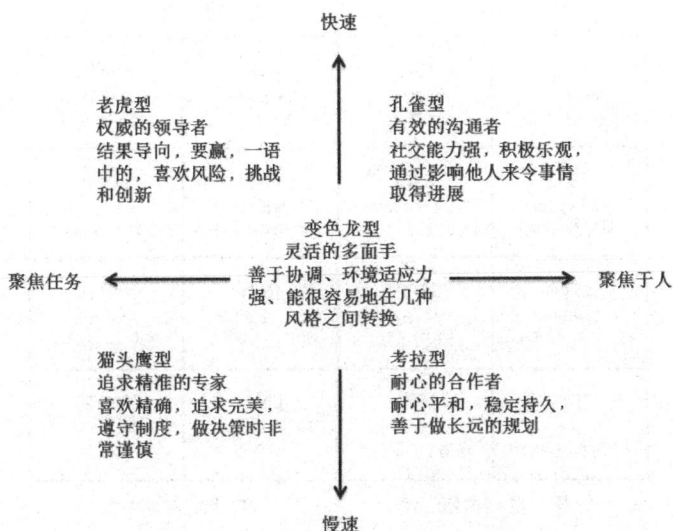

图 3-3　PDP 职业性格测试人格分类

表 3-2　MBTI 职业性格测试人格分类

类型	对应的英文字母	类型	对应的英文字母
外倾	E	内倾	I
感觉	S	直觉	N
思维	T	情感	F
判断	J	理解	P

将 4 个维度排列组合，可以得到 16 种不同的人格类型，如图 3-4 所示。

4）The Big Five 大五人格测试

The Big Five 大五人格测试一般可以记忆为 OCEAN（海洋）或 NEOAC（独木舟）。O 代表 Openness（开放型），C 代表 Conscientiousness（尽责型），E 代表 Extraversion（外向型），A 代表 Agreeableness（随和型），N 代表 Neuroticism（神经质型）。对大五人格的分析通常会用到蛛网图，如图 3-5 所示。

其中，开放型可以分为 6 个子维度：O_1 想象力（Fantasy）、O_2 审美（Aesthetics）、O_3 感受丰富（Feelings）、O_4 尝新（Actions）、O_5 思辨（Ideas）、

O_6 价值观（Values），如图 3-6 所示。

	SJ 教条型护卫者		NF 友善型理想主义者	
	ISTJ Inspector 稽查员/检查者	**ISFJ** Protector 保护者	**INFJ** Counselor 咨询师/劝告者	**INFP** Healer/Tutor 治疗师/导师
	ESTJ Supervisor 督导/监督者	**ESFJ** Provider/Seller 供给者/销售员	**ENFJ** Teacher 教师/教导者	**ENFP** Champion 倡导者/激发者
	ISTP Operator 操作者/演奏者	**ISFP** Composer/Artist 作曲家/艺术家	**INTJ** Mastermind 智多星/科学家	**INTP** Architect 建筑师/设计师
	ESTP Promotor 发起者/创业者	**ESFP** Performer 表演者/示范者	**ENTJ** Field Marshall 统帅/调度者	**ENTP** Inventor 发明家
	SP 探索型 艺术创造者		NT 坚定型 理性者	

图 3-4　MBTI 职业性格测试的 16 种维度组合

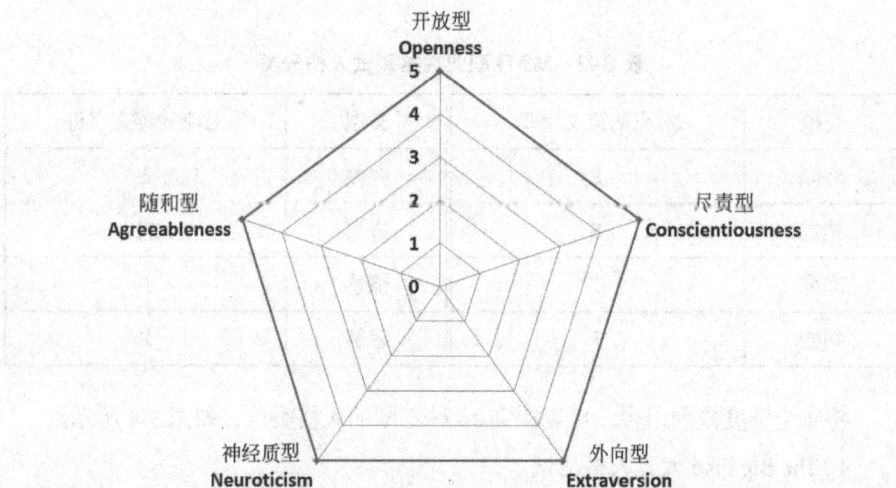

图 3-5　大五人格分类

尽责型可以分为 6 个子维度：C_1 能力（Competence）、C_2 条理性（Order）、C_3 责任感（Dutifulness）、C_4 追求成就（Achievement Striving）、C_5 自律（Self-discipline）、C_6 审慎（Deliberation），如图 3-7 所示。

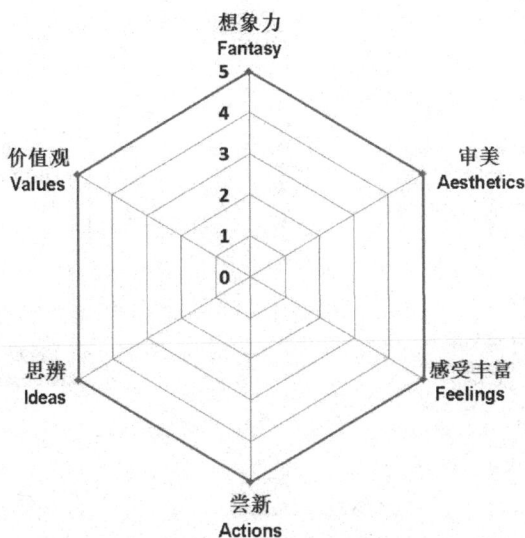

图 3-6 大五人格开放型的 6 个维度

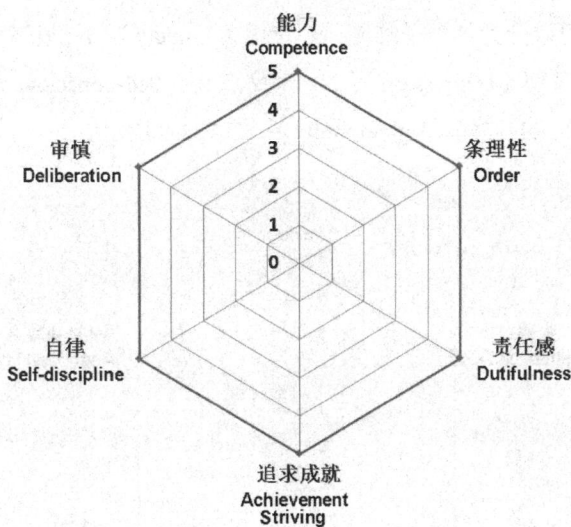

图 3-7 大五人格尽责型的 6 个维度

外向型可以分为 6 个子维度：E_1 热情（Warmth）、E_2 乐群（Gregariousness）、E_3 独断（Assertiveness）、E_4 活力（Activity）、E_5 寻求刺激（Excitement seeking）、E_6 积极情绪（Positive emotions），如图 3-8 所示。

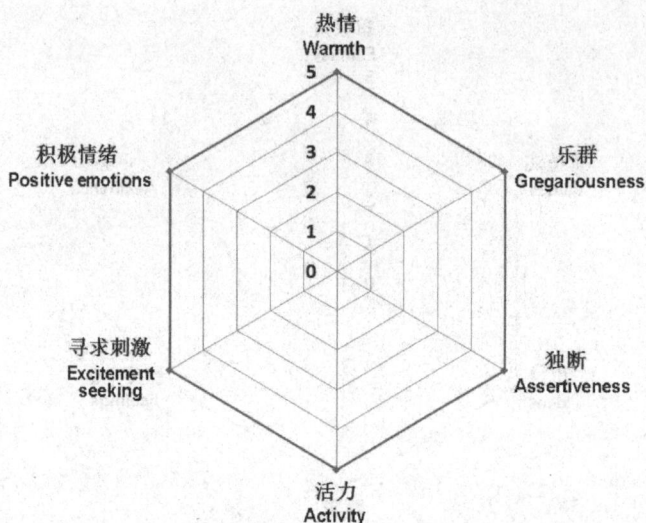

图 3-8　大五人格外向型的 6 个维度

神经质型可以分为 6 个子维度：N_1 焦虑（Anxiety）、N_2 愤怒和敌意（Angry hostility）、N_3 抑郁（Depression）、N_4 自我意识（Self-consciousness）、N_5 冲动（Impulsiveness）、N_6 脆弱（Vulnerability），如图 3-9 所示。

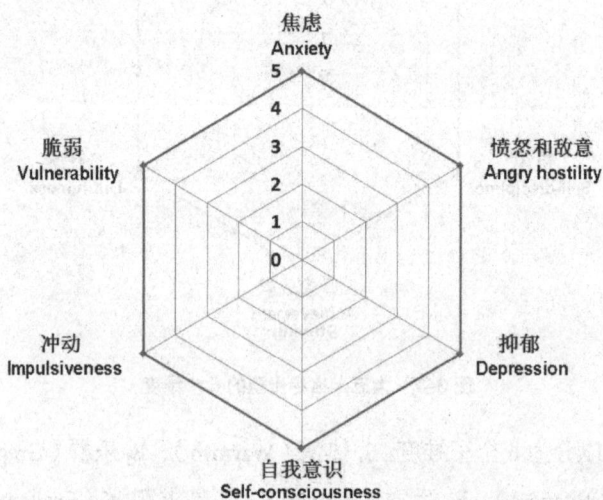

图 3-9　大五人格神经质型的 6 个维度

随和型可以分为6个子维度：A_1信任（Trust）、A_2坦诚（Straightforwardness）、A_3同理心（Tender-mindedness）、A_4利他（Aultruism）、A_5顺从（Compliance）、A_6谦逊（Modest），如图3-10所示。

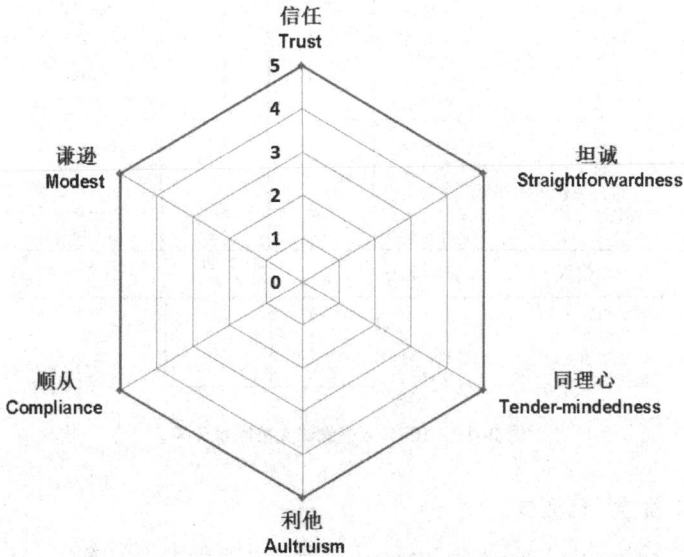

图3-10 大五人格随和型的6个维度

5）16PF

16PF人格测试全称是卡特尔16种人格因素测试，在国际上颇有影响，其每一种人格因素的测量都能使人们对某一方面的人格特征有清晰而独特的认识，也可以对各种人格因素的不同组合进行综合性测量，从而全面评价自己的整个人格。

这16种人格因素的名称和符号分别是乐群（A）、聪慧（B）、稳定（C）、恃强（E）、兴奋（F）、有恒（G）、敢为（H）、敏感（I）、怀疑（L）、幻想（M）、世故（N）、忧虑（O）、实验（Q1）、独立（Q2）、自律（Q3）、紧张（Q4）。由16种人格因素衍生出的4种次级人格因素，是按照16种基本因素的标准划分，经过数量均衡，连同指定常数，相加而成的。16PF人格测试的人格因素分类关系与程度如图3-11所示。

人格因素	低分者特征	低　平均　高　1 2 3 4 5 6 7 8 9 10	高分者特征
乐群 A	缄默孤独		乐群外向
聪慧 B	迟钝、知识面窄		聪慧、富有才识
稳定 C	情绪激动		情绪稳定
恃强 E	谦虚顺从		支配攻击
兴奋 F	严肃审慎		轻松兴奋
有恒 G	权宜敷衍		有恒负责
敢为 H	畏怯退缩		冒险敢为
敏感 I	理智、看重实际		敏感、感情用事
怀疑 L	信赖随和		怀疑刚愎
幻想 M	现实、合乎常规		幻想、疯狂不羁
世故 N	坦白直率、天真		精明能干、世故
忧虑 O	沉着、有自信心		忧虑抑郁、烦恼多
实验 Q1	保守、服从传统		自由、批评激进
独立 Q2	依赖、随群附众		自立、当机立断
自律 Q3	不拘小节		自律严谨
紧张 Q4	心平气和		紧张困扰
次级个性因素	低分者特征	低　平均　高　1 2 3 4 5 6 7 8 9 10	高分者特征
适应与焦虑	适应		焦虑
内向与外向	内向		外向
感情用事与机警	敏感含蓄		机警冲动
怯懦与果断	怯懦		果断

图 3-11　16PF 人格测试人格因素分类

6）LSI 领导风格测试

LSI 是 Leadership Style & Influence（领导力及影响力）的缩写，它根据领导者对下属的支持程度和指挥程度的不同，将领导者的行为分成支持式、教练式、授权式、命令式 4 种风格。每种风格各有优缺点。有效的领导者的关键是根据下属的不同状态，及时确定或改变自己的领导风格，来适应下属的状态。LSI 领导风格分类如图 3-12 所示。

2. 能力维度测评

能力维度测评侧重测评应聘者与岗位之间的胜任度。胜任度越高，越有创造绩效的可能性。能力维度测评的方法有许多种，举例如下。

1）学习潜能测试

学习潜能测试由一套能力测试组成，测试结果用以说明个体发展的学习潜力水平，预示了个体适应新环境和处理新任务的能力。学习潜能测试通常要测试知觉速度、逻辑推理能力、空间想象能力、工作记忆能力、数字能力 5 个方面。

2）简历分析评估

简历分析评估包括对应聘者相关的职业经历、工作年限、前任雇主、离职原因、换工作的频率、原职级、学校、学历、专业匹配、职业升迁路径、职能转换、专业能力、团队管理经历、学习进修路径、职业发展方向、选择机会与动向等进行分析评估。

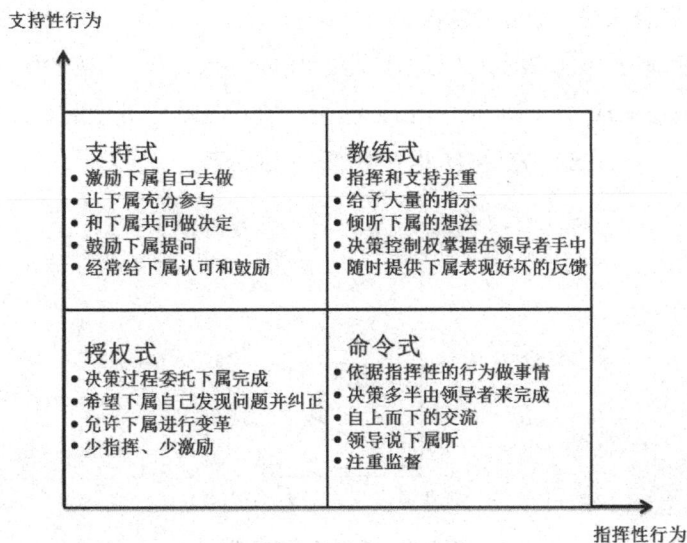

图 3-12　LSI 领导风格分类

3）人才测评中心

通过无领导小组讨论、情景模拟、案例分析等方式，对应聘者进行能力综合考察。

4）知识技能笔试

通过试卷，考核应聘者的专业知识与技能。

5）技能操作测试

对于研发类、服务类、操作类的岗位，可以通过上机操作，测试应聘者的技能掌握和应用程度。

3.动力维度测评

动力维度测评侧重测评应聘者的敬业度。敬业度越高，越有利于员工与组织卓越业绩的创造，高敬业度也将推动员工能力的快速提升。

1）BBSI

BBSI（Behavior-Based Structure Interview，行为逻辑结构化面试）是基于行

为连贯性的原理发展起来的。面试官通过应聘者的行为模式来了解应聘者过去的工作经历，判断他选择本组织的原因，预测他未来的行为模式，并将岗位需要的行为模式与之进行对比分析。

2）霍兰德人格与职业兴趣测试

霍兰德理论的核心假设是人根据其人格可以分为六大类，即现实型（Realistic）、研究型（Investigative）、艺术型（Artistic）、社会型（Social）、企业型（Enterprising）、传统型（Conventional）。霍兰德人格分类如图3-13所示。

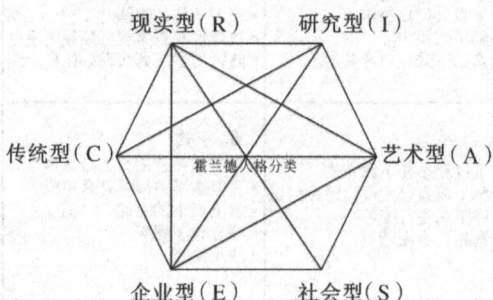

图3-13 霍兰德人格分类

根据霍兰德人格分类，可以判断出应聘者适合的职业方向，如图3-14所示。

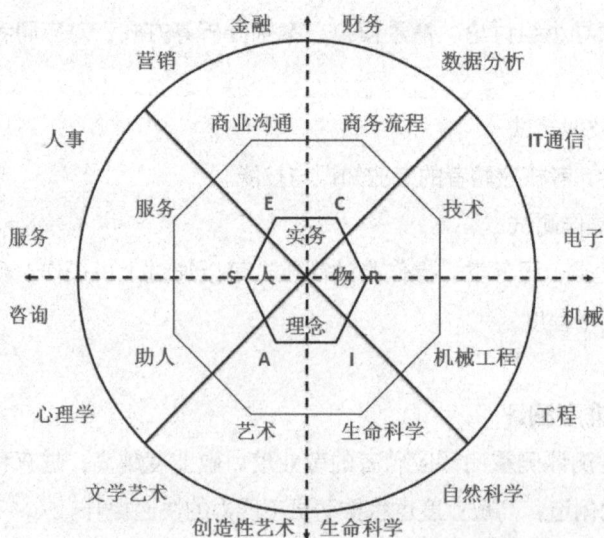

图3-14 霍兰德人格分类对应的职业方向

3）求职动机挖掘与评估

通过了解应聘者的工作动机，以研判其未来工作的投入度。求职动机虽然"深藏不露"，但并非"深不可测"。求职动机背后的驱动因素是价值观，而价值观可以通过个体的观点、经历、行为等表现出来。

4）职业期望挖掘与评估

了解应聘者的职业发展愿望，以研判应聘者对工作的长期性。

各种方法或工具在不同的组织、不同的情景中有不同的优缺点和适配度。比如，有人说PDP职业性格测试并不科学，学术上并不认可，但这种方法的测试过程简单，结果判断快，且能够很容易被非专业人士认知、理解并应用。所以即使它不是100%"精确"，但同样被广泛应用。

人才测评工具在使用前要考虑信度和效度。信度是指测验结果的一致性、稳定性及可靠性，也就是研究者对相同或相似测量对象进行不同形式或不同时间的测量所得结果的一致性程度；效度是指测量工具或方法能够准确测出所需测量的事物的程度，也就是测验的准确性和有用程度。

当然，对测评工具信度和效度的评估又是另外一个专业领域的事情，作为注重管理实务的HR，我们更需要关注的是管理成本的付出与收获效果（效益、效率）之间的关系。实务中往往不是越"有道理"越好，而是越"实用"越好。信度和效度的专业评估工作有时可以留给专业的人去做。

3.4　面试还有花式玩法

招聘不一定是枯燥的重复性工作，可以有一些创新的花式玩法。通过使用这些花式玩法，不仅可以把面试活动跟战略连接、跟业务连接，还可以促进和帮助业务的发展。

我曾经服务过一家大型上市公司，这家公司的优势是超市连锁和经营。由于公司发展和扩张需要，其要开辟一个新的业态：大型商业和购物中心。专注了20年的超市业态，现在突然要准备运营这种大型商业体项目，公司缺少有这方面经验的人才。于是我们在项目开始的前一年半就开始筹备人才的招聘、储备和培养。

即使对于公司来说是个全新的领域，我也不想全部找外来的团队和人才。因为外来的人员虽然业务对口，但是很容易因不了解公司文化、缺乏归属感而产生不受控的风险。而且当时公司里也有许多人不想再继续待在超市业态中，想要有不一样的职业发展，想尝试新的机会，也存在曾经有过大型商业体经验的人才，正好可以利用这个项目提供给他们施展才华的机会。所以，最终我做出的方案是 50% 从内部人才中选拔调动，50% 从外部招募。

进行完项目的内部竞聘，选拔完内部人才后，重点落在了外部人才的招聘上。外部招聘的关键岗位有两个：一是整个商业体的总经理，二是企划部经理。

这两个岗位人才的能力关乎整个项目的成败，所以要求很高，除了必须要有丰富的经验外，商业体总经理还必须有能力统筹整个项目，要具备经营管理能力及培养团队的能力等；企划部经理必须有每周活动的组织和策划能力及创新能力，能利用每周活动吸引稳定的客流。

商业体的副总经理和企划部副经理由有潜力、学习力强、执行力强、忠诚度高的内部人才担任。这种设计一是考虑给外部招募的专业人才提供一个得力助手，二是使外部人才的知识、经验、能力更好地传递给内部培养起来的人才。

我们在全国范围内搜罗顶尖人才，经过前期的准备、视频面试和初步沟通，我们把这两个岗位的候选人分别锁定为 9 个人。

我设置了两轮面试，初试以 3 人一小组进行，每个小组选出评分第一名进入复试，复试的第一名可以得到这个岗位。我组织了一个面试小组，一共 11 个人，除了董事长、总经理和我，其他 8 人全是这个项目要培养的关键人才，其中就包括这个项目的副总经理人选和企划部副经理人选。

为什么面试小组要这么设置呢？为了让我们的内部人员向面试候选人学习！我把面试不仅仅定义为选拔候选人，更重要的，是通过面试的过程，让我们这些原本精通超市业态的人迅速了解商业体业态的运作模式，并借助这批候选人宝贵的经验，为我们将来的实际运营提供可行性方案。

项目总经理初试的面试时长是 1 天，上午 9:00—9:30，我们向候选人介绍了整个项目的真实情况；9:30—11:30，候选人根据公司项目的真实情况准备一份完整的运营方案，内容必须包含但不限于租售渠道、招商策略、自营方案、推广方案、广告策划、组织机构设置、关键部门考核、绩效预测等。下午每组的 3 个候选人轮流进行汇报，平均每人 2 小时的时间。

复试的安排是每名候选人利用 1.5 小时的时间，针对自己之前做的方案，列举每个环节最可能出现的三大问题及对应的解决方案。初试的时候，我们讨论的是"方向""方法""正常情况"；复试的时候，我们要考察的是"异常管理"。考查一位管理者是否优秀不仅要看正常运营时他能做什么，更重要的是看异常情况下他会怎么处理。

项目总经理岗位的初试与复试结束后，面试小组成员一共可以听到 9 场大型商业体运营方案的"报告会"，以及 3 场运营各环节容易出现的问题总结及其针对性解决方案，而且过程中有任何不明白的可以随时提问。

企划部经理初试的面试时长是 1 天，上午 9:00—9:30，我们向候选人介绍整个项目的真实情况；9:30—11:30，候选人准备一套全年每周活动的企划方案。内容必须包含但不限于每期活动的主题、定位、亮点、客群、销售策略、赞助商选择、预期收益等。要求每个活动都不重样，有创意。下午每人各 1.5 小时的展示汇报时间。

复试的安排也是 1 天，上午 2 小时和初试一样，再准备一套全年每周活动的企划方案，不能和自己上一次准备的重复。下午每人除了 1.5 小时的展示汇报外，增加了 0.5 小时的问答时间，面试小组除了问一些方案本身的问题外，还可以问一些异常管理方面的问题或者其他问题。

企划部经理岗位面试这样设置的原因是这个岗位需要大量的创新和创意。整个面试日程结束后，我们一共可以得到 12 套全年活动的企划方案，后来，商业体开业后连续 3 年时间用的都是这次面试里精选出来的方案，每周都有不重样的主题。

候选人为了面试成功绞尽脑汁做出来的东西往往代表了他的最高水平，借助面试，公司不仅选拔了人才，增长了内部人才的见识，培养了他们的能力，还为业务部门提供了有效的运营方案参考，一举四得。

所以，别只把面试当面试，不要只把它看成招募人才的方式。面试的过程其实是与外部沟通交流的机会，我们完全可以利用面试探寻竞争对手的重要信息，做薪酬调研，扩展视野和思维，学习我们不擅长的方法等。利用好面试的花式玩法，做到战略人力资源管理。

3.5 不受重视的岗位管理

曾经有位刚从事人力资源工作不久的朋友问了我一个问题：岗位说明书是不是根本就没用？原来他负责公司岗位说明书的编写，但是他发现自己编完了以后发给主管审核，主管只是看看有无错别字就直接发给经理，经理检查一下完整度后就发给了总监，总监甚至都不打开看就直接向分管副总汇报这项工作已完成。然后就没有下文了，直到第二年的同个时间段再重复一次同样的流程。

我回答他："不是没用，是你们公司没用。岗位说明书几乎每家公司都有，但不是每家公司都真的在用。"大部分公司的岗位说明书是基于"现状"编写的，是只有在体系认证的时候才拿出来给认证老师看的证据文件；或者是公司领导要求的，为了完成工作，各部门上报的目前各在岗职工的工作情况。完成后的一堆文件，没有大的机构调整变化，几乎几年都不再更新，形同虚设。

要搞清楚岗位说明书到底有什么用，首先要明白什么是岗位——岗位是一个组织中最小的、最基本的组成单位。它归组织所有，而非任何组织成员个人。它承接着组织的愿景、使命、战略的分解目标，以结果为导向，具有动态变化而又相对稳定的特点。

有了岗位，就要有岗位管理体系。岗位管理体系是人力资源管理体系的基础，它直接和薪酬管理体系、绩效管理体系、职业发展体系等相互关联，保证公司能够持续不断地吸引、激励、留住优秀人才。比如，有了岗位管理体系，就可以根据职等职级确定薪酬和福利的标准；绩效管理体系的结果又可以作为个人升职、降职、调薪、激励的依据。岗位管理体系与绩效管理体系和薪酬管理体系之间的关系如图 3-15 所示。

岗位管理体系包含的内容有岗位层级、岗位族群 / 序列 / 角色、岗位发展通道、岗位图谱和称谓、岗位管理制度、岗位说明书，如图 3-16 所示。

1. 岗位层级

岗位的层级是组织管理的纵向权限分布情况，体现了岗位的汇报层级关系，是岗位的相对价值分布。可以通过专业知识、岗位能力、贡献大小、业务领域影响力等角度来测量岗位的价值，划分岗位的层级。

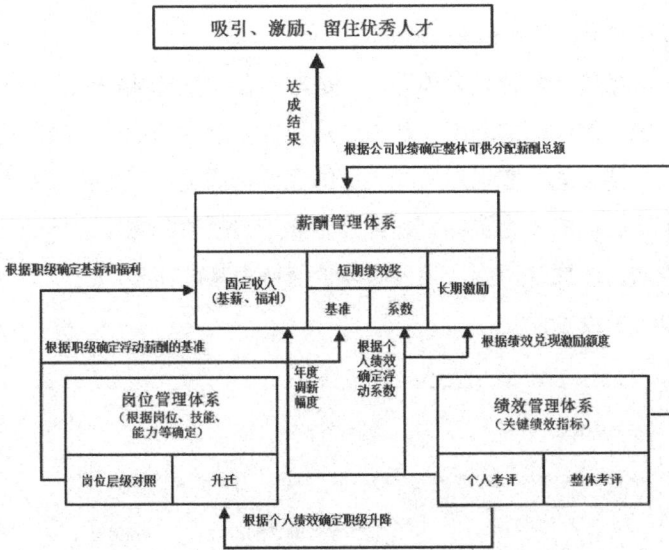

图 3-15 岗位管理体系与绩效管理体系薪酬管理体系关系示意图

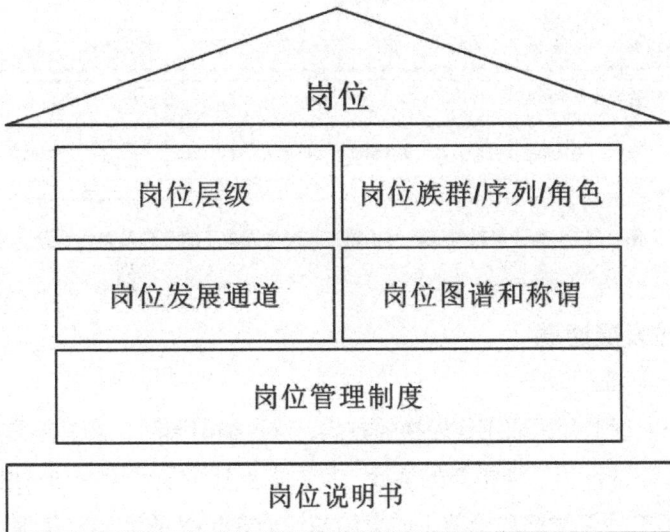

图 3-16 岗位管理体系示意图

2. 岗位族群 / 序列 / 角色

岗位族群是由一系列工作内容相近或相似，满足岗位要求的岗位任职者所需知识、技能，领域相同或相近的岗位组成的岗位集合。对岗位族群做进一步细分，可以形成岗位序列和岗位角色。

建立岗位族群 / 序列 / 角色体系，一是为人力资源的调配提供一个新的工具，实现对数量庞大的岗位的动态管理；二是建立多通道的职业发展路径，拓宽员工在公司的发展空间，增强对核心人员的保留与激励；三是可以针对不同岗位族群，制定个性化的人力资源管理配套方案，包括薪酬激励、培训与发展、人员选拔与流动、绩效管理等。某公司以价值链为基础在某岗位族群下的序列及角色划分如图 3-17 所示。

	序列	管理序列	人力资源序列	财务管理序列		行政序列	
辅助活动	角色	高层管理	人力资源	财务	审计	档案管理	行政文秘
	序列	技术序列		科研项目管理	质量控制序列		安环管理
	角色	技术研发	生产工艺	项目管理	质量检测	体系认证	安环管理
	序列	后勤保障序列				信息序列	
	角色	保卫	司机	厨师	宿管	勤杂	信息管理
基本活动	序列	采购序列	生产序列			市场序列	
	角色	物资供应	仓库管理	设备维修	生产实施	生产统计	市场开发维护	售后服务

图 3-17 某公司以价值链为基础在某岗位族群下的序列及角色划分

3. 岗位发展通道

1）横向职业通道

横向职业通道即采取工作轮换的方式，通过横向调动，使工作具有多样性，使员工焕发新的活力，迎接新的挑战。横向职业通道虽然没有加薪或晋升，但可以增加员工的新鲜感和价值。如果组织没有足够多的高层职位提供给员工，同时长期从事同一项工作使人倍感枯燥无味，可采用此种模式。

2）双重职业通道

双重职业通道模式：管理通道——沿着这条道路可以通往高级管理职位；专业技术通道——沿着这条道路可以通往高级技术职位。在组织中，这两个通道在同一等级上的地位和利益是平等的。员工可以自由选择两条通道中的任意一条发展。这种模式可以保证组织既拥有高技能的管理者，又拥有高技能的专业技术人员。

3）多重职业通道

这种模式是在双重职业通道的基础上又分出多个通道，为员工提供更多的机会和发展空间。比如，有的公司待管理通道上的员工发展到一定层级后，为之提供带领团队创业或者成为合伙人的机会；有的公司待技术通道上的员工发展到一定层级后，为之提供技术带头人通道或技术管理人员通道。这种模式为员工提供了更多的职业发展机会。

岗位发展通道的3种类型之间的关系如图3-18所示。

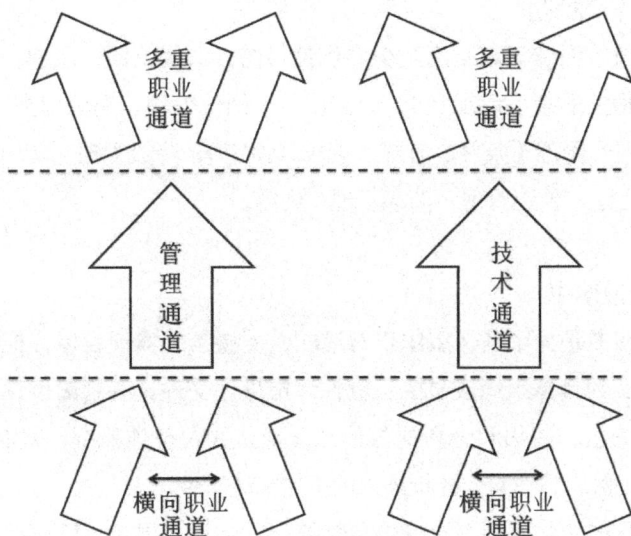

图3-18　岗位发展通道示意图

4.岗位图谱和称谓

第一步：确定图谱中的称谓，根据岗位族群序列结果和岗位层级确认结果的横纵交叉选取图谱中的称谓。第二步：确定岗位角色，根据岗位称谓细分工作角色。某公司岗位称谓如图 3-19 所示。

对应等级	管理通道 岗位称谓	技术通道 岗位称谓
16~18	总监	首席工程师
13~15	高级经理	资深工程师
10~12	经理	高级工程师
7~9	高级主管	中级工程师
4~6	主管	工程师
1~3	专员	助理工程师

图 3-19　某公司岗位称谓

5. 岗位管理制度

相对完整的岗位管理制度至少要包括目的，适用范围，原则，定义，支持文件（其他相关的制度或规定），岗位设置，岗位编制，岗位分类，岗位等级，任职资格，晋升管理（条件、方式、选拔、评定），降级管理，转岗管理，借调管理，待岗管理，转正管理，离职管理等内容。

6. 岗位说明书

岗位说明书是为了确保组织正常运转，支持组织实现目标，把组织实现目标的职责落实到具体组织成员的工具性、指导性文件。编制岗位说明书，首先要进行岗位分析，收集和分析岗位信息，确认岗位整体概况，对其做出正确、详尽的描述；然后整理岗位分析结果的工作描述文件。

一份完整的岗位说明书至少应包括编码，名称，层级，所属单位，所属部门，工作内外部关系，上下级关系，下属人数，工作地点（是否固定、有无出差），工作环境（危险性、劳动保障），设置的目的，权限，工作职责，工作内容，关键绩效指标（Key Performance Indicator，KPI），任职要求（教育背景、从业经验、知识结构、能力要求）等内容。

3.6 别被胜任力模型坑了

在很多本土公司中，胜任力模型是我见过所有人力资源管理实践工作中效果最差的一个工具。多数公司干脆不使用这个工具，就算有，大多也是在敷衍或者仅个别模块中留存并不明所以地延续着。

能够真正建立并持续利用这个工具的公司，除了国内少数几家比较知名的大型公司外，寥寥无几。为什么会这样？我想，是因为这件事出力不讨好。

先说为什么需要出力。那些网上随处可见的通用岗位胜任力模型往往并不能满足每家公司个性的需要。建立胜任力模型是一项系统而庞杂的工程，如果没有兼具专业知识和经验背景的团队，没有足量的人力和时间付出，没有高层的支持，以及相关方的配合是很难顺利完成建设并在公司中落地的。

为什么这套工具不讨好？就算某公司花费了大量的心血完成了胜任力模型的建设，后续在招聘、培训、薪酬、绩效等领域的运用还需要不断持续和不断维护。在这个过程中，考验的不仅是人力资源部工作人员对胜任力模型的理解，更加考验公司决策层、高管及各部门负责人对这个工具的认识。如果他们不认可，结局就会不讨好。

我曾见过多家具备胜任力概念的大型公司的胜任力模型，它们在实际运用的过程中，问题还是非常多的。比如，单个岗位胜任力的项目太多或者太少，模型与组织目标或实际工作脱节，没有和人力资源的其他模块关联等。要使用好胜任力模型，首先要对它有一个完整和清晰的认识。

胜任力，是用行为方式描述出来的岗位需要具备的特质、知识和能力，是个体要达到该岗位的绩效要求需要具备的综合要求，它需要具备可观察、可指导、可衡量的特点。有 3 类重要的胜任力项目的识别运用对组织的价值和意义特别大。

1. 门槛类胜任力（Threshold competencies）

它指的是某组织最低标准的要求，不一定和岗位有关，可能与公司的文化和要求有关。比如，某公司特别强调诚信和执行力，胜任力的门槛项目中就可以加入这两项。通过入职培训的闭卷考试，规定相互抄袭者代表着诚信和执行力差，一律算不合格不得入职。门槛类胜任力可以作为一种考查和筛选手段。

2. 区辨类胜任力（Differentiating competencies）

它指的是组织中那些能够把同一岗位绩效高者和绩效低者做出明显区分的要求，也可以叫作不同岗位的关键胜任力。比如，某销售业务岗位的主观能动性或沟通能力，某采购岗位的谈判能力，某高层管理岗位的领导力或影响力。

3. 转化类胜任力（Transformational competencies）

它指的是组织内各岗位都普遍缺乏的胜任力，而如果在这类胜任力上得到改善和提高，组织的整体工作绩效将会大大提升。比如，某组织原本对新晋人才的培养和帮带漠不关心，也不知道该如何做，已经影响到了组织绩效和未来发展，组织识别出来后，可以采取手段，增强组织各岗位管理者"人才培养与开发"的能力。

在建立岗位胜任力模型之前，如果对以上3类重要的胜任力项目、组织目标和发展状况，以及胜任力的有效应用等方面掌握不足，那么胜任力模型的建设只能成为一个漂亮的空中楼阁。所以，组织在建立自己的胜任力模型之前，必须要搞清楚以下关键事项。

1）组织目标是什么

实现组织的目标是建立胜任力模型的根本目的，而有的公司在不清楚自己目标是什么的情况下就建立了一套胜任力模型，其效果可想而知。

2）选取适当的标准

如果把某组织现在的人才按能力水平分为高中低3个档，高档代表能力水平的分位值达到75%及以上的人才，中档代表能力水平的分位值在25%～75%的人才，低档代表能力水平的分位值在25%以下的人才。确定企业的胜任力水平时应该选取什么样的标准呢？

如果希望组织有一定的压力促使人才不断进步，一般应把胜任力定在分位值为75%的水平是比较健康的。如果把胜任力的分位值定在90%，则目标较高，意味着组织中90%的人都无法达到这个能力水平。目标过高，可能适得其反；如果把胜任力的分位值定在50%及以下，则组织目标过低，整体组织能力有降低的趋势。

3）有效的测评体系

建立胜任力模型是为了实际运用，而不是摆在那里给别人看。这就要求胜任力模型中的所有项必须都是明确的、可评价的、可实际操作的，要有能够适用且实用的测评系统，同时，还需要考虑实施运行过程中的工作量和可持续性。

4）与人力资源各模块的结合

胜任力模型本身无法发挥作用，它需要和人力资源的其他模块有机结合才能真正发挥功效。招聘与配置、培训与开发、薪酬管理、绩效管理四大模块和胜任力模型的联系都较为紧密。

严谨的胜任力模型是人力资源管理的基础。因此，我们必须以科学的态度和方法，建立真实、有效的胜任力模型。要想最大限度地发挥胜任力模型的作用，就要抓住重点和关键，合理地设计和运用。

3.7 后继有人才是王道

许多企业在快速发展时期会遇到人才短缺的情况，导致企业的发展受阻，直接影响企业战略目标的实现。获取人才的渠道主要有两类：一类是外部招聘，一类是内部培养。

外部招聘的人才由于对企业的实际情况了解较少，很难在短时间内创造佳绩，甚至往往因"水土不服"，最终流失的同时也会给企业造成伤害。内部培养人才需要长期的投入才可以实现企业的战略目标，规划不到位则容易在企业需要人才马上能补充上去时，培养工作还没有完成，导致人才的高位使用，从而产生较大的用人风险。

要解决这个问题，比较有效的方法是进行人才盘点和继任者计划。这两个工具在许多500强企业中已司空见惯，通用电气公司的杰克·韦尔奇（Jack Welch）就是通过继任者计划走上了CEO的位置。通过对这两个工具的实施，可以为企业输送源源不断的人才，能对战略实现和业务增长提供持续的人力资本支持。

人才盘点的工具有很多，比如360度评估、性格测试、专家访谈、心理测验、角色扮演、管理游戏、BEI（Behavioral Event Interview，行为事件访谈法）

等。在人才测评结束之后，通常可以用人才素质的结构图、九宫格图等工具体现测评结果，输出人才测评的个人报告或人才测评团体报告后，能够形成人才发展的规划和关键人才的继任计划。

通过对人才进行测评和绩效考核等一系列的盘点之后，我们会得出一些核心的人才盘点数据，这些数据包括能力测评的结果、绩效考核的结果等。

如果把人才的能力和态度的积极性进行比较，针对不同类型的员工，采取的培训和评估策略如图 3-20 所示。

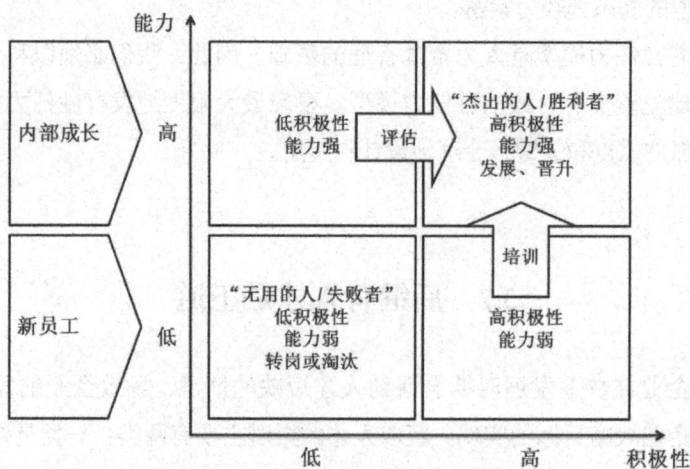

图 3-20　不同类型员工的培训和评估策略

如果我们从能力和绩效两个方面进行盘点，也可以有不同的策略。首先划分一个标准，这个标准可以是"优、良、中、差"或者"优秀、胜任、合格"等。这个标准可以根据不同企业的实际情况来划分，比如，可以划分 80 分以上属于"高"，60 ～ 80 分属于"中"，60 分以下属于"低"。不管是绩效考核还是能力测评都可以按照这个标准执行。

然后把每个人按照这个"高、中、低"的标准来划分，放到每个对应分类中。这样就形成了一个人才分析地图，我们查看人才时就可以一目了然：哪些人属于优秀人才，哪些人属于中等人才，哪些人属于我们需要进一步发展和提升的人才，哪些人是我们需要淘汰的。

人才管理则可以根据分类的结果，制定相应的措施。比如，针对绩效好、能力强的人，需要尽快提拔，因为这种特别优秀的人才面对的外部诱惑比较多，如果不予以提拔，其很容易会选择跳槽或离开；对于绩效差、能力也差的人，我们要考虑淘汰或降级使用，或者留在原岗位上继续锻炼。

绩效与能力的对应关系及策略如图 3-21 所示。

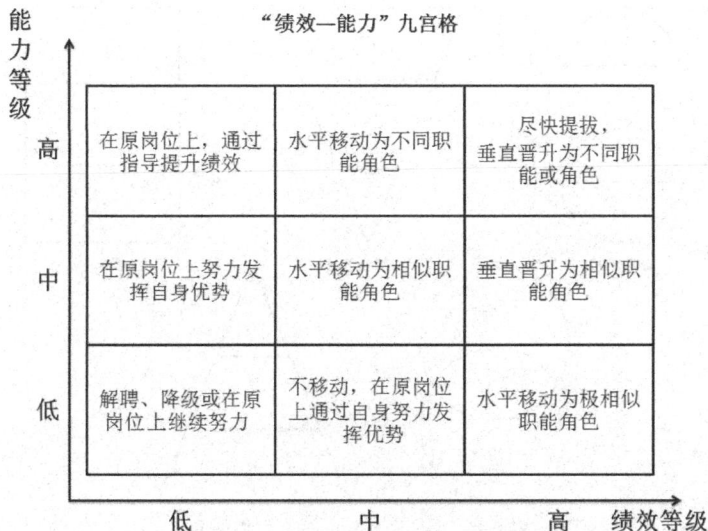

"绩效—能力"九宫格

能力等级			
高	在原岗位上，通过指导提升绩效	水平移动为不同职能角色	尽快提拔，垂直晋升为不同职能或角色
中	在原岗位上努力发挥自身优势	水平移动为相似职能角色	垂直晋升为相似职能角色
低	解聘、降级或在原岗位上继续努力	不移动，在原岗位上通过自身努力发挥优势	水平移动为极相似职能角色
	低	中	高 绩效等级

图 3-21 绩效与能力的对应关系及策略

在图 3-21 所示的九宫格中，人数需要有一定的比例限制。比如，特别优秀的人不应该太多，通常在 10% ～ 20%；特别差的人也不应该太多，控制在 10% 左右；大部分人应该处于中间水平，特别是绩效中等、能力中等的这部分人，所占比例应该相对较大。

许多企业会问：我们的绩效考核不能把人才区分出"高、中、低"，大部分人的绩效考核得分都很高，这时该怎么办呢？我们要做的是"强制排名"，就是无论怎么样，都要想办法排出高中低。

在这种情况下，我们就需要按照一定的比例来排序。比如，高的占 10% ～ 20%，低的占 10% ～ 20%，其余的为中间的，这样就可以把绩效分出一定的等级。只有对绩效和能力按照不同的等级进行划分，才能够把人才区别开来，不然一大堆人挤在一个区间中，无法对其进行分类管理，这对于人才的管理工作非常不利。

根据企业人才素质的不同，可以绘制出该企业的人才素质结构图。我们可以按照所有测评对象的测评成绩，将其分成"优、中、差"3个等级，每个等级的人数不同，将企业的人才素质能力结构分成以下5种类型：橄榄型、倒金字塔型、直方型、花生型、金字塔型。这5种类型的图形如图3-22所示。

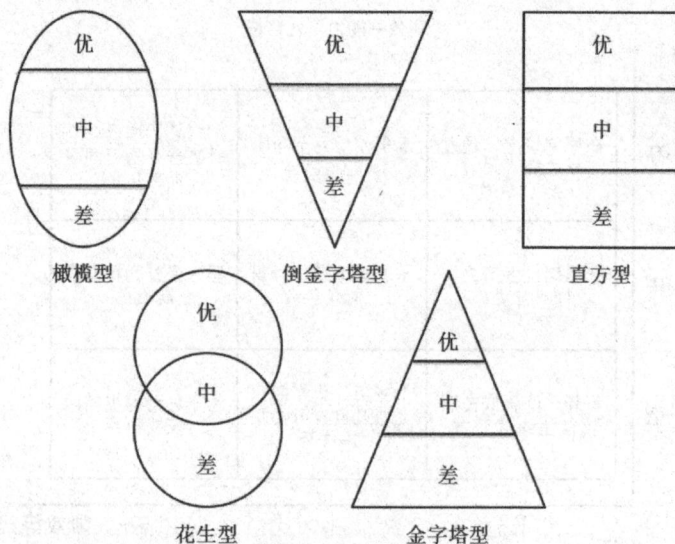

图3-22　人才素质能力结构的5种类型

从图3-22我们可以非常直观地看出企业的人才素质结构。这5个结构图均按照从优到差的顺序排列，橄榄型一般来说是最健康的一种结构。

橄榄型结构中处于中间位置的人数最多，处于优和差的人数比较少。尽管从表面上看，公司的优秀人才并不多，但有很多能力处于中等水平的人才，如果企业发展需要，可以对这批人才进行培养和提升。并且因为差的人比较少，所以不至于对企业的发展形成阻碍。

在一家企业中，素质和能力差的人不应占多数，否则企业的发展就没有足够的人才支撑；但同时，能力优秀的人也不需要占多数，因为如果优秀的人才太多，反而会导致大部分人得不到锻炼，发展的空间和机会都不够，这些优秀人才就会选择离开企业，这样也会对企业的发展不利。

当然，如果企业处于快速发展期，有足够的发展空间和平台提供给优秀人才，那么优秀人才多一些也没有关系。一般来说，素质和能力处于中等水平的人在公司中的占比为50%～70%是比较理想的状态。

再看其他的结构图，如果不是处于快速发展阶段的企业，倒金字塔型结构会导致人才过剩，存在不稳定因素。直方形的结构比较稳定，但是未来发展可能会出现人才不足的状况。这两种结构没有橄榄型结构好，但问题还不算大。

问题比较大的是花生型和金字塔型结构，花生型结构由于能力为中等水平的人比较少，容易导致人才断层，进而严重影响企业的发展。金字塔型结构由于优秀的人才太少，无法对企业发展起到支撑作用。这两种都是比较不健康的结构，如果出现，企业应马上采取行动予以改善。

进行人才盘点及发展和能力评估之后，企业就要确定关键岗位的继任者：根据对关键岗位人才盘点和评估的结果，制订个性化的继任者计划和开发计划，通过计划的实施使继任者具备胜任上一级岗位的资质。企业关键管理岗位的接替情况统计如图 3-23 所示。

关键管理岗位接替表			
职位	准备程度		
	已准备好	未来2年内	未来2~5年
CEO			
CFO			

图 3-23　关键管理岗位接替表

继任者计划做得足够成熟的企业，即使 CEO 突然因各种原因无法继续履职，也只需要补充一名实习生即可，对企业的正常运营影响极小。因为 CEO 有继任者可以马上上岗，CEO 的继任者也有继任者可以马上上岗，层层递进到最后，就只需要补充一名实习生。

企业要建立继任者个人培训与开发档案，充分运用现有资源，通过个体辅导、参与项目、岗位轮换、培训等方式帮助继任者增加自身的知识储备和增强能力，并加强管理沟通和过程监控反馈，使继任者按照既定的成长和发展路线稳步前行，成长为企业需要的人才。

继任者计划是一项长期系统的工程，其中的每个步骤都涉及很多具体工作，而且这项工作作为企业的长期投入，企业必须有足够的耐心和准备。企业通过确定关键职能领域和关键岗位，施以人才盘点和评估，能够明确企业人才现状和需求；更为重要的是，通过实施继任者计划，企业将形成关键岗位人才梯队长名单，拥有一支关键领域的后备人才队伍，为企业长期发展提供持续而强有力的人力资源支持。

3.8　如何帮"空降兵"落地

我的朋友 Wendy 所在的公司有这样一个故事。

Fiona 是公司的总经理，熬过了艰难坎坷的创业阶段，终于迎来了公司的迅猛发展时期。公司如今的规模已经超过百亿元，照这个势头发展，未来的前景应该一片光明。可 Fiona 并不乐观，每天都在发愁——为公司当前青黄不接的人才问题。

跟着 Fiona 一起创业的元老都是实干家，执行力超强，可眼界和能力已经跟不上公司的发展；近几年新招收的几批人又太年轻、经验不足。无奈之下，Fiona 想通过引进外部的"高手"来带动公司发展。于是找来了公司的人力资源总监 Wendy，开始制订寻找人才的计划。

Fiona 说："咱们公司规模已经不小了，要适应未来的发展，就要找这个行业里的优秀人才！至少要是规模大于我们公司 3 倍以上公司的 VP（副总经理）等级的。"

Wendy 说："这类人的薪酬可不低，随便请一个，其工资也是我们现有这些总监级人才工资的 10 倍以上。"

Fiona 摇摇头，说："公司要发展，就要大力引进人才，要不惜一切成本和代价！钱好说。"

Wendy 点点头，说："好的！我马上去办。"

不久，Wendy 不负期望，找到了本行业的一批顶尖人才。这些人一个接一个地入职，前前后后共来了 20 多位，可没有一位能"活过"一年以上。最短的，只待了一个月就选择离开。这些人才不仅没有给公司创造价值，反而搞得公司上下人心惶惶、不知所措。

公司的元老们私下议论。老板喜欢用外面的"高手"，不喜欢用自己人，这是典型的过河拆桥！既然他是"高手"，拿高工资，那活儿都让他们干吧！他们没来之前，部门有了问题找我们，现在有了这些"空降兵"们分管，以后再有问题别找我们了，找他们去！

外聘的这些人才也叫苦不迭。入职以后发现自己团队里都是群"老古板"，很擅长做事务性工作，但对管理性工作完全没概念。他们找不到能够承接自己想法并真正落实工作的人，想换下属老板又不同意，因为老板的想法就是让他们这群"空降兵"把内部的人带起来。

最倒霉的是年轻的基层职员。今天 A 总上任，说你们原来做的都不好，要这么做，这些职员来公司这么久，第一次听到这么先进的管理理念，都激动不已。结果做了一大堆基础工作之后，A 总就离职了。不久后，又来了 B 总。B 总完全不理之前的工作进展，他有自己的方向和重点。他说之前的都不好，要那样做才对。于是职员们又有了新的目标。结果做着做着，B 总走了，C 总又来了……周而复始、循环往复，基层职员们每天都在做大量无意义的事情。

那么，作为人力资源管理者，要怎样帮助"空降兵"落地呢？

1. 先问为什么

在招聘之前一定要明确招"空降兵"到底是为了什么？是为了满足老板一时兴起的"情绪"，还是真的能帮助公司实现某个具体或特定的目标？是经过了一定的思考、讨论、验证、确认之后下的结论，还是只是老板的一句话？如果老板随意决策，HR 随意执行，那就是乱来。

明确了为什么，才知道干什么，才可能有明确的方向，才能知道这件事是否和公司的战略匹配，才能为"空降兵"的岗位制定考核和评价的依据。

2. 人才要选准

能适应公司目前和未来一段时间发展的，才可能是人才。在 Fiona 的公司，选择规模是自己3倍以上公司的人才显然不符合自身发展现状。Fiona想找大型公司的高级人才,是觉得这些人才经历过公司由小到大的成长期,知道公司规模变大以后的管理难题,可能会有办法解决。可是如果需求和人才能力相差太多,人才同样无法发挥价值。

比如,如果有一家物业公司需要找一些普通的保安,一般不会去找身经百战的特种部队退伍军人,这不科学。就算找来了特种部队的队长担任保安队长,他要怎么训练其他的保安队员呢?

首先,其他的保安自身的素质就不具备成为特种部队队员的潜质。其次,他们自己也不想拥有特种部队队员具有的能力,不想受那些严酷的训练,只想安安稳稳地当好一名保安。最后,训练特种部队的队员需要较长的一段时间,而且需要一定的场地和设备支持,

对一家公司来说,高手不一定是人才,满足公司岗位需要的才叫人才。一般来说,寻找具有自己公司规模1~2倍的公司工作经验的人才相对合适。职位也不是越高越好,要根据自己公司的实际需求确定。

3. 土壤是关键

要让"空降兵"在公司"扎根",需要有一定的"土壤"支持。什么是"土壤"?组织文化、团队氛围、团队成员的素质、组织对工作的支持和理解、目标和任务明确、权责利匹配、汇报线和流程线清晰等都是"土壤"。如果土壤有问题,再好的植物也会"水土不服",难以活下来;如果土壤肥沃,所有扎根的植物都能得到滋养。

招聘"空降兵"时,是先有一个周详的计划安排,还是直接落实到行动上?是招来之后让他直接上岗,还是为他做一些准备?只有提前规划好"空降兵"用与留的安排,提前为他创造一些留下来的"土壤",才有可能让他愿意留下。

3.9　离职人才也是财富

组织为什么要做人才离职管理?一是争取让有可能留下的人才留下;二是

让不愿意留下或不该留下的人才不要带着情绪离开；三是通过离职员工反馈出的问题，使企业的流程或制度得到改善。一家企业对离职人才的态度和管理，能够看出这家企业的格局。

领英公司的创始人里德·霍夫曼（Reid Hoffman）在《联盟：互联网时代的人才变革》（*The Alliance: Managing Talent in the Networked Age*）这本书中提出，在移动互联网时代，企业与员工之间应该从商业交易关系转变为互惠关系，需要建立起一种互惠互利、共生共赢的结盟关系。

企业应该告诉员工："只要你忠诚于客户价值、为企业创造更多的价值，企业就会让你收获更多。"员工也可以告诉企业："如果企业帮助我发展我的事业，我也会尽我所能帮助企业发展壮大。"

企业与员工的关系应该更像是剧组和演员的关系：双方在合同期内时，相互合作、信守合约；合同到期后，彼此可以继续合作，也可以不再合作；但是即使不再合作，企业和人才之间也可以保持着持续的联系和良好的关系。

比如，著名的麦肯锡咨询公司（以下简称"麦肯锡"）的许多业务都是由其前员工牵线搭桥的。麦肯锡把员工离职当作"毕业离校"，他们为前员工建立了一个名叫"麦肯锡校友录"的信息库，麦肯锡会定期更新他们的职业变动情况，与之继续保持着良好的关系。

而这些离开麦肯锡的人，他们活跃在各行各业，成为不同领域的精英人才，其中有很多后来成了企业 CEO、高管、教授或政治家。他们继续为麦肯锡提供宝贵的信息、情报、人际关系，直接或间接促成订单，为麦肯锡的发展做出了巨大的贡献。

另一家有类似做法的公司是贝恩咨询公司（以下简称"贝恩"），这家公司的人力资源部会专人负责"前雇员业务"。这位专员会定期跟踪公司前雇员的职业生涯变化，会定期与他们联络，告诉他们贝恩的最新进展，会组织、邀请他们参加聚会活动。

贝恩的执行董事曾说过："人员流失并非坏事。我们吸引了最优秀和最聪明的人才，而这些人往往也是最难留住的。我们的工作是创造有价值的事业，使他们多停留一天、一个月或一年。但如果你认为能永远留住人才，那是愚蠢的。你应该在他们离职之后，继续与他们保持联系，把他们变成拥护者、客户或商业伙伴。"

世界著名的设计和建筑公司甘斯勒公司的创始人甘斯勒（Gensler）说："人们在职业生涯的某个时候会因为各式各样的理由离开我们。比如'我想去一家小公司干干'或者'我想住在郊区'等。如果他们是优秀的，如果他们为了学习新事物而选择离开，那么，竭力留住他们是不值得的。但我们努力保持与他们的联系，因为他们中的许多人最后可能会决定回来。而且回头的员工将成为我们最忠心的员工，他们回来后会令人难以置信地投入工作。"

与这些著名的国外企业类似，国内的许多企业也组织了官方或非官方的离职员工社群，比如百度公司的"百老汇"、腾讯公司的"单飞企鹅俱乐部"和"南极圈"、美的集团的"北美洲"、南方报业传媒集团的"南友圈"。

这些社群建立的初衷原本是联络感情、嫁接资源，随着人数的增多，逐渐形成了一个个很有特色的社群。2014年，"南极圈"的创始人潘国华甚至把南极圈注册为公司。腾讯公司的网点通开放平台、应用宝、"200亿流量"分发活动等都向"南极圈"成员倾斜。

此外，网易、盛大、人人网、新浪、TCL、小米、搜狐、搜狗、金山、猎豹、华为、清科、巨人、1号店、开心网、赶集网、Hao123、同程旅游、中国移动等公司也都有自己的离职员工联盟。离职后的优质人才同样是社会需要的，当他们聚集在一起的时候，必将产生巨大的商业价值。

许多离职员工会选择创业，有做原来企业上下游产业的，有做互补产业的，有做竞争产业的，这种优秀人才的流失让许多企业都非常头疼。可如果企业能够在他们离职创业前做些什么，甚至鼓励内部员工创业，也许会收到很好的效果。

比如，2016年4月，谷歌公司（以下简称"谷歌"）开始建立内部的创业公司孵化器Area 120，这个计划允许员工研发自己感兴趣的项目。员工可以申请加入孵化器，如果员工的项目获批，谷歌将允许员工成立公司，并投资自己员工的新项目。微软公司也有类似的项目，叫微软车库（The Microsoft Garage）。

海尔集团（以下简称"海尔"）打造的"众创空间"，也使用了同样的原理。海尔的设想是未来企业有3种人：平台主、小微主、创客。海尔的目标是变为一个平台型企业，原来在册的员工变为"在线员工"，根据用户订单按单聚散、自主经营。利用这种方式，海尔的员工也将不仅局限于"在线员工"，还可以吸引并利用更多的社会资源。

正确认识人才离职管理，是把思维由"雇用"向"结盟"转变，把"打工"向"交往"转变，把"离职"向"暂别"转变。根据优秀企业的经验，要做好离职员工管理，组织要做到以下4点。

（1）建立离职员工的人才库，定期更新。

（2）与离职员工保持沟通，并建立持续、良好的关系。

（3）与离职员工分享企业近期取得的发展与进步。

（4）为在职或离职员工打造创业孵化器。

企业一定要正确地对待人才离职，与其用传统的思维、固执的心态、僵化的态度去看待这件事，不如接受这种流动，用更加开放的态度、更加包容的心态去利用好离职员工这笔隐形的资产。

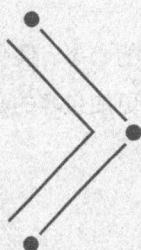

第 4 章

像产业化生产一样量产人才

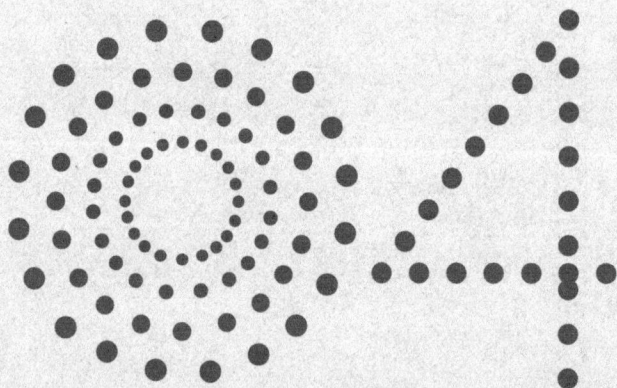

世界上最有战斗力的组织是军队，世界上最有凝聚力的组织是家庭，世界上最有学习力的组织是学校。我们会发现这3类组织有3个共同的特点：都属于学习型组织，这些组织里面的领导既是管理者，又是导师；都特别注重从心灵和思想的角度去管理；都不是纯粹以物质报酬来激励组织成员，而是以情感、教育和个人成长来激励。

4.1 构建量产人才系统

企业的竞争已经不仅仅是资金的竞争、规模的竞争或者客户的竞争，更为关键的，是人才素质和能力的竞争。拥有一支高素质员工队伍的企业必然在市场竞争中占据优势。沃尔玛百货有限公司（以下简称"沃尔玛"）的创始人山姆·沃尔顿曾经说过："企业的产品、客户、专利、技术等都可以复制，唯独员工的能力难以复制。"

所以，人才的引进固然重要，但是引进人才之后，如何将企业文化、企业价值观有效传递给人才、如何能够通过人才的能力有效地提高员工和组织的绩效十分重要。要真正实现这些有效性，必须完善企业的培训体系。

根据某世界500强企业的数据统计，培训投资1美元的回报是50美元。无数企业的成功实践也证明：企业中回报率较高、较具价值的投资就是对培训的投入。落后的培训体系会阻碍人才的成长，影响企业的发展；而优秀的培训体系会促进企业的发展——使企业各层级人员能力都得到提升，增强员工对企业的凝聚力和归属感,最终使企业快速发展。

我曾牵头做过一家大型零售连锁上市公司的培训体系优化项目,这个项目从前期的调研策划到后期的运行评估用了大约一年半的时间。这是一个将理论与实际结合最终成功落地的案例。

这家公司(以下简称"J公司")成立于1974年,在当时是山东省糖酒行业中最小的二级批发公司。公司自1995年开始开展连锁经营业务,目前已经成为以超市连锁为主业的大型连锁超市集团,是当时山东省内最大的连锁超市公司之一。

J公司当时已经有直营连锁门店542家,营业面积达到100万平方米,形成了大卖场、百货店、综合超市等多种超市业态并举的发展模式。在2012年已进入我国快速消费品连锁百强的前10位。

J公司在发展过程中,对经营业态和发展方向进行了明确的定位,把超市业态的发展和扩张作为其战略核心。不仅在城市人口较密集、消费水平较高的区域和商圈建立超市,还在社区建立社区店,同时在相对比较富裕的农村建立超市,方便农民消费,形成了由城市到社区再到农村的一体化市场。

J公司实行集权化管理,根据城市分布,将542家超市划分成30个区域,每个区域设有自己的区域总部,对区域公司采取事业部制的管理模式。J公司集团总部的组织机构如图4-1所示。

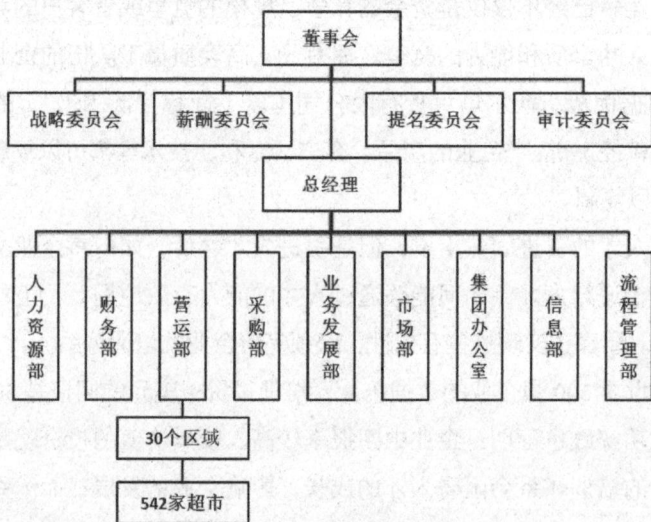

图4-1 J公司集团总部的组织机构

J公司当时拥有正式员工 18 000 余名，根据工作性质和工作内容的不同，分为普通员工、管理人员、行政支持人员三大类。其中普通员工占比约 69%，管理人员占比约 22%，行政支持人员占比约 9%。

直接与顾客接触的是普通员工，但是普通员工的年龄普遍较小，学历普遍较低，而且大都没有接受过专业的培训。他们在顾客服务、销售技巧方面的能力普遍较弱，对专业知识和技能方面的掌握也普遍不足，对公司文化的理解也处于较低的水平。

由于基层管理人员中的绝大部分是从比较优秀和工龄较长的员工内部提拔的，在提拔之前未参与相关的培训，所以普遍在管理能力、创新能力上有所欠缺。

中高级管理人员大都是在零售行业有着丰富经验的人员，年龄基本在 35 岁以上，管理能力和创新能力较强。

行政支持人员大约有一半是从超市内部的基层员工提拔的，另一半是直接从外招聘的，从事的工作比较单一，较少接受培训，工作积极性一般。

J公司的人力资源部成立于 2008 年，2010 年正式成立培训部。除了新入职员工培训和各部门临时组织需要培训部配合的培训外，公司其他培训较少。公司的中高层管理者从 2013 年下半年开始，意识到目前公司在培训工作上的短板，逐渐对培训重视起来，也开始重新审视和定位人力资源培训工作。

J公司的老板开始尝试扩大培训部的人员规模，增加培训投入，在各区域分公司设立了专职培训师。同时，启动内部人才培养计划，培训对象主要针对门店内拟晋升为店长的优秀管理人员。但是，公司目前的培训文化处于初级阶段，还需要较长一段时间的引导来提高公司各部门对培训的认识。

在 2014 年 2 月初，我们对 J 公司做了一次员工培训现况调研。这次调研的对象涵盖了全公司上下各个层面的员工。目标是通过此次培训调研，调查、收集、分析员工对培训的意见和反馈。这次调研对公司培训体系的完善、培训计划的制订，以及员工职业生涯规划有着至关重要的意义。

通过对这次调研结果的分析，大致可以确定以下问题。

1. 管理层对当前培训工作的效果很不满意

J公司的决策层及各部门的中层管理者普遍对培训工作很重视，可是对目前培训的实施效果很不满意，主要集中在培训的规划、连贯性、课程设置、时间安排、培训师素质、培训方式、培训氛围等方面。

2. 没有真正反映培训需求

J公司培训部每季度会对各区域子公司的全体员工进行培训需求调查，从汇总情况看，有约10%的培训需求表没有下发到基层员工，约20%的需求调研表是空白的，约40%的需求表是门店的店长或者行政助理按照以往填写的内容稍做修改后再填写的。

可以看出，部分门店从普通员工到管理人员，没有认识到培训对提升绩效的作用，没有意识到培训是一种培养员工技能、提升管理水平的有效途径。最终造成汇总后的培训需求不能反映员工或部门对培训的真正需求，不能抓住工作的薄弱环节，安排的培训不能引发员工的兴趣或需求。

3. 课程体系的设置不完善

当前的培训主要集中在对新入职员工、基层管理者的公共基础知识和技能提升上，对于中层管理者的培训明显较少。而公司的发展战略一是要以中层管理者能力的不断增强为基础，二是要以各岗位的技能培养为前提。没有针对不同层级的完善的课程体系，就谈不上培训对战略的支撑。

4. 培训师资的数量和能力不足

区域公司的培训工作大都由区域营运专员兼任，营运工作的压力往往导致营运专员在时间分配上左右为难。80%的培训师不是营运出身，来公司时间又不长，经验不足，培训时缺乏对操作层面和专业层面的知识讲解。

5. 缺乏有效的培训评估机制

目前J公司对培训效果的评估仅停留在每次培训后填写培训评估问卷或者考试层面，但得到的大多数结果只是员工的敷衍。这样致使员工掌握知识能力较强，应用与实践能力较弱。公司缺乏对培训效果的评估，没有制定一套对受训者培训前后行为和效果进行对比、衡量的有效的评估机制。

4.2 有理有据做事无惧

培训体系是人力资源培训相关人员将公司内部的培训资源进行有机整合，通过相应的方式方法，对公司内部员工实施培训的平台。一个有效的培训体系必备的内容为公司内部相关的培训资源、有效的整合方式、有计划的培训、持续不断的循环。如果培训体系不完善，就很难得到有效、持续的培训，也很难拥有高素质和能力的职工队伍。

根据 J 公司现况和培训体系暴露出的问题，用于优化 J 公司培训体系的相关经典理论大致可以包括以下内容。

1. 成人学习理论

教育心理学家马尔科姆·诺尔斯（Malcolm Knowles）意识到教育理论的局限性，开发出一套适用于成年人的成人学习理论。他的理论模型主要建立在以下基础之上。

（1）成年人要知道他们为了什么而学习。

（2）成年人有学习的需求。

（3）成年人在学习过程中会夹杂着他们过去的相关经验。

（4）成年人是带着问题学习的。

（5）成年人因为受到内外部的刺激而学习。

2. 学习型组织理论

学习型组织理论的奠基人是彼得·圣吉（Peter M. Senge）。学习型组织指的是通过培养组织中的学习氛围，充分发挥员工思维能力的一种符合人性并能够持续发展的组织。学习型组织的特征如下。

（1）共同的愿景。

（2）创造性。

（3）不断学习。

（4）全员分享。

（5）组织架构扁平化。

（6）自我管理。

（7）领导者担任教练角色。

（8）员工在事业与家庭中取得平衡。

3. 柯氏培训效果评估模式

柯氏培训效果评估模式（Kirkpatrick Model），又叫柯氏4级培训评估模式，简称培训效果"4R"评估模式，它由美国威斯康星大学教授唐纳德·L. 柯克帕特里克（Donald L. Kirkpatrick）于1959年提出，因此这种评估模式被称为柯氏培训效果评估模式。

这个模式是应用较广泛的培训评估工具，在培训评估领域具有难以撼动的地位。该模式认为，评估培训效果有4种方式：一是观察学员的反应，二是检查学员的学习结果，三是衡量学员培训前后的工作表现，四是衡量公司经营业绩的变化。

有效的培训体系是帮助公司实现人才培养和发展目标的重要工具，它可以改善公司为了培训而培训的情况，避免培训的临时性和盲目性，让培训具备系统性和持续性，保证培训的有效性，同时也可以巩固员工的培训效果，衡量培训的价值。

但是，培训体系并不是一个一成不变的系统，它是一个开放式的、动态的系统。一个培训系统如果无法根据公司的战略和目标及时进行相应调整，就失去了它的实际意义，也无法发挥提升公司竞争力和绩效的作用。

培训体系与人力资源管理中的任何一环都密不可分，是人力资源管理中的重要组成部分，优化培训体系的同时，也是在间接优化人力资源的其他模块。如果用一辆汽车来比喻公司的人力资源管理体系，人力资源策略与规划就是"方向盘"，架构岗位管理和任职资格是"车架"，绩效管理是"发动机"，薪酬管理是"燃料和润滑剂"，而培训体系是"加速器"。

培训工作执行人力资源战略和规划的内容，为员工任职资格的获得、等级的晋升、职业能力的提升，以及职业生涯的发展提供了有力的外部条件。绩效的提升直接通过员工的行为表现出来。而培训的根本目的是通过员工职业能力的提升、工作行为的改善直接作用于绩效，同时间接作用于薪酬与福利。

培训作为一种激励手段，对于增加员工满意度起着积极的作用，它不仅是一种员工福利，也是员工和公司共同发展的原动力。因此，如果公司希望持续提升员工的核心能力，就必须构建一套满足公司需求的有效的培训体系。这套培训体系必须能够与人力资源的其他模块衔接，从而产生协同效应，这样才能充分发挥培训体系"加速器"的作用。

国内外诸多学者关于培训流程的定义，从总体的逻辑角度分析，都延续了质量管理专家威廉·爱德华兹·戴明（William Edwards Deming）的 PDCA 管理循环的模型，P 代表计划（Plan），D 代表执行（Do），C 代表检查（Check），A 代表评估改正（Action）。英国学者博伊代尔（Boydell）同样认为培训体系是一个持续循环的过程，具体包含 10 个环节，博伊代尔简化培训体系模型如图 4-2 所示。

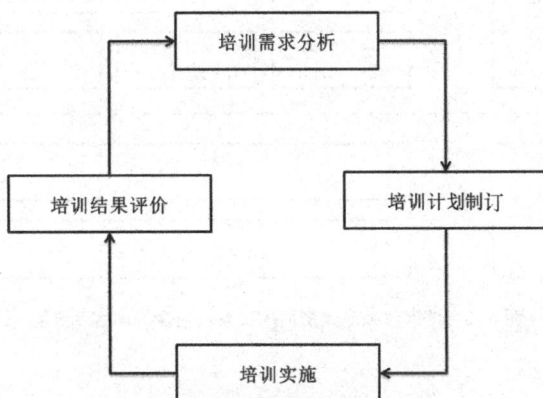

图 4-2 博伊代尔简化培训体系模型

完善的培训体系至少包含以下三大层面。

（1）制度层面，即公司基于公司战略的人力资源策略中，有关于人才培训与发展的纲领性政策或导向性资料，内容包括公司的人才培训与发展策略、详细的培训管理制度等。

（2）资源层面，即公司内部为培训策略和制度能有效实施所具备的可调配或可使用的资源，包括讲师队伍、课程体系、硬件设备与软件资源、可选择的培训媒介与方式、公司内可查询和借鉴的资料库、培训预算等。

（3）运作层面，即公司在贯彻培训策略，动用各种资源的过程中，为保证培训能够有效、有序地进行所需要做出的关键行为，包括培训需求判断、培训计划与方案确定、培训实施、培训内化和培训效果的评估跟踪。

培训体系的三大层面之间的关系与包含的内容如图 4-3 所示。

这 3 个层面从制度到运作互为递进、相互作用、共同发展、缺一不可，能够有效保证人才培训系统的完整和持续运转。要建立健全一套完整的培训体系，就必须逐一创建或完善这 3 个层面的内容。

图 4-3　培训体系三大层面的关系与包含的内容示意图

4.3　如何优化培训体系

在明确了公司的现状和理论基础框架之后，对 J 公司优化培训体系之前，还需要先明确完善培训体系的前提条件。

1. 战略的导向

培训体系的完善不应该局限于培训的需求判断、计划方针、执行实施和评估跟踪上。实际上，这些都属于培训运作层面的内容。培训体系建设的第一步应该以公司的战略目标为出发点，培训战略需要各层级掌握相应的技能或知识，要将机械的传授转变为知识和技能的创造和分享，倡导持续学习的工作环境，打造学习型组织。

根据公司战略形成公司在较长时期的培训谋划和安排，便形成了人才培养和发展策略，它有助于公司在一段时期内有序、针对性地开展培训工作。因此，培训体系构建的第一步是站在公司战略发展的角度制定人才培训发展策略，保证培养出符合公司战略的人才。

2.政策的保证

公司应该自上而下地予以支持并有明确的培训政策——培训计划的实施必须有政策的支持。公司要建立一套完善、有效并具有指导意义的框架，也必须要有培训政策的支持。培训政策可以保证培训朝着正确的方向走下去，从而保证培训能够为公司发挥更大的作用。

3.组织的支持

组织的支持指的是公司中的成员如店长、主管等对培训的支持，它贯穿于培训的全过程。培训体系的完善和实施，不仅需要培训部门的努力，还必须有公司高层领导的支持及其他部门的配合。体系中的任何一项都必须在公司上下达成共识，不能仅靠培训部孤军作战。员工开展日常工作需要哪些技能，存在哪些问题和不足，对于这些问题，职能部门的管理者一定要比培训部门更了解。

不同类别、不同性质的公司，其培训体系各不相同。零售连锁公司注重细节，工作内容相对简单，但是烦琐事务较多；工作流程相对容易掌握，但是工作量大，而且较为枯燥。对零售连锁公司培训体系的优化，要在提升培训效果和提高效率的同时，保证培训的系统性。

完善有效的培训体系，是从公司自身需求出发，通过训练和学习等手段提高员工知识和技能水平，最大限度地令员工素质与工作相匹配，最终有效地实现公司业绩提高的一个系统化的过程。只有通过这个过程，才能促进公司发展和员工能力的增强。

要完善培训体系，首先要全面研究培训体系中各要素的功能结构及各功能结构之间的关联，要按照系统性的思维、原则和要求，让培训体系中的各种要素之间达到最合理的配置，充分发挥各个要素的功能，最终实现培训资源的最优化配置。

1）确定培训者的角色定位及职能

公司要想执行好培训策略，就必须建立自身科学有效的培训机构。公司内部培训部是为实现战略目标和满足经营发展需要而成立的专门管理公司内部培训工作的部门。

培训管理者的角色定位受公司培训文化的影响，根据培训文化所处的不同阶段，其角色定位是完全不同的。培训文化分为起步、发展和成熟3个阶段。在培训文化的起步阶段，公司培训部成员通常承担着实施者的职能；在培训文化的发展阶段，培训部成员既是实施者又是战略的促进者；在培训文化的成熟阶段，培训部成员承担着战略促进的职能。

2）选择合适的培训模式

有的培训模式能为公司培训运作系统提供工具；有的能够引进行为评估的概念，将培训的每一个环节引入评估；有的则在战略促进时提供方法。公司要根据自身的特性、所处的时期和各部门的需求等实际情况，选择合适的培训模式。

3）建立培训体系

培训体系的建立要保证每名员工在不同岗位能接受到应有的培训，要从纵向和横向两个方面考虑培训体系的设计。比如，针对完成各部门职能需要的专业技能培训是横向的，针对新员工到高管各职级的设置和需求的培训是纵向的。

4）制定培训制度

要建立有效的培训制度来保证培训的有效执行。比如，通过将培训的参与程度与员工晋升相关联，将担任内部讲师与员工福利和荣誉相关联等方式保证内部培训的顺利进行。

5）建立培训的评估机制

要保证培训评估在每次培训后得到实施。比如，可以通过培训结束后的满意度调查、培训前后员工行为的改变、对培训后的行动计划和结果的评估、培训前后绩效改善情况等角度和手段进行评估。

4.4 如何确认培训需求

培训需求分析指的是公司在设计与规划每个培训活动前，对各组织及其所属的成员要实现的目标、需要的知识和技能等各方面进行系统分析与鉴别，用来确定是否需要进行培训或需要什么样的培训内容的一种活动。

　　培训需求只有以岗位需要的知识和技能要求为基础，以员工的职业生涯规划为前提，以员工和公司共同受益为目的，才能调动员工受训的热情和积极性，从而避免培训的盲目性。只有这样，培训才能有目标、有步骤地开展，才能形成完善的体系。

　　如果没有准确的培训需求分析，就没有使公司绩效提升和员工满意的培训方案或培训课程。鉴于 J 公司之前的培训需求的收集和分析存在问题，没有固定的流程，在培训体系的优化中，必须制定严格执行的操作流程。

　　培训需求分析分成 3 个层面，第一层面是公司战略发展层面，该层面的需求也叫公司层面的需求，是把握公司整体发展方向的高层领导实现战略发展目标所需要的对公司关键部门、关键岗位、关键能力的培训需求。第二层面是岗位工作绩效层面，该层面的需求也叫部门的需求或中层管理者的需求，是指与岗位绩效提升直接相关的培训需求。第三层面是个人职业发展层面，该层面的需求也叫个人需求，是指个人对培训的需求。

　　培训需求分析的 3 个层面如图 4-4 所示。

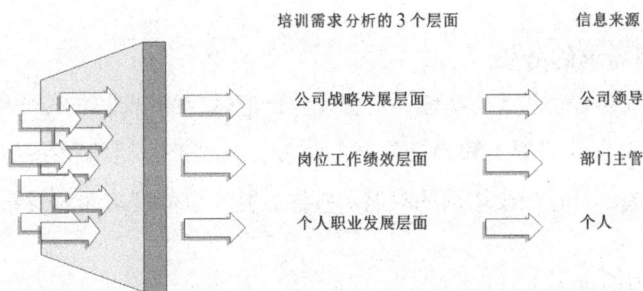

图 4-4　培训需求分析的 3 个层面

　　培训需求分析的这 3 个层面关注的侧重点不同，确认需求的方式也不同，战略层面的需求更关注公司目标、发展战略和文化，可以通过参加公司的高层会议，与公司高层管理者面谈，研究公司战略相关的重要文件，研究公司重要会议资料，研究公司重要咨询文件，研究公司的纲领性文件等方法判断。岗位工作绩效层面的需求更关注具体工作、具体问题、绩效结果，可以通过胜任力测评、管理者面谈、问卷调查、观察法、关键事件法、绩效分析法、经验判断法等方法判断。个人职业发展层面的需求更关注员工个人发展、员工兴趣、员工个体的困难，可以通过问卷调查、小组访谈、工作跟踪、头脑风暴、专项测评等方法判断。

1. 培训需求的收集

J公司的培训需求要从知识、环境和职业发展等多个角度来收集。知识指的是员工完成本职工作所必需的知识和技能；环境指的是人事、工具、技术上的阻碍因素；职业发展指的是员工的工作态度及是否愿意在公司长期发展。

将J公司的培训需求收集分为定期收集和日常收集两大类。定期培训需求收集方案为每年在固定时间向J公司所有员工发放培训需求调研问卷，接收调研人员根据自身条件和当时工作状况提出下一步希望接受培训的意愿。日常培训需求收集方案为每次培训结束以后，由参训的学员根据培训内容和自身接受培训的情况说明下一步是否接受培训的个人意愿，操作方式为填写"培训评估调研问卷"和培训师现场与参训学员进行访谈和交流等。日常培训需求信息的收集、汇总由30个区域的区域人事专员和总部的培训部门人员负责，每月向总部人力资源培训部报告。

2. 培训需求的分析

各区域人事专员和J公司培训负责人分析汇总后的培训需求，根据公司战略发展目标（未来的需要）和当前发展的需要，从战略、组织和个人3个层面进行综合性考虑，旨在突出培训的战略承接性，并充分体现培训对战略的支持。

3. 培训需求的确认

J公司培训需求的确认由培训部负责人协同各区域子公司负责人、各部门管理人员、区域人事专员、区域培训师、人力资源总监共同分析及讨论相关培训需求的信息，最终确定符合J公司战略的培训需求，最后由J公司的培训负责人根据讨论结果安排培训计划的制订、培训课程的开发、培训师的选择与培养、预估培训的预算等工作后，报人力资源总监审批，总经理终审。

4.5 如何制定培训目标

完成培训需求的分析及确认后，接下来就是针对需求制订培训计划了。培训计划的制订是人力资源培训管理的第一步，这一步对培训效果起着至关重要的作用。要做到战略性人力资源管理，培训计划的制订就不能只从培训本身出发，一定要与公司的总体战略、内外部环境、人力资源策略等诸多因素相结合才能体现其价值。培训计划的优劣，是检验一家公司培训管理是否达到战略高度的关键。

针对 J 公司培训存在问题及其总体战略、内外部环境和人力资源策略，制定当年的培训目标如下。

1. 扩大培训师队伍建设

（1）随着 J 公司的发展及其业务的不断扩大，将总部培训部的人数由原来的5人增加到8人；区域专职培训师的人数由2人增加到4人。

（2）建立区域兼职培训师队伍，由区域内优秀店长、主管或营运人员担任。

（3）对生鲜中的肉禽、自制熟食、自制面食这3个涉及加工的品类，在区域的组织架构中加入大师傅这一岗位，负责区域内的营运指导和培训。

2. 新员工的培训

（1）各区域、各物流、工厂每周组织一次，由所在地人事专员负责，培训内容除了必要的集团介绍和公司文化、员工规章制度、服务礼仪、消防安全等，加入职业道德、销售技巧、工作安全等内容。

（2）规范并统一新员工培训的课件内容和教案，为了减少培训效果对培训讲师能力的依赖，将培训内容固化成视频影像资料，使新员工接受的培训更加规范。

3. 主管级和老员工的培训

各区域人事专员负责对本区域内各岗位的老员工进行集中培训，内容以查漏补缺为主，方式为集中培训，课程内容按照实际需求设置，培训师为区域内优秀的店长、主管、区域培训师等，频率为每月至少 8 场。

4. 储备店长的培训

选取门店有晋升为店长意愿的优秀主管人员，采取"集中培训 + 实践"的方式，课程内容以店长任职前的应知应会、主管到店长的思维转换提升、领导能力加强等为主；培训师由优秀的店长、总部部门经理级以上的人员担任，频率原则上为每两个月举行一次。

5. 店长级的培训

J 公司新晋店长在业务技能、领导能力等方面与相对资历较深的店长存在差距。因此，对入职一年之内的店长，分"任职 1～6 个月的店长""任职 7～12 个月的店长"两批进行集中培训，制订培训计划，方式为"集中培训 + 岗位实践"。课程内容以提升营运业务能力和领导能力、加强经营数据分析为主，参考个人需求；培训师由优秀的区域总经理和总部各部门高级经理以上的人员担任；培训周期原则为每月举行一次。任职一年以上的店长则按照他们的实际需求进行培训，主要是查漏补缺。

6. 行政后勤及办公室人员的培训

为行政后勤及办公室人员设置每人每周 2 小时的培训，培训内容为办公礼仪、沟通技巧、Office 办公软件（Word/Excel/PPT）使用技巧、时间管理等；培训师由培训部专职培训师和技能熟练的总部优秀员工担任。

7. 各物流、工厂人员的培训

J 公司配套的物流和工厂人员的培训由优秀的经理、主管人员担任兼职讲师，每月固定 4 次开展集中培训，主要是根据培训需求查漏补缺。另外，由总部一位专职培训师对物流、工厂人员每月定期开展公司文化、公司理念、规章制度和最新政策的培训。

8. 总部中高层人员的培训

J 公司总部中高层人员欠缺的主要是领导能力、战略思维、数据分析能力。

培训安排为每年固定一次的领导力和执行力培训，培训方式以外部培训机构合作为主；并聘请行业内的专家培训其战略思维和数据分析能力，频率为每月一次，一次8小时。

9. 对现有培训师的培训

对J公司内部所有的专职、兼职培训师制订TTT培训计划，时间为每周4小时，持续4周。同时，培训师必须有一线的工作经验，所以J公司制订了专职培训师到门店一线岗位轮岗实习的计划。培训师的培训内容必须符合一线岗位的实际工作需要。

将J公司全部的培训目标汇总后，可以按照大类、中类、次小类、小类的关系列出年度培训计划总表，如表4-1所示。

表4-1 J公司年度培训计划总表

大类	中类	中小类	小类
内训计划	集中培训计划	储备店长班培训计划	省略
		大学生培训计划	
		总部各部门培训计划	
		物流、工厂及其他业态培训计划	
	远程培训计划	视频培训计划	
		周二流媒体培训计划	
	分散培训计划	周六店长晨会培训计划	
		区域内培训计划	
		区域技能比赛计划	
外训计划		外部培训计划	
		外出考察计划	

培训体系优化后，由J公司培训部、区域人力资源部、区域培训师与总部财务部、区域财务分部一起按照营业额、费用和确定的培训计划共同制定下一年度的培训预算。培训预算的组成如表4-2所示。

表4-2　J公司年度培训预算组成

培训预算组成	
1. 受训者	工资福利、交通食宿……
2. 培训者	讲师费用、机构费用……
3. 培训物料	场地费用、设备费用、材料费用……
4. 培训管理人员的人力费用	工资、奖金、加班费……

培训预算的内容由4个部分组成：一是受训者的相关费用，如工资福利、交通食宿等费用；二是培训者的相关费用，如讲师费用、机构费用等；三是培训物料的相关费用，包括场地费用、设备费用、材料费用等；四是培训管理人员的人力费用，包括培训管理人员的工资、奖金、加班费等。

4.6　如何建设培训课程体系

完善J公司的培训课程体系可以借鉴国际先进公司的经验。曾经多年居世界500强首位的沃尔玛百货有限公司（下文简称"沃尔玛"）非常重视员工的培训和发展，沃尔玛的培训体系中包含了全方位、多角度的课程体系，多种多样的培训运作方式，并且将员工职业发展计划融入培训体系，比较好地展现了连锁零售公司的特点。

沃尔玛的培训课程非常全面、系统，按照类别划分出基础、管理和技能3个大类别，培训对象覆盖了全公司，从基层员工到高层管理者。

基础类课程包含4个阶段，入职30天之内为第一阶段，入职30～60天为第二阶段，入职60～90天为第三阶段，入职90天以上为第四阶段。课程内容包括公司文化、规章制度和顾客服务等。

管理类课程包括成长之星第一期、第二期、第三期，领导艺术、成功之路、传奇服务，以及商学院提供的针对中高层管理者的培训课程等。

技能类培训课程包括非食品类、生鲜类和食品类等不同专业技能的培训课程。

沃尔玛的员工入职后除需要接受固定的培训外，公司还会按照员工职务和岗位的不同向每人发放一本《入职宝典》，内容包含该岗位未来工作所需要的知识及紧急联系人等各类信息，既能够消除员工入职的紧张感，令员工快速融入公司，又能够提高员工的工作效率。

沃尔玛坚持使用多种培训方式，除了传统的课堂讲授式培训，还经常运用体验式培训，即通过观察员工在体验式活动中的行为表现，对其进行指导和培训，这种方式比课堂式培训的吸收率更高，培训的效果也更显著。沃尔玛还有一套 E-Learning 系统，为每一位员工建立"学习中心"，员工可以在学习中心中找到所有的培训资料。

另外，沃尔玛的"员工发展和培训计划"除了帮助员工充分了解其所在岗位的工作职责外，还鼓励优秀的员工去了解更高的职位，接受更大的挑战，比如，选拔有能力、有潜力的员工接受相关的管理类培训，进行人才梯队建设。

同时，沃尔玛还进行交叉培训，即让每个部门的员工定期到其他部门学习，使员工除了掌握本部门的专业技能外，还能够获取更多其他技能。

根据沃尔玛公司的经验和 J 公司现状，J 公司的培训课程体系完善如下。

1. 培训课程体系的管理优化

公司的培训资源是有限的，要有效地利用这些资源就必须按照二八原则（80% 的贡献是由 20% 的人创造的）来分配。因此，公司对核心和骨干员工（20%）应该给予更多的培训资源（80%），对其他的员工（80%）则给予适当的培训资源（20%），最终保证每一位员工都得到培训，但侧重点不同。在优化 J 公司培训课程体系时，要考虑纵向和横向两个方面。

这里"横向"的意思是根据各职能部门要完成各自的工作所需要的专业技能的不同，来确定不同的培训需求及完善相应的培训计划和课程；"纵向"的意思是根据新入职员工到高管的成长通道之间各不同级别的不同能力和素质要求来完善相应的培训计划和课程。如果能把"横向"和"纵向"这两个方面都考虑周到，针对每个职级、每个岗位的课程内容基本就不会遗漏。

对于 J 公司，从横向上可以分为超市、百货、物流、工厂等相应不同的培训课程库；从纵向上可以分为基层、中层和高层相应的培训课程库。

对基层员工以内部培训为主，课程内容主要是公共基础知识；对中层管理者以精英成长计划为主，课程内容主要是沟通技巧、时间管理等；对高层管理者以外部培训为主，课程内容主要是战略管理、目标管理、领导力等。

将J公司课程库分类汇总后，可以列出一张课程库的总表，如表4-3所示。

表4-3　J公司课程库总表

1类	2类	3类
通用课程	公共知识	公司文化
		规章制度
		……
	管理提升类	团队建设
		时间管理
		……
	拓展游戏类	七巧板
		报数游戏
		……
技能培养课程	01 总部	以02超市类为例
	02 超市	01 店长
	03 物流	02 主管
	……	03 员工
		……

J公司培训部和区域培训专员要共同进行培训课程系统化的开发和完善工作，包括设计不同职务和岗位的入职手册；完善培训内容的系统性，包括从入职、在职到晋升的各类培训；清晰地设置课程目标，完善培训教材，包括电子课件、教材、讲义、教科书、案例、音像资料等。

为了能够推进J公司员工的能力发展，公司将重点推进员工的职业生涯发展，并增加与员工职业生涯发展有关的培训项目；通过为员工设计职业发展通道，完善员工职业发展过程中的培训课程；为员工个人发展提供有针对性的、系统的培训，使员工能够感受到公司尊重每一位员工，从而使员工发挥出自己全部的才能，并和其他员工一起共同发展。这样不仅能完成公司现有的经营任务，还将人力资源部的角色定位加入了人力资源开发者这一内容。

2. 培训方式的优化

J公司根据每期培训预计要达到的培训效果和培训的主题，确定所要采取的培训形式。培训不局限于课堂教授式的集中培训，还融入了多媒体教学、角色扮演、小组讨论、案例分析、游戏拓展培训、模拟类训练等多种多样的培训方式和手段，使培训不仅能够丰富多彩、富有趣味性，而且更加有效。

J 公司培训类型和方式选择优先度如表 4-4 所示。

表 4-4　J 公司培训类型和方式选择优先度

方法	接受知识	改变态度	解决问题技巧	人际关系技巧	参与者的接受度	记忆知识
案例研究	4	5	1	5	1	4
研讨	1	3	4	4	5	2
演讲	8	7	7	8	7	3
拓展游戏	5	4	2	3	2	7
音像	6	6	8	6	4	5
程式化课程	3	8	6	7	8	1
角色扮演	2	2	3	1	3	6
团队合作	7	1	5	2	6	8

在表 4-4 中，数值越小代表优先度越高。比如，如果某次培训的目标是提升员工人际关系技巧中的沟通能力，选择角色扮演的培训方式效果是最优的；选择演讲的培训方式效果是最差的。

引入 E-Learning 的培训模式，因为这种方式不受学习人数的限制、不受时空的限制，具有高质量，低成本，适应不同学员个性化需要，使学习效果可跟踪、可管理、可量化等特点，是传播培训知识和信息的有效途径。E-Learning 培训模式自推广上线以来，受到了越来越多公司与员工的欢迎。

对 J 公司所有培训相关的媒介和方式进行梳理，根据培训方式及要达到的目的不同，J 公司培训媒介与方式选择如表 4-5 所示。

表 4-5　J 公司培训媒介与方式选择

形式	在岗教育	集中教育	视频教育	流媒体教育	技能比赛	自学	外部培训	外地考察
目的	能力经验的传承	各类目的	销售提示，运营标准	新品介绍操作规范	技能提升，营造范围	公司文化传承	内部问题解决	奖励优秀职工
类型	师徒轮岗、见习实习	大学生、储备店长等	电视视频、电脑视频	周二、周六流媒体	总部组织，区域组织	E-Learning 报纸邮件	顾问式引入内训	海外标杆公司
适用	全体员工	全体员工	全体员工	全体员工	技术岗位	全体员工	管理者	优秀管理者

比如，根据表4-5，J公司选择视频教育这种培训方式时，目的是保证各门店得到销售提示和营运标准化流程方面的培训，培训的媒介是电视视频和电脑视频。

3. 课程时间设置优化

培训时间的安排对培训的效果有直接的影响。时间过长，会影响到员工的正常工作，而且会令人疲惫，难以达到良好的效果；时间过短，则会迫使过多的培训内容要在短时间内灌输，使员工理解和消化较困难。如果培训总是利用工作时间开展，则经常会发生与工作冲突的情况；如果开展培训要占用员工的休息时间，则要考虑员工能否接受。

因此，要合理地配置和分割有限的时间，采用各种方式方法调动员工的积极性，让员工积极地参与培训课程。比如，在储备店长培训班的课程时间设置上，将由原来的集中7天培训，改为采用3天的理论课程，然后进行30天的实践，再采用3天的理论课程，再进行30天实践的方式，做到理论联系实践，将实践上升为宝贵的经验。

4. 培训地点的设置

培训地点的选择多种多样，除了培训教室外，还可以选择办公室、门店等现场。现场是进行技能类培训的最佳场所之一，使员工能够更深刻、更直观地获得知识。比如，J公司培训部将由原来的集中课堂式培训改为理论与实际相结合的入门培训。

整个培训为期30天，第一天采用集中课堂式授课；第二天到第三十天去采购门店实践，给新员工发放岗位学习卡，30天结束后集中做进一步的专业知识讨论和学习，检验学习成果。

5. 完善资料库

在完善了以上各因素后，还有一项重要工作，就是完善资料库的管理，即收集、整理现有的培训课程及各种资料，内容包括教材、教案、课件、学习卡、岗位柜组用的工具等，形成具有J公司特色的课程。如果资料库管理不到位，课程体系便无法建立。所以，为避免员工离职后需一切从头再来整理，保证培训工作正常运转，有效的、完善的资料库管理必不可少。

一个公司培训与开发的资料库就好像一个图书馆或档案馆，里面包含了与公司运营相关的全部可以被记录或传承的关键知识信息。资料库的样表如表4-6所示。

表4-6 J公司资料库样表

1类	2类	3类
01 总部	以"01 总部"为例	以"01 人力资源部"为例
02 超市	01 人力资源部	01 人力资源规划
03 百货	02 财务部	02 招聘与配置
04 物流	03 营运部	03 培训与开发
……	……	……

6. 培训信息系统的完善

必须保持培训工作的科学性和先进性，才能有效地发挥培训的作用，才能为实现公司战略目标的发展提供保证。因此，J公司必须要建立一套动态的信息系统，这套系统要包含外部信息和内部信息。

在外部信息的获取方面，市场上各类咨询和培训公司通常掌握着前沿的培训信息和资料，所以J公司在组织各类外部培训的同时，还要考虑从外部的咨询和培训公司购买一些前沿的、可持续使用的资料或教材，使之为己所用，尽可能达到一次投入、长期获益的效果，以解决公司内部培训的信息和教材掌握不足的问题。

在内部信息的收集方面，利用J公司的网站、信息平台、微博平台、微信平台等，以更加有效地收集知识，实现信息共享、知识共享，促进公司内部的沟通交流和信息交换。

4.7 如何优化培训体系

培训师的能力和素质对培训效果的影响很大，保证培训讲师的素质和水平对培训目标的实现至关重要，因此J公司在优化培训体系的过程中，要优化对培训师的管理。为此，J公司培训部建立了培训师资源池，对培训师进行分类管理J公司培训师资源地包括内部兼职培训师、内部专职培训师、外部培训师3类培训师。

对内部兼职培训师，要制定兼职培训师管理制度。担任内部兼职培训师授课后达到良好效果的，在公司范围内公开表扬，发放课时费，中层干部给予加分奖励，授课记录将作为个人晋升和发展时的重点参考资料。

鼓励具备条件的优秀管理者、技术骨干，具备优秀经验的员工担任内部兼职培训师，营造上下认同的文化，不但让内部兼职培训师自己感到光荣，也让内部兼职培训师所在部门的领导感到骄傲，保证内部兼职培训师的机制能够顺利地开展下去。

对内部专职培训师，要在薪酬上给予补助，并为内部专职培训师设计管理和技术双通道发展，制定相应的晋升标准。如果个人适合专注于培训授课或研究课题，不愿意带领团队，可以走技术通道：由三级培训师晋升为二级培训师，再到一级培训师。如果个人比较乐于带领团队，具备一定的专业素质和领导能力，可以走管理通道，晋升为项目经理、部门经理，再到高级经理。内部专职培训师的晋升通道如图4-5所示。

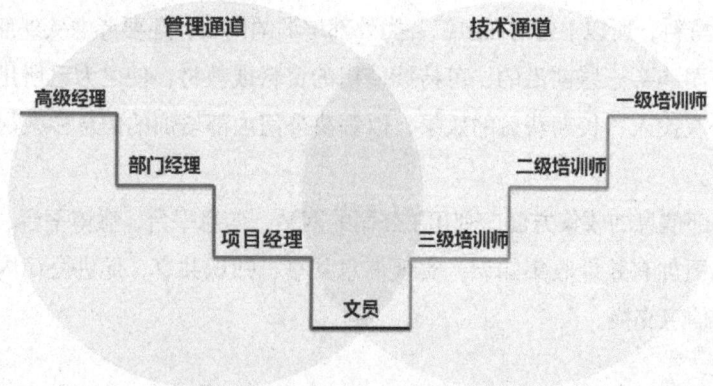

图4-5　J公司内部专职培训师的职业生涯发展

外部培训师由行业内的管理或技术专家、咨询顾问、与公司合作的供应商、合作院校的教师等担任，通常掌握着行业内前沿的方法或理论，所以公司要与之保持定期沟通，当培训需求在公司内部无法满足时，及时联系外部培训师。

优化培训体系的目的是提高员工的专业水平，使公司和个人都得到发展。J公司培训部和各区域人力资源部负责人员在日常工作中通过不断引导和启发员工，激发员工的学习意愿，让员工知道学习是促进个人职业发展和提高技能水平的重要手段，并鼓励员工相互交流学习培训的成果，倡导和管理日常工作中的"以师带徒"，实现知识和信息的共享，构建全员行动的学习氛围和环境。

在培训实施管理方面，也做出相应的优化。培训实施指的是J公司培训部和区域人力资源部、区域培训师根据年度培训计划对培训项目进行组织和实施的具体过程。

1. 培训实施步骤优化

（1）自员工入职后，根据其职务和岗位的不同发放岗位学习卡。不同岗位的员工在不同阶段会被安排接受为该岗设置的培训，完成后才能进行相应的岗位调整或晋升。比如，新员工如果想晋升为店长，会被安排参加J公司培训部一级到三级的课程，全部课程学习完成并考试、检核合格后，才能取得晋升店长的机会。

（2）按照事先制订好的培训计划，提前准备好培训的场所、资料、设备等，以邮件形式公布每场培训的具体信息，包括培训目的、时间、地点、参训人员名单、培训师和培训内容等。

（3）在培训结束以后，根据此次培训的目的和希望达到的效果对每位学员进行相应的评估，并且要提出下一步的培训需求，使培训工作不断完善。

2. 培训实施保障的优化

（1）规范培训部与区域培训师的工作档案模板，要求必须包括培训的政策制度、需求情况、培训计划、培训签到记录、培训评估记录等资料。

（2）规范培训档案，给每一位员工建立培训档案，记录员工的个人信息、入职以来的培训经历、考核成绩等，作为员工晋升、调薪、选拔、培养的重要依据。同时，这也保证了培训实施流程的规范性，能为公司员工的培养与发展提供更加科学的依据。

（3）将考核与员工发展、晋升和调薪挂钩，使员工对参加培训更加积极，学习的心态更加端正。

（4）培训评估的结果要记入培训师的档案，与培训师的发展、晋升和调薪挂钩，为评选优秀培训师提供重要依据。

（5）培训的考核结果和出勤率不仅与个人绩效挂钩，而且与各部门的管理者绩效挂钩，能够进一步保证培训的实施效果。

4.8　如何优化培训评估

培训评估指的是运用科学的方法、理论和程序确定培训的意义或价值的系统过程，是培训体系的重要组成部分。其操作方式为通过对培训目标和现况的差距分析，评价预定的目标是否实现，从而有效地促使被评价者不断朝着预定的目标发展。J 公司虽然培训数量较多，但是对培训的评估流于形式，缺乏系统性、缺乏考核性。

按照培训评估理论，根据培训目的和类型的不同，将 J 公司的培训评估分为4 级，分别是反应层评估、学习层评估、行为层评估和结果层评估。4 级培训评估体系的递进关系如图 4-6 所示。

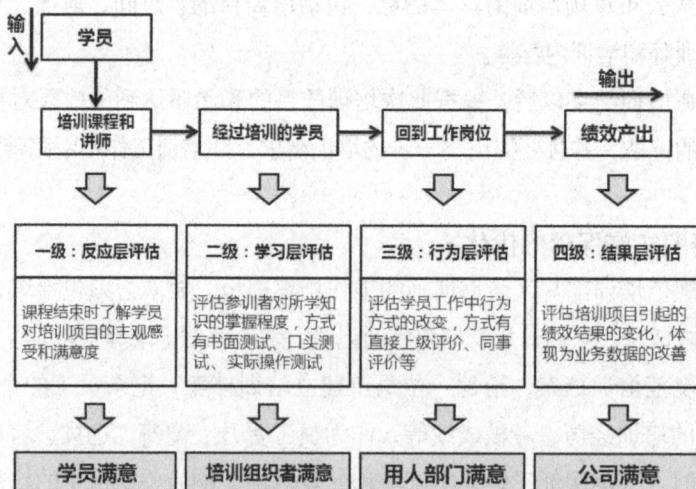

图 4-6　4 级培训评估体系的递进关系

1. 一级评估优化

反应层评估又称一级评估，指的是参训人员对培训项目的意见，包括对培训的场地环境、设施设备、培训讲师、资料、内容和方法等的意见。此评估可采用的方法有观察、座谈、问卷调查。参训人员反应层评估对培训的改进至关重要，是评估效果和实用性最直接的反馈之一。

优化后的 J 公司培训后对培训课程和培训讲师的评估样表如表4-7所示。

表4-7　优化后的 J 公司培训后对培训课程和培训讲师的评估样表

问题	非常好	很好	好	一般	差
1.您对课程内容的理解程度	5	4	3	2	1
2.您认为本次培训内容对您工作的帮助程度	5	4	3	2	1
3.您对本次培训时间安排的满意程度	5	4	3	2	1
4.您认为本课程内容前后衔接的合理程度	5	4	3	2	1
5.您认为课件的清晰明了程度	5	4	3	2	1
6.您对本次培训主题选择的满意程度	5	4	3	2	1
7.您认为本次培训内容与您期望的符合程度	5	4	3	2	1
8.您认为讲师的语言表达清晰程度	5	4	3	2	1
9.您对本次培训中案例的满意程度	5	4	3	2	1
10.您认为培训讲师的专业程度	5	4	3	2	1
11.您认为讲师充分调动学员参与的程度	5	4	3	2	1
12.您认为培训讲师的仪容仪表和精神面貌	5	4	3	2	1
您对本次培训的哪部分更感兴趣？ 您对本次培训有何建议？					

2. 二级评估优化

学习层评估又称二级评估，指的是测试参训人员对培训项目传授的知识、理念和技能的掌握和领悟情况。每项工作有对应的技能和知识要求，学习层评估就是通过笔试、案例分析、情景模拟、技能实际操作等方式，考查参训人员培训前后在知识、理念、技能方面有多大程度的改善。

将J公司的测试题进行优化，优化后的新入职员工培训后的测试题如图4-7所示。

4. 五大黄金陈列原则是 __整洁货架__ 、 __商品的整洁并遵守先进先出原则__ 、 __价格标签在商品左侧__ 、 __商品摆放在货架前端位置__ 、 __商品标签正面朝前__ 。

5. 消防安全四懂：__懂本岗位火灾危险性__ 、 __懂预防火灾的措施__ 、 __懂扑救火灾的方法__ 、 __懂逃生的方法__ 。

二、判断题：（每题3分，总计30分）

1. 卖场陈列要时刻检查，挑选出质量不好的商品。 （ ✓ ）

2. 顾客服务就是从日常工作中简单的点头、微笑、打招呼开始的。 （ ✓ ）

3. 旷工7天公司有权单方面解除劳动关系。 （ ✓ ）

4. 我们公司有一句口号是"家家悦生鲜，一路领先"。 （ ✓ ）

5. 今天有个特价商品真好，我把它先藏起来，下班后买走或让朋友帮我买走。 （ × ）

图4-7 优化后的新入职员工培训后的测试题

3. 三级评估优化

行为层评估又称三级评估，指的是衡量参训人员培训前后的工作变化情况，考查参训人员有没有把掌握的知识和技能落实到行动或运用到工作中去。这种评估方式一般是由平级、上级观察参训人员行为在培训前后的差别，评价方法可采用行为观察法、360考评法、现场访谈、操作考核等方法。

优化后的J公司执行力评估表格如表4-8所示。

表4-8 优化后的J公司执行力培训评估表格

序号	姓名	培训收获	预期结果	执行措施	检查人	评估结果
1	王××	团队精神，责任心，学会感恩，充满激情	团队人人有分工，7月鸡类产品销量增加30%，牛羊类产品销量增加25%，毛利率不低于10%	7月底加大自采，加大宣传	李××	全部执行到位
2	张××	清晰目标，结果导向，自我否定，责任感	7月15日前自动补货率达到80%，生鲜毛利率达到18.86%	对主管培训，做好单品管理	常××	全部执行到位
3	于××	明确目标，自我否定，有危机感，团队激情	7月30日前生鲜盘点损耗率降低0.5，第三季度预算增长25%	利用晨会培训，持续做好单品管理，指标分配到柜组	刘××	实现生鲜盘点目标，销售增长9月评估

4.四级评估优化

结果层评估又称四级评估，指的是衡量培训是否最终改善了公司的业绩。如果培训可以达到改变员工态度和行为的目的，那么接下来就要考查员工的这种改变能否对公司业绩的改善起到积极作用。可以通过营业额、毛利额、损耗情况、存货的周转天数等方面的数据进行评估。

J 公司在 2014 年 7 月组织过一次针对调味品主管的培训，培训后做了一次结果层评估，效果较好，如表 4-9 所示。

表 4-9　J 公司结果层评估表　　　　单位：元

开始日期	结束日期	2014 年业绩		2013 年业绩		备注
		销售金额	毛利额	销售金额	毛利额	
2014/06/12	2014/06/18	5 032 487	1 135 487	5 132 574	1 237 425	培训前
2014/06/19	2014/06/25	6 095 294	1 513 792	5 901 714	1 420 305	培训前
2014/06/26	2014/07/02	5 793 909	1 467 626	5 444 911	1 297 784	培训后
2014/07/03	2014/07/09	5 630 053	1 444 738	5 255 109	1 283 352	培训后
2014/07/10	2014/07/16	6 035 636	1 640 722	5 428 318	1 314 703	培训后
2014/07/17	2014/07/23	11 062 800	1 738 222	9 521 474	1 469 179	培训后
2014/07/24	2014/07/30	6 888 144	1 535 316	6 024 382	1 232 302	培训后
开始日期	结束日期	销售额同比	销售率同比	毛利额同比	毛利率同比	备注
2014/06/12	2014/06/18	−100 087	−2.0%	−101 938	−8.2%	培训前
2014/06/19	2014/06/25	193 579	3.3%	93 488	6.6%	培训前
2014/06/26	2014/07/02	348 997	6.6%	169 843	13.1%	培训后
2014/07/03	2014/07/09	374 944	6.9%	161 386	12.6%	培训后
2014/07/10	2014/07/16	607 318	11.2%	326 019	24.8%	培训后
2014/07/17	2014/07/23	1 541 326	16.2%	269 043	18.3%	培训后
2014/07/24	2014/07/30	863 762	14.3%	303 014	24.6%	培训后

J 公司优化后的培训体系，可以对培训的效果做全面评估。J 公司培训部和各区域人力资源部除了更新培训评估表和考核表外，也会根据不同的培训目的、不同的预期效果和不同的内容，采用切合实际的、有针对性的操作考核，年终

考核等。这样做能从不同的角度评价参训人员的培训效果，把评估的重点放在三四级评估上。

4.9 何为有效的培训

我们已经听惯了培训的重要性，与前文提过的人力资源要懂得"目中无人"的理念类似。但我们做了那么多培训，有没有想过可以不做培训？这个理念并不是那么容易被接受，因为我们都在做人力资源管理工作，怎么能自己否定自己工作的价值呢？

可是，当我们回归到培训的本源去看关于"为什么"的问题时，就会发现培训绝不是目的，目的是提高效益和效率，或者说得更直接一点，提高绩效才是目的。

史蒂芬·柯维（Stephen Covey）的著名畅销书《高效能人士的7个习惯》（*The 7 Habits of Highly Effective People*）中关于培训有一个基本观点："任何一家公司都有一群优秀的人，他们的绩效高于公司的平均水平。这部分人大约占20%，绩效中游的大约占60%，最后剩下的20%是应该被淘汰的。公司做培训，要提高绩效，就是想办法让中间60%的人向前面20%的人靠近。"

所以，在做培训之前，首先要弄清楚，影响绩效的因素到底有哪些？有位叫吉尔伯特的人，曾研究了影响组织绩效水平的因素。在调研了300多个组织以后，他总结了一个调研报告，叫"吉尔伯特行为工程模型"。

总的来说，影响组织绩效的有两大因素，一是环境因素（指组织内外部的因素），二是个体因素（指员工个人的因素）。其中，环境因素和个体因素又分别分为3个小因素。所以，按照吉尔伯特行为工程模型，影响绩效的因素一共可以分为两大类、六小类，吉尔伯特行为工程模型各因素的影响占比如表4-10所示。

表4-10　吉尔伯特行为工程模型各因素的影响占比

环境因素	分类	信息	资源	奖励/后续结果
	影响	35%	26%	14%
个体因素	分类	知识/技能	素质	动机
	影响	11%	8%	6%

在这 6 个小类中，排第一的因素叫"信息"，影响占比为 35%，其含义是组织有没有很明确自己要干什么？有什么目标？有没有明确员工应该干什么？员工的目标是什么？员工干得怎么样有没有人告诉他？他有没有一个有效的方式获得这些必要的信息？

排第二的因素叫"资源"，影响占比为 26%，其含义是首先，制度、流程、规范是不是明确，员工是不是能快速地查阅到；其次，员工要完成自己的工作目标，有没有足够的资源来支持他。

排第三的因素叫"奖励/后续结果"，影响占比为 14%，其含义是员工的工作任务完成得怎么样，有没有奖罚，完成得好奖励什么，完不成该怎么办。

排第四的因素叫"知识/技能"，影响占比为 11%，可以理解为评价人才的 4 个维度中的"知识""能力""经验"。

排第五的因素叫"素质"，影响占比为 8%，可以理解为评价人才的 4 个维度中的"素质"。

排第六的因素叫"动机"，影响占比为 6%，是关于"我想不想"或者"我愿不愿意"的问题。在评价人才的 4 个维度的"素质"中，也包括"动机"的因素，它通常以价值观的形式体现。

结论：对绩效影响最大的是环境因素，影响占比的总和为 75%，而个体因素影响占比仅为 25%。但是我们平常习惯做的，是为了提高员工的绩效，坚持不懈地想办法"对付"员工个体，而不是从环境或者组织、流程、规范的层面去找问题。

比如当绩效出现问题的时候，我们比较容易先想要怎么教育员工，怎么给员工做培训，怎么让员工听讲座，或者如何提高员工素质。而实际上，往往改变环境的成本更低，见效更快，甚至可能会更容易。

美国曾经有一个大型交通客运公司，其主营业务是城市公交车和地铁的运营。很多乘客为了方便，乘坐公交车或者地铁喜欢买月票，该公司近期遇到一个很大的问题，就是售票员的售票速度实在太慢了，每到月初或者月底乘客集中购买时，售票窗口会排很长的队。而且售票员经常出错，比如算错票价、找错钱，因为类似这些事引起乘客投诉产生了对该公司的负面影响。

该公司一共有 400 多名售票员，绝大部分是以前的公交车司机，因为年龄偏大、健康状况等不能再开公交车了。他们的平均年龄为 55 岁，售票员的岗位是公司为照顾这部分人群特意安排的。因为和工会有协议，公司不能轻易辞掉他们。现在的情况是，在不能换人的前提下，怎么改善这个问题呢？

该公司组织了大量的内部培训，教这些售票员怎么准确、快速地卖票，如何提供更好的服务，但是培训完了之后情况没有明显改善。公司觉得一定是自己在组织培训的方式或培训内容上出了问题。无奈之下，公司找来了一位人力资源方面的咨询专家，想让这位专家开发一套培训体系或者再制订一个培训计划，给这些售票员好好培训一下。

专家听完了整个情况后没有马上对售票员进行培训，他问："是不是所有的售票员速度都很慢或者都经常出错？有没有做得比较好的呢？"跟这位专家对接的公司经理说："大部分都不行，只有一个叫'圣利奥站'的车站的售票员做得不错，那个站基本没有被投诉过。"

这位专家来到圣利奥站，然后在售票窗口边上站着默默观察。他看到一名乘客来到售票口，说想要买一张儿童月票、一张老人月票和两张成人月票。

售票员几乎是马上回答："您好，一共136美元。"交通公司票价的设置是这样的：儿童票和老人票属于优惠月票，一张26美元；成人月票一张是42美元。这位专家心算了一下，他大概也得用半分钟的时间才能计算和确认这个数字。可这位售票人员怎么能算得这么快呢？

他觉得有些不可思议，于是后面的观察就更仔细了。又来了一位买票的乘客，售票员也是几秒钟就搞定，很快速、很准确。这位专家好奇地走上前去一探究竟，发现在售票员的工作台上放着一张硬纸板，上面用手工画了一张表格，如表4-11所示。

表4-11 圣利奥站票价表格（部分）

		普通月票数								
		0	1	2	3	4	5	6	7	8
优惠月票数	0		42	84	126	168	210	252	294	336
	1	26	68	110	152	194	236	278	320	365
	2	52	94	136	178	220	262	304	346	388
	3	78	120	162	204	246	288	330	372	414
	4	104	146	188	230	272	314	356	398	440

　　这张表的顶端横向是 0 ~ 9 的数字，代表正常票价购票数量，左端纵向是 0 ~ 9 的数字，代表老人和小孩这些优惠票的购票数量，表格里面的每一个格都有一个数字，代表着买 x 张正常票，y 张优惠票，一共要花多少钱。

　　比如，有人要买 2 张儿童票、2 张老人票、3 张成人票一共需要多少钱？在这个表格的左端纵向找到 4，在顶端横向找到 3，表格里面对应的数字是 230（即 230 美元）。只用几秒的时间，很快！

　　专家一看，原来这个事情可以这么简单！接下来要做的，就是把这个表格作为模板，将其做得更耐用些、更大一些，印刷成彩色版本，塑封好了之后分发给每个车站，然后把使用方法教给售票员。

　　结果这件事一共花了 500 美元左右的材料费，仅用了几天时间的指导，售票速度整体提升了 70%，而且从此以后，售票员的出错率几乎变成了零。

　　总结一下，专家做的这个所谓的"培训"，其实一共分成了以下 5 个步骤。

　　第一步：做具体的情况分析。

　　第二步：识别出优秀员工。

　　第三步：发现最佳实践。

　　第四步：从最佳实践中萃取经验，形成可推广的工具。

　　第五步：实施推广，达成目标。

　　所以，有时候最有效的培训方式往往不是上课，而是通过改变环境 / 工具 / 规则 / 手段等，从而让低效能者转化成高效能者。

第5章

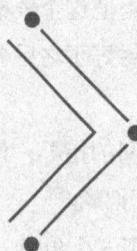

把人才与组织的利益绑
在一起

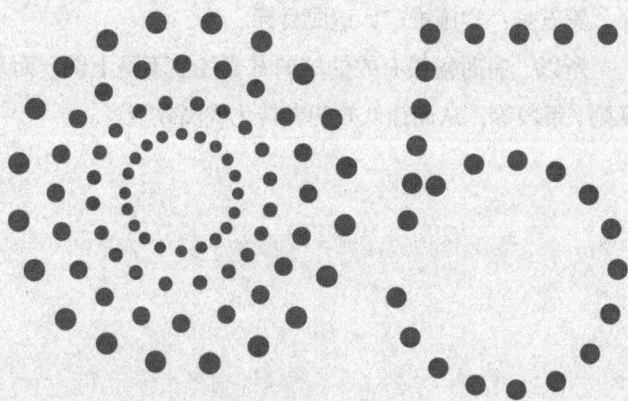

绩效管理的目的究竟是什么？有的 HR 认为绩效管理就是为了管住员工，通过给员工打分，决定员工是否有晋升、调岗、降职等变动；或者将之作为给员工调工资、发年终奖的依据。其实，绩效管理对一个组织的意义远不止表面这些，它其实是把人才的利益与组织的利益绑在一起的工具。

5.1 常见的绩效管理误区

小王和小张是同一家公司同一个部门的同事，他们在相同的岗位，每月的工资构成也相同，都是 3 000 元的基本工资加 2 000 元的绩效工资。而绩效工资的发放条件是他们的月度绩效考核达标。

他们每月的绩效考核指标相同，都是按照公司的要求，完成一份 3 万字的调研报告书。小王和小张每月都能按照要求完成工作，顺利拿到各自的绩效工资。两人开始时相安无事，但没多久，问题就来了。

小王开始觉得不公平，他认为自己每月完成任务只需要十几天的时间，剩下的时间做了许多其他不在自己职责和绩效考核范围内的工作，而小张每月总是拖到月底才能完成报告。这说明自己的工作效率比小张高，工作能力比小张强，但是为什么自己拿的绩效工资和小张一样呢？

小张也开始觉得不公平，他认为自己每次被分配到的调研报告主题都是新的，都是公司资料库中没有的，自己要费很大的力气从外部找资源，才能在月底之前勉强完成报告，而小王每次调研报告的主题跟公司以往的调研报告都存在相关性，能够在公司的资料库中找到大量现成的参考资料。这说明自己的工作难度比小王的大，工作量也比小王的大，但凭什么自己拿的绩效工资和小王一样呢？

两人分别找公司的人力资源管理者小刘"诉苦"。小刘听过两人的抱怨之后犯了难，公司进行绩效考核本来是好事，公司通过这种方式来引导和激励员工，没想到现在不但没有激励员工，反而激化了员工之间的矛盾，难道不该做绩效管理吗？可是，如果不做绩效管理，两人的工资还是一样的，要怎么区分高下呢？如果给他们中的其中一人多一些工资，另一人一定会更加感到不公平。该怎么办呢？

小刘的苦恼也是许多从事绩效管理工作的 HR 的苦恼，这个苦恼其实源于对绩效管理工作的错误理解。

1. 绩效考核不等于绩效管理

绩效考核是绩效管理的一个环节，指的是考核人根据岗位职责和要求，制定工作目标，并采用科学的考核方式，衡量与评定被考核人的工作特性、工作任务的完成情况、职责的履行程度、以及个人的发展情况，并将评定结果通过薪酬、奖罚、沟通等方式反馈给员工的过程。如果把绩效考核当成绩效管理，等于一叶障目，是不专业的表现。

绩效管理指的是组织为了实现发展战略和目标，采用科学的方法，通过对组织或员工个人的行为表现、综合素质和工作业绩等方面进行全面监测、分析和评价，从而充分调动员工的积极性、主动性和创造性，不断改善员工和组织的行为和综合素质的过程。

完整的绩效管理体系至少包含制定绩效的目标，制订并实施计划，过程的持续跟踪与辅导，绩效的反馈与面谈，绩效考核结果运用 5 个部分。这 5 个部分应有机结合，缺少任意一个部分，就不是完整的绩效管理。

2. 沟通在绩效管理的过程中意义重大

实施绩效管理，不是为了给管理者"省事"，定好指标和目标以后就不管了——它不仅不能够代替或者免除管理者日常的沟通与管理，相反，过程中能不能进行持续不断的有效沟通，是决定绩效管理能否有效实施的关键。绩效管理，其实是考核人与被考核人协商一致，并在过程中持续不断地进行双向沟通的动态管理过程。

沟通，连接了考核人与被考核人的思想和情感，有效降低了产生误会和猜疑的可能性，贯穿了绩效管理的全过程，能够及时消除绩效管理实施过程中的阻力，保证考核能够相对客观、合理、和谐地运行，从而提高被考核人的积极性。

在绩效管理实施的过程中随时保持沟通和反馈，能够让考核者持续反思和确认考核的目标，也能让被考核人更加理解和支持考核的运行。考核者与被考核者之间的持续沟通，是绩效管理得以顺利运行的保障，也是科学绩效管理的灵魂所在。

3. 绩效管理的目的不是令全体员工满意

有规则就会有抵触，因此在制度推行之前，要在遵循科学性、保证合理性的同时兼顾实用性，以便制度效地落地实施。但是制度不可能面面俱到，组织出台任何一项制度和规则，都会有人赞成，有人吐槽；有人受益，有人认为自己没有受益；有人满意，有人不满意。

推行绩效管理，是从组织发展和全局性的角度考虑，同时尽量考虑和照顾员工的主观意愿和情绪。但如果在所有方法都用尽之后，仍然有抵触或者不满意的员工存在，也不必过分在意，毕竟进步是主流，发展是硬道理。

4. 绩效管理有一定的激励性，但不等同于激励

有的管理者把绩效管理和激励混为一谈，认为只要做了绩效管理，就等于组织有了激励机制，员工的工作热情、积极性和主动性就必然应该提高。其实不然，绩效管理本身确实具备激励效果，但相对而言，组织中的激励机制牵涉到的内容和范围更加广泛。

激励机制包括精神激励、薪酬激励、荣誉激励、股权激励、积分激励等各种不同的形式。一套完整、健全的激励机制由诱导因素集合、行为导向制度、行为幅度制度、行为时空制度、行为归化制度5个方面组成。

组织的绩效管理和激励机制之间的关系是互相作用、互相补充、互相促进、共同发展，都是为了组织最终目标的实现。

5.2　如何用奖惩引导行为

许多管理者对于奖惩有一个朴素的观点：好的行为就应该奖，不好的行为就应该罚。于是按照这个思路，制定出公司的奖惩制度。可实际操作起来，发现效果并不如当初预料的好，有了奖罚和没有奖罚的效果无异，有的公司甚至在实行奖罚制度之后，员工怨声载道、联合抵制。问题出在哪里呢？

在制定奖惩规则之前，先要弄清楚什么是职责，什么是贡献。职责就是岗位职责，指的是那些只要在该岗位任职，就应该做的事，不做就是失职，也可以理解为应尽的义务。贡献指在履行了岗位职责的基础上，又做了不在岗位职责范围内的、对组织有利的事情。

有效的奖罚，需要奖励贡献，而不能奖励遵守职责；需要惩罚失职，而不能惩罚不做贡献。而奖罚无效，源于奖罚在应用上出了问题，最常见的表现有以下3种。

1. 奖励遵守职责

某公司上班迟到问题严重，公司领导制定了一项制度，如果员工每天上班不迟到，公司奖励1元。到月底一天都没迟到的员工，奖励一个小纪念品。这个制度在实行之初非常有效，许多平时经常迟到的员工为了得到奖金和纪念品都坚持准时上班。

可是后来，因公司经营出现问题，缩减开支，把这部分奖金和纪念品停掉了。情况一下子变得比制度实行之前更糟了，不仅那些原来爱迟到的员工继续迟到，那些原来习惯准时上班的员工也开始迟到。因为这个制度把按时上班的义务和发放奖金联系起来了，让按时上班这一义务变得有"价值"。一旦停发奖金，员工会想："我为什么还要按时上班呢？"

所以，要想引导员工完成职责或义务范围内的事情，不能用奖励的方式，而应该用在员工无法履行职责或义务的时候施加惩罚的方式。

2. 惩罚不做贡献

美国有一家汽车租赁公司，为了让每位客人租到的车都是加满油的，规定客人还车的时候，如果不把油箱加满，就从押金中扣80美元。可是这样做的效果并不好，很多客人宁愿被扣钱也不愿意在还车前跑到加油站去给车加油。

后来，公司修改了规定，改成还车的时候，如果客人把油箱加满，就可以获得80美元的现金奖励，同时把租车的基准价格上调了80美元。公司的成本并没有任何提高，可是规定改完后，还车时把油箱加满的人数明显增多。而且，在加价的情况下，来租赁汽车的客人居然也多了起来。

这看似奇怪的事情，其实原理并不难理解，租车的客人是花钱买服务的，因而他会觉得通过自己的努力给下一位客人带来方便，不是自己应尽的义务。既然不是义务，那即使不做，租车公司有什么资格来惩罚自己呢？

但是，用奖励的方式的效果就完全不同，客人会觉得自己还车时把油箱加满这一行为得到了租车公司的肯定和回报。同样是为了80美元多跑一趟，客人会觉得这一趟是为了帮助别人而不只是做自己该做的事情，因而他会产生成就感。

所以，对于不做贡献的行为，不能用惩罚措施；如果想要鼓励人们做贡献，应该用奖励措施。

某公司职工食堂的承包商发现员工吃完饭后餐盘乱扔的现象很严重，工作人员收拾起来十分麻烦，于是找到公司的办公室主任反映。办公室主任下达规定：如果在食堂吃完饭不把餐盘放到指定位置者，罚款10元。规定刚发布的那几天效果还不错，可过了没多久又回到了原来的状态。

对于承包出去的食堂，员工吃完饭后把餐盘放回指定位置是一种贡献，而非职责。员工是买方，是顾客身份；食堂是卖方，是商家身份。商家要求顾客做事情，对于顾客而言，当然是做贡献，而不是职责。

后来，食堂改变了做法，如果员工能够把餐盘放到指定位置，可以领取一个水果作为奖励。其实，这本来就是近期公司办公室主任与食堂协商的提高职工用餐标准的项目，就算没有出现餐盘乱扔这个问题，也要在员工餐中增加水果。把水果变成文明用餐的一种奖励后，对于引导员工用餐行为效果十分显著。

3. 惩罚做得太生硬、太无情

惩罚并不一定就是生硬的罚，要考虑合情的因素。合情，就是不能太偏激，要让对方在心理上能够接受。毕竟惩罚不是目的，目的是改变行为。只有合情、合理、合法、合规的惩罚，被惩处者才能印象深刻、无话可说，体会到恩威并重；旁观者才能引以为戒，改变行为。

《三国演义》中有诸葛亮挥泪斩马谡的故事。诸葛亮任命参军马谡为前锋，镇守战略要地街亭。临行前，诸葛亮再三嘱咐马谡："街亭虽小，但关系重大。它是通往汉中的咽喉。如果失掉街亭，我军必败。"并具体指示他"靠山近水安营扎寨，谨慎小心，不得有误"。

马谡到达街亭后，不按诸葛亮的指令依山傍水部署兵力，而是骄傲轻敌，自作主张地想将大军部署在远离水源的街亭山上。副将王平曾多次好言相劝，他都一意孤行、拒不理会。最后被魏军围困，在山上被断了粮草，失了街亭，大败而归。

为了严肃军纪，诸葛亮下令将马谡革职入狱，斩首示众。马谡临刑前，诸葛亮老泪纵横，为了严肃军法军纪，他不能免马谡的死，否则，将失去众将士之心。可是要斩掉跟随自己这么多年、曾被自己十分器重和赏识的将领，他心如刀割。于是，他强忍悲痛，告诉马谡，让他放心地去，自己将收他的儿子为义子。

诸葛亮挥泪斩马谡的整个过程，既体现了诸葛亮对待纪律和规则赏罚分明、刚正不阿的态度，又表现了他有情有义、大仁大义的风范。马谡死得心服口服，全军将士也无不为诸葛亮的公正和仁义所动容。

5.3 哪个绩效工具最有效

许多 HR 会纠结自己公司应该采取什么样的绩效管理方法。绩效管理的方法多种多样，比较常见的、传统的有目标管理（Management By Objective，MBO）、关键过程领域（Key Process Area，KPA）、关键绩效指标（Key Performance Indicator，KPI）、关键结果领域（Key Result Areas，KRA）、360 度评价（360° Feedback）等方法。

也有比较新颖的，比如目标与关键成果法（Objectives and Key Results，OKR），它的核心思想其实与传统绩效管理方法没有本质上的差别，是一套明确和跟踪目标及其完成情况的管理工具和方法。OKR 最早在英特尔公司应用，后来被谷歌、领英、推特等公司使用。

不同的公司、不同的情况，应选择最适合自己发展情况的方法。虽然这些方法本身没有好坏之分，但相对来说，公认与实现组织战略目标联系最紧密的，一种方法是平衡计分卡（the Balanced Score Cards，BSC）。

如果把关键过程领域（KPA）、关键绩效指标（KPI）、关键结果领域（KRA）和平衡计分卡（BSC）放在一起看，你会发现，KPA 是指标量化执行阶段，KPI 是指标量化考核阶段，KRA 是指标必要达成的结构性目标管理阶段，BSC 是指标战略管理阶段。它们分别代表着绩效管理不断递进升级的过程，是绩效量化管理的 4 个阶段。

平衡计分卡是由美国哈佛商学院的教授罗伯特·卡普兰（Robert Kaplan）和诺朗诺顿研究所所长、美国复兴全球战略集团创始人兼总裁戴维·诺顿（David Norton）共同创建的。

平衡计分卡的核心思想是通过财务（Financial）、客户（Customers）、内部经营过程（Internal Business Progress）、学习与成长（Learning and Growth）4 个方面的指标之间相互驱动的因果关系，展现出组织的战略轨迹，实现从绩效考核到绩效改进，以及从战略实施到战略修正的目标。平衡计分卡中的每一项指标都是一系列因果关系中的一环，通过它们把组织的目标和相关部门的目标联系在一起。

平衡计分卡优于传统的绩效管理，它把员工的被动变为主动，让员工能够充分参与进来；它着眼于未来，而不是一味对过去的结果做评判，让组织更可能实现目标；它通过指导和鼓励的方式来激励员工，而不是传统的"胡萝卜加大棒"的方式。传统绩效管理与平衡计分卡思路的不同如表 5-1 所示。

表 5-1　传统绩效管理与平衡计分卡思路的不同

	传统绩效管理的思路	平衡计分卡的思路
转变	控制员工	员工主动承诺
着眼点	重点放在过去的业绩	重点放在如何提高将来的绩效
手段	主要通过"胡萝卜加大棒"的政策来提高绩效	主要通过指导、鼓励自我学习和发展来提高绩效
管理人员的角色	判断、评估、控制工作的细节，解决问题者	指引方向和目标，指导、帮助、沟通和反馈，在允许的范围内积极授权
员工的角色	被动的 / 反作用的，防卫性的行为	在学习和发展过程中表现积极主动的行为

平衡计分卡表明了源于战略的一系列因果关系，发展和强化了战略管理系统。将平衡计分卡作为核心战略管理的衡量系统，可以实现对关键过程的有效控制和资源的优化配置。通过平衡计分卡可以有效处理组织内部、外部各种变量相互之间的关系，保证组织系统变革过程中的均衡性。

为什么把这种方法叫作平衡计分卡？原因如下。

（1）这种方法既关注战略，又考虑实际经营管理，是战略落地和公司经营管理之间的平衡。

（2）这种方法既有财务指标考核，又有非财务指标考核，是财务与非财务之间的平衡。

（3）这种方法既有定量的指标，又有定性的指标，是定量与定性之间的平衡。

（4）这种方法既有主观的评价，又有客观的评价，是主观与客观之间的平衡。

（5）这种方法既有前馈指导，又有后馈控制，是结果与达成结果需要的动因或过程之间的平衡。

（6）这种方法既考虑短期增长，又考虑长远发展，是短期价值与长远价值之间的平衡。

（7）这种方法既考虑组织的利益，又考虑利益相关者的利益，是组织与各利益相关者之间的平衡。

（8）这种方法既关注外部衡量，又关注内部衡量，是内部衡量与外部衡量之间的平衡。

作为一套完整的业绩评估系统，平衡计分卡从4个层面来衡量组织的经营情况，体现了组织价值创造的全过程。

1. 财务层面

这个层面是站在股东的视角看待组织的成长、盈利能力和风险情况，是组织在财务结果上的直观表现。常见的指标有营业收入、资本回报率、利润、现金流、经营成本、资产负债率、项目盈利率等。

2. 顾客层面

这个层面是从顾客的视角看待组织所创造的价值在外部市场上表现出的差异化，是顾客对组织感受的直接表现。常见的指标有市场份额、顾客满意度、顾客忠诚度、价格指数、顾客保留率、顾客获得率、顾客利润率等。

3. 内部经营层面

这个层面是从经营管理的角度看待内部流程为业务单元提供的价值主张，是产生结果之前的重要管控过程。常见的指标有新产品开发时间、产品质量、生产效率、生产成本控制、返工率、安全事故件数等。

4. 学习与成长层面

这个层面是从创新和学习的角度评价组织的运营状况，关注组织未来是否有持续稳定发展的人力资源的指标。常见的指标有员工满意度、员工离职率、员工生产率、人均培训时间、合理化建议数量、员工人均收益等。

通常情况下，平衡计分卡的衡量指标可以分为以下三大类。

1）结果类指标和驱动类指标

结果类指标是用以说明绩效结果的指标，一般属于滞后指标，它告诉我们发生过什么，结果是什么。驱动类指标是提前指标，它反映的是组织在实施战略时，关键领域的某些进展将如何影响绩效的结果，做好该指标可以获得良好的绩效或提前预防风险的发生。

2）内部指标和外部指标

内部指标是基于组织内部经营管理产生的指标，比如生产效率、产品合格率、员工满意度等。外部指标是基于组织外部的利益相关者及全社会产生的指标，比如顾客满意度、组织的社会声誉、产品的市场形象等。因为内部指标相对可控，要提升组织的核心竞争力，优秀的组织通常会在稳定内部指标的基础上，在如何改善外部指标上下功夫。

3）财务指标和非财务指标

财务指标指的是可以用财务数据计算出来的指标，比如收入、成本、费用等。非财务指标指的是无法用财务数据计算的指标。比如方案类的指标，其评价标准往往来自上级领导或者评审小组的主观判断。

对于不同的组织和组织发展的不同阶段，平衡计分卡可以发挥不同的功能。利用平衡计分卡实现传统组织与新战略的衔接；作为实施组织战略的工具；作为组织的核心管理系统，完成重要的管理过程；作为组织目标体系建设和业绩控制、衡量的系统手段等。

5.4 平衡计分卡常见疑惑

国内许多企业在使用平衡计分卡时存在诸多质疑、不解和困扰，有的甚至认为平衡计分卡太复杂，不仅没能帮助企业解决绩效考核的难题，反而让绩效考核变得更加难以实施。这些疑惑，其实都源于人们对平衡计分卡的核心思想理解得不够深刻。

（1）我们企业已经在实行经济附加值（Economic Value Added，EVA）的管理模式，企业内基于 EVA 的评价指标（Measurement）、管理体系（Management）、激励制度（Motivation）及理念体系（Mindset）都已经形成，为什么还需要平衡计分卡这种工具呢？既然企业最终的目标是实现财务目标，为什么不能直接把财务指标分解设定为每个人的目标，然后以奖励的方式促进员工达成目标呢？

平衡计分卡的好处在于它的构建过程可以帮助我们从绩效的动因开始，一层一层地向上推导，先满足顾客的需要，再引导出组织的财务结果和目标的达成。如果缺少了平衡计分卡这种因果关系的推导，而偏重于纯粹以价值为基础的管理策略，则很可能让组织只注重短期的财务表现，比如短期削减成本，减少投资的支出。从长期的角度看，这样做组织可能会忽略对顾客的投资、对流程的创新、对员工能力的持续投资，因而损害了组织未来的成长能力。

财务型的指标体系固然重要，但是在建立起一套完整的财务型指标之后，管理者必须协助员工增强其自身能力，并协调企业的流程、创新、顾客关系等因素与战略之间的关系，以实现财务目标。如果员工只知道目标是什么及达成目标之后自己有什么好处，却对达成目标需要的必要因素和工具一无所知，则目标最终无法被达成。

（2）目前平衡计分卡运行得比较好的企业中，许多都是管理成熟的跨国企业、大型企业以及一些规模性的行业，比如银行业、保险业以及大型零售业。平衡计分卡是不是并不适用于中小型企业、新兴产业或者变化较快的组织呢？

企业规模与实施平衡计分卡没有必然联系，对任何组织来说，将组织的战略目标与员工个人的工作目标和流程相匹配是非常重要的。规模较小的企业在实施平衡计分卡的过程中，与每名员工沟通的可操作性更强，沟通成本更低，反而能够在此过程中获得更大的好处。

新兴行业或者变化较快的组织同样适用平衡计分卡。比如，微软公司就曾经在拉丁美洲的分公司使用过平衡计分卡，引导公司关于新产品、新服务、新的供应商，以及新的顾客关系策略的形成；思科公司使用过一套与平衡计分卡类似的衡量系统来管理。

为了生存并取得竞争优势，相对于大规模企业来说，中小型企业往往需要更敏锐的市场敏感性和更快的变化速度。这就需要组织内部能够迅速适应和接受变革。平衡计分卡本身就是一个强有力的变革管理工具。

当平衡计分卡体系形成之后，一个新机会发生或一项变革要产生时，并不需要颠覆原来的平衡计分卡或推倒重来，因为财务和顾客层面的指标大多不会因此发生较大变化，真正有较大变化的，往往是内部流程层面的指标。可能某一两项内部流程的变化会成为组织适应新环境的关键流程。

这时候，平衡计分卡就可以成为组织内部一种有效的沟通语言。企业的管理层可以更快速地沟通企业战术或策略上的转变，以及新的行动方案的执行。员工也会及时了解到企业变化的方向，帮助企业寻找、辨认新的机会。

（3）许多企业的高层领导并不理解平衡计分卡的用处，甚至许多企业分管人力资源管理的副总由于以往工作经验和专业背景的限制，对平衡计分卡也仅停留在"听说过"的阶段。平衡计分卡作为绩效管理的推动者，该如何取得高层领导的支持呢？

如果企业的高层领导持有开放的态度和为员工着想的心态，正在积极寻找一些能够有效连接企业战略目标、部门策略和个人发展的管理工具，那么平衡计分卡将对他们有很大的帮助。因为对于这种重视愿景、沟通、员工参与以及创新的高层来说，平衡计分卡是一个非常适合他们的强有力的工具。

对于只注重财务报表的结果，强调各业务单位要完全服从的高层领导来说，平衡计分卡不会对他们产生吸引力，不需要花费精力尝试去说服这样的高层领导来支持或实施平衡计分卡。因为他们即使最后允许实施，也拨了资金，由于他们自身的管理理念及对平衡计分卡缺乏认识，大概率会失败。

（4）组织在实施平衡计分卡之前是不是需要有明确的愿景或战略？如果发现过程中有些指标无法取得，是应该换一个指标代替继续推行，还是等所有指标都有能力取得后，再开始实施呢？

平衡计分卡是一个把战略转化为具体行动的工具，对于已经有明确战略的组织来说，平衡计分卡可以帮助他们快速有效地实现战略；对于没有明确战略的组织，尝试导入平衡计分卡的过程就是一个明确战略的过程，并且通过不断地沟通，组织内部能在实现战略的方法上达成共识。

对于现阶段无法取得绩效衡量的指标，最好不要用别的可衡量、可操作指标来代替原先的设计。因为如果平衡计分卡是经过深思熟虑的设计，那么其中的每个衡量指标都应该代表着重要的信息，有评估的价值。如果这么重要的指标都无法被衡量，管理层又如何管控企业的关键流程呢？这说明企业的管理存在问题，在这种情况下不需要操之过急，不如先加强绩效管理支持系统，等所有关键指标都可衡量时，再全面推行平衡计分卡。

5.5　如何推进平衡计分卡

平衡计分卡虽然有着诸多优势和好处，但很多公司在应用的过程中问题百出。应用平衡计分卡，需要公司在战略管理、财务管理、流程管理和信息化等方面有着较好的管理基础，同时需要管理理念的统一以及在管理变革上有较丰富的实践经验。

1. 推行平衡计分卡的 3 个前提条件

（1）组织的战略目标能够层层分解，并能够与内部的各部门、工作组、个人的目标保持一致。部门或个人在满足局部利益的同时，能够考虑组织的整体利益。

（2）组织内部与实施平衡计分卡相配套的其他制度是健全的，比如财务预算管理、财务核算体系、内部信息化平台、岗位权责划分、业务流程管理，以及与绩效考核相配套的人力资源管理的其他环节等。

（3）组织内部具备实施平衡计分卡管理的人力方面的支持，包括高层领导的支持、人力资源管理人员的素质、各业务部门的认识和理解程度等。

2. 推行平衡计分卡的 5 项原则

（1）将战略分解为战略地图。

（2）将组织与战略相连接。

（3）将组织战略与每名员工每天的工作相连接。

（4）让战略成为连续性和持续实现的过程。

（5）通过高层领导推动组织变革。

3. 推行平衡计分卡的 3 个阶段

1）第一阶段：了解并评估平衡计分卡的可行性

（1）指导执行团队了解平衡计分卡的知识。

（2）确定并明确表达组织的愿景、使命及战略。

（3）初步设计平衡计分卡的框架。

（4）估算实施平衡计分卡的成本效益。

（5）决定是否要采用平衡计分卡。

2）第二阶段：进一步发展平衡计分卡的应用

（1）详细设计平衡计分卡的计划及推进进度。

（2）定义组织要素、目标及衡量指标。

（3）与奖励制度连接。

（4）训练组织内所有相关人员。

（5）开发个人层面的平衡计分卡。

（6）复盘、校正整个计划。

（7）取得最高管理层的核准。

3）第三阶段：执行、回顾并学习

（1）目标与结果的持续衡量。

（2）监督并执行平衡计分卡。

（3）执行平衡计分卡的计划，并在过程中复盘和微调。

（4）对结果进行评估和复核。

4. 推行平衡计分卡的 10 个步骤

要想有效地推进平衡计分卡，可以分成 10 步走，这 10 步逐级递进、层层深入，如图 5-1 所示。

（1）澄清组织战略。成立绩效管理机构，确定执行团队成员；分解公司层面平衡计分卡的指标，开发战略地图；将战略地图用视觉转化为可以被组织理解并可以传达的策略。此过程有助于组织上下形成共识，强化对战略的理解。

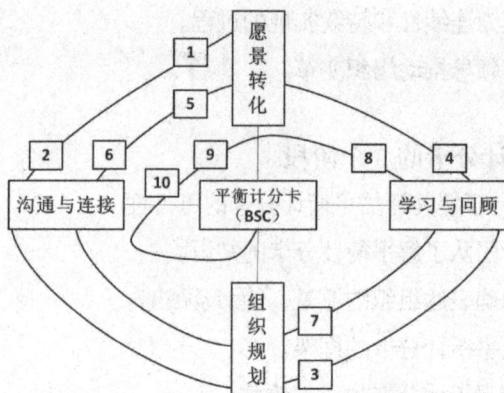

图5-1 推行平衡计分卡的10个步骤

（2）与公司的各部门中层管理者沟通，开发各业务单元的平衡计分卡。可以把平衡计分卡的推行成果当成沟通联络的工具，将中层管理者聚集在一起，了解并讨论战略的分解；以公司的平衡计分卡为模板，开发各业务单元的平衡计分卡。

（3）消除不确定性的投资。公司层面的平衡计分卡应明确战略重点，确定一些对公司有利的方案，同时明晰公司的一些业务变更计划。当中层管理者确定的指标或目标对公司的战略没有帮助时，要及时澄清。

（4）审查业务单位的平衡计分卡。在这个环节，总经理和绩效执行团队要审查各个业务单位的平衡计分卡。审查的过程有助于总经理及时了解各业务单元的战略和目标，以便及时调整，使其更符合公司的战略要求。

（5）缩小愿景。对公司做必要的商业评估，复盘公司的愿景，将其进一步明确并缩小到可以实现的范围。

（6）将平衡计分卡与全公司沟通，并建立个人的绩效目标。当公司的管理团队对战略明确并对方案感到满意时，便可以把平衡计分卡传播到整个组织，将管理层的个人目标和奖金激励与他们的平衡计分卡联系起来。

（7）更新长期计划和预算。绩效管理小组要和管理团队一起为每项措施确定5年目标，同时确定实现这些目标所需要的投入，然后把5年计划的第一年投入作为当年度的预算。

（8）进行季度和月度审查。在公司批准各业务单元的平衡计分卡后，开始每月的审查过程，并重点关注与战略直接相关问题的审查和辅导。

（9）进行年度战略审查。在初始的战略实现之后，公司战略需要更新。绩效管理委员会可以继续列出战略问题，给到各业务单元，要求他们为更新各自的战略和平衡计分卡做准备。

（10）将整个组织的薪酬激励、个人表现与平衡计分卡相关联，员工个人目标与平衡计分卡相关联，形成个人业务承诺计划（Personal Business Commitment，PBC）。

5. 推行平衡计分卡过程中常出现的问题及常犯的错误

1）技术问题

（1）愿景或战略不具备可操作性，目标不切实际。

（2）推行方案覆盖的范围过大，引发员工的抵制情绪。

（3）低估了实施平衡计分卡管理工作的工作量和定期报告的管理成本。

（4）指标难以量化，难以确定各项指标之间的权重。

（5）往往重视某项工作本身，而不是衡量这项工作的结果。

（6）没有提供足够的辅导、培训、咨询。

（7）无法解释不同绩效结果之间的差异。

（8）只有经营性的反馈，缺少战略和管理性的反馈。

2）人为问题

（1）将个人利益放在组织利益之前。

（2）人员的受教育水平、知识、素质、能力经验不足。

（3）员工抗拒改变，参与程度低。

（4）上下层级之间不能达成共识。

（5）管理者之间不协调。

（6）绩效委员会、绩效管理小组或高层领导者不推进。

（7）没有设定明确的方案期限或推进表，或者进度的安排不切实际。

（8）员工不信任绩效反馈。

3）组织问题

（1）投入的时间与资源不足。

（2）组织架构无法支撑组织的愿景、使命和战略。

（3）组织文化无法与组织的愿景、使命和战略匹配。

（4）没有明确的责任归属。

（5）低估了沟通和培训需要的成本。

（6）组织的学习力和变革能力不足。

（7）薪酬奖励制度没有与平衡计分卡的结果相关联。

（8）采用由上至下的垂直控权，不符合平衡计分卡对授权的要求。

5.6　如何做绩效指标沟通

Carlos 是一位刚工作不久的 HR，有一次他找到我，说他们公司是第一年开始做绩效考核，考核的范围是全体的中层干部。现在遇到一个棘手的问题，流程卡在了绩效指标的确定上。

事情是这样的，Carlos 已经提前跟公司领导层沟通确认过所有干部的绩效考核指标，领导层表示认可。可当他跟被考核人沟通的时候，许多被考核人却表示：这个指标不合理、那个指标不合适，总之你给我定的这些指标都不合理，你应该考核我某某指标。一边是领导已经确认了，一边是被考核人不认同，人力资源部夹在中间左右为难。

我问 Carlos：“你认为好的绩效考核指标应该是上下级都同意并达成一致的吗？”

Carlos 说：“哎，其实我本来也不这么想，只不过我们公司氛围就是这样，喜欢听大家的意见，没办法呀……”

我说：“一般确定绩效考核指标，可以让大家多提意见，来补充你现有的指标，但最后指标的定义和确定一定要源于顶层设计，而不是被考核人。因为人们总喜欢朝对自己有利的方向做自我判定，按照被考核人的意见对其进行考核，考核结果肯定不够客观。”

Carlos 说：“不过，我们公司老板似乎不这么想。”

我说：“我觉得你们老板不是真的不这么想，否则他当初就不会先和你确认指标，而是会让你直接去问被考核人。他跟你确认了指标，又让你去找被考核人商量，是因为他想让你去解决这个问题。你觉得他会愿意自己已经确认的指标被修改吗？”

Carlos 说：“你说的很有道理，那我该怎么办呢？”

我说："具体你视情况来定，我提供一种方式供你参考。把老板已经确认的指标给到中层干部，然后明确告诉他们这是老板确认的指标，请他们补充或提意见。"

后来，Carlos 按照这种方式做了之后，在绩效指标的沟通和确认方面没有再出问题。

还有另一位 HR 朋友曾向我诉说自己正为一件事苦恼。在制定新一年度的 KPI 时，他所在的分公司总经理与下属的一位部门主管对目标值的意见不一致，这让他夹在中间很为难。

前几年，该部门主管对自己的 KPI 很自信，基本上领导定多少他都同意，而且平常的工作也非常积极主动。但是今年，他对自己的 KPI 颇为不满。

这位主管认为分公司总经理给别的部门定的业绩增长幅度都在 10% ~ 20%，唯独给他部门定的增长幅度高达 150%。而他的部门预期的业务量在新年度与去年相比基本持平，并没有这么大的增长空间，并且按其部门现有人员的工作强度，在没有增员计划的前提下，显然没有能力完成这么大幅度的增长任务。所以，他认为分公司总经理的这次绩效指标制定缺乏公平性和合理性。

这位主管在与分公司总经理沟通过想法之后，并没有得到分公司总经理的认同和理解。分公司总经理没有理会这位主管的反馈，强硬地通知人力资源部，按照他预定的 KPI 对各部门考核。这位主管在得知自己沟通无果后，情绪低落，工作消极，时不时地找人力资源部抱怨，甚至萌生了离职的念头。

一面是强硬的分公司总经理，一面是感觉受到不公待遇的部门主管，这位 HR 不知该如何是好。我给出的意见如下。

HR 首先要找到分公司总经理，就其给该部门确定的 KPI 的原因及合理性与之沟通和判断。如果符合公司整体战略，有理有据，该部门主管应该理解并遵守。这时候 HR 可以与该部门主管进行必要的沟通和安抚，目标是让他理解就在理解中执行，不理解就在执行中理解。这些该做的都做到了，如果该部门主管还是不认同，则需要考虑换人的问题了。

别的部门的业绩目标增幅为 10% ~ 20%，唯独他的部门的目标增幅高达 150% 也不一定就有问题。关键是"为什么"，有可能分公司总经理对明年的市场有预期，比如有一个潜在的大订单，但暂时需要保密，不能公布；有可能是他经过市场调研，判断该部门存在这么大的市场空间。

如果 HR 与分公司总经理沟通后发现这个 KPI 并不符合战略，也不合理，只是他不愿意改变自己的意见。这时候 HR 就要出面进行调节，可以先和分公司总经理说明现在这个 KPI 存在的问题，期望与其沟通并形成一个他与该部门主管都能够接受的 KPI，让双方都认可。

总之，绩效指标应该由考核人与被考核人双方共同制定，HR 在中间要做好裁判员和润滑剂的角色，过程中要遵循战略导向、顶层设计、上下协商、相互沟通的原则。

5.7   如何做绩效反馈面谈

绩效反馈面谈是管理者针对员工的绩效表现进行评价后的交流活动，它通常是考核人与被考核人的一对一、面对面的沟通，以达到过程管控、提高绩效的目的。绩效反馈面谈大致可以分为三大类：考核开始时的绩效计划面谈、考核过程中的绩效指导面谈、考核末期的绩效结果总结面谈。

绩效反馈面谈的全过程需要注意以下原则。

（1）不要表现出要责怪被考核人的过错或者追究他的责任。

（2）不要表达强制的意思，或带有教训的口吻。

（3）不要空泛地谈结果或过程，用数据和事实说话。

（4）时刻保持双向沟通，避免"一言堂"。

（5）回顾过去时对事不对人，展望未来时可以既对事又对人。

（6）既要帮助被考核人找出缺陷，又要诊断出原因以便改进。

（7）最后落实到具体的、可实施的行动目标和计划。

（8）营造融洽的谈话氛围。

一套完整的绩效反馈面谈，大致可以分为以下 8 步。

1. 事先通知

这个环节的要点一是考核人要提前做好计划，确定面谈的目的和目标，为面谈的基调、内容、方向等做好充分的准备；二是提前告知被考核人面谈的时间、地点、目的以及需要被考核人准备的资料等。

2. 开场白

面谈的准备工作固然很重要，但面谈的实施过程更加重要，它能给被考核人关于考核最直接的感受。所以，考核人一定要在面谈过程中注意方式、方法，让整个面谈在融洽的气氛中开始和进行，才能达到帮助员工提高绩效的目的。

这个环节的要点是考核人要清晰、准确地说明这次面谈的目的，确定被考核人知道公司的绩效政策。在沟通过程中，考核人要保持一个相对正式和严肃的态度，不宜过于轻松，但也不需要太拘谨和死板。比如，"我们来随便聊聊""来说说你最近的工作吧"，这类开场白就显得很不正式。以下开场白可供参考。

根据公司的绩效管理办法（如果被考核人不清楚，可做一定解释），公司在充分了解你考核期内工作成果的基础上，对你的工作绩效做了评估。我们通过本次面谈，想达到两个目的：一是与你沟通上一期的考核得分，二是针对你上一期的工作表现，我们一起来寻找提高绩效的计划和方法。我们现在开始好吗？

3. 聆听被考核人的自我评估

聆听的过程需要给被考核人一些简单的反馈，一种是无声的，比如点头或凝视对方；另一种是有声的，比如以"嗯""哦"回应。还要通过被考核人的陈述，判断出他的特质，并根据他的特质实施不同的面谈策略。针对不同类型的面谈对象，考核人应掌握相应的技巧，才能取得较好的面谈效果，真正发挥绩效反馈面谈的作用。

1）成熟型

这类被考核人通常具备内升动力，成绩不会太差，自我评估以正面居多。但是需要注意，这类人往往会对物质奖励或晋升机会等有较高的期望。他们容易有自大的情绪，看不到自己的缺点和不足，听不进别人的劝告，可能会忽视自己的绩效改进计划。

对待这类人应继续鼓励其上进，不要打击其积极性；要充分肯定其过去的贡献，关心他，并站在他的角度为他出些主意让他更优秀。如果没有足够的把握，则不要对其许愿承诺。

2）迷茫型

这类被考核人通常缺乏自己想法或主见、随大流，喜欢被动地接受而不是主动地思考，自我评估的过程往往话不多，基本上是主管领导提出什么他就接受什么。

对待这类人要给予他应有的尊重，不使其自尊心受伤害。要耐心地启发他，以提出非训导性的问题或征询意见等方式，引导其做出积极的反应。如果要节省面谈时间，不必兜圈子，直接告诉他怎么做，并给他必要的指导，最后请他重复面谈的重点，确认他已完全接受并理解了你的指令。

3）赖皮型

这类被考核人较难沟通，他们常常自以为是，把自己绩效的问题全部推给同事、推给公司或推给环境。他们只想"听好话"，不愿意别人指出他们的不足，喜欢和同事比较，却不愿意做出改变。

对待这类人要耐心地倾听，有问题不要急于与他辩论或反驳。应开诚布公、冷静、建设性地让其意识到自己的不足，与其讨论是否现有职位不太适合，是否需更换岗位。要耐心开导，阐明公司的奖惩政策，用事实说明他的主观想法与现实之间的差距，激励其努力。

4. 告知被考核人绩效评估结果

这个环节的要点是简明、客观、真实、准确地表达出考核人的观点，在说明结果的过程中不需要做太多的解释。要围绕当初设定的目标展开，若中途有调整需要说明。在告知结果之后，请被考核人说明目标没有实现的原因、打算如何改进、具体的实施计划，以及需要考核人给予哪些支持或帮助等。

5. 与被考核人协商有异议的部分

有异议是正常现象，有异议不代表有矛盾，不要因为有异议或异议太多而心情烦躁，也不要刻意逃避，要正面地处理。处理的原则如下。

（1）求同存异，从彼此皆认可的相同处着手。

（2）不要争论，多用事实和数据说明彼此的理由。

（3）就事论事，对事冷酷，对人温暖。

（4）注意措辞，不要用一些极端的字眼。

6. 制订计划

制订计划要明确具体的完成时间、具体改进的事项、计划中各方的责任、跟进的方式等，要形成书面文件。对经常不守约的人，必要时予以提醒，若他无法信守承诺，告知其你可能会采取的行动，以及他将要承担的后果。

7. 确定下次沟通的时间和内容

考核人不需要等每个考核周期到的时候才跟被考核人沟通，可以根据制订的改进计划中的跟踪时间持续跟进，达到过程中的监控、纠偏、推进的目的。

8. 肯定被考核人的贡献，以正能量收场

不论过程中说了多少被考核人的不足，结尾都要落在积极的方面，要让他感受到信心、期许、力量和希望。

5.8　如何做绩效结果运用

绩效管理的评价结果一定要有效地应用才能真正发挥绩效管理的作用，帮助组织做出正确的决策，提高管理水平，提升员工素质，使组织和员工共同发展。如果绩效评价结果得不到有效的利用，奖惩决策将无法做到公平、公正，奖惩措施对员工不具有说服力，这势必会削减员工的士气，打击员工的积极性，降低其工作效率。

对绩效结果的应用，主要体现在以下几个方面。

1）提供上下级就绩效进行沟通的机会，有助于改进工作绩效

管理者的角色不再是评判员工绩效的"法官"，而是绩效改进的"教练"，不仅要承担监督的责任，更要负责好人才培训与开发的工作。通过上级将考核结果及时反馈给员工，员工不断地完善和强化自身的能力，以达到绩效持续提高的效果，才是实施绩效管理的根本目的。

通过这种反馈，管理者与员工形成一种绩效伙伴关系，管理者向员工传递绩效需要改进的方面，并可以共同探讨改进工作绩效的手段。员工在这个过程中发现了自身的短板，认识到待解决的问题，制订自身的发展计划；让员工绩效朝着公司希望的方向发展，从而提高符合公司期望行为的出现频率，减少不期望的行为，为达成更高的绩效奠定基础。

2）作为薪酬调整和奖金分配的重要依据

公司除了基本工资之外，一般会有绩效工资。为了增强绩效结果的激励效果，通常会将员工考核的结果［优秀（A）、良好（B）、合格（C）、不合格（D）］与月度、季度、年度的绩效奖金挂钩。薪酬的调整往往也会以绩效结果为重要依据，这是绩效管理最常见也是最普通的用途之一。

3）作为晋升、降职或调岗的依据

如果员工绩效结果持续较优，可以通过晋升让他承担更多的责任；如果员工在某方面的绩效持续较差，通过分析绩效结果，可以发现员工的不适应程度，聚焦出问题，若通过指导与培训之后依然没有改善，则通常代表该员工不能胜任该岗位的工作，可以通过职位的调整，让他从事更合适的工作。这也可以作为保持组织成员竞争意识和危机意识的手段。

4）作为人才选拔结果的评判依据

根据对外招人员绩效考核结果的分析，可以检验、评估选拔工作的成果和效度。若选拔出来的人才绩效考核结果达到预期，说明选拔工作是有效的；反之，则说明选拔工作有待改善。同时，对绩效结果的深层次分析，可以确认采用什么样的评价标准作为选拔员工的依据更有效，以达到提高招聘质量、降低招聘成本的目的。

5）作为发掘教育培训需求和人才培育的依据

绩效管理人员通过分析公司整体的考核结果，能够聚焦大部分员工具体在哪方面的知识和技能上存在不足，从而确定公司的培训需求，帮助培训部门有的放矢地做好公司下一步的培训计划，从整体提升公司员工素质。对绩效考核结果的分析，能够有效避免盲目培训，增强培训的有效性。

在培训计划运行的过程中，也可以通过对绩效结果的持续跟踪，随时评估培训的有效性。如果培训之后的一段时期内，员工绩效水平得到提高，说明培训是有效的；否则，说明培训没有达到预期的效果，需要及时调整改进。

6）作为员工个人发展及职业生涯规划的依据

员工的个人职业发展计划是根据员工目前的绩效水平与长期以来的绩效提高过程，由组织和员工共同协商制订的一个长远工作绩效和工作能力改善的系统计划，是将个人发展与组织发展连接在一起的重要一环。

考核结果反映了公司的价值取向，对考核结果的运用可以强化员工对公司价值取向的认同感和归属感，让员工的职业生涯规划符合公司的价值取向；通过晋升和调岗的机制，能够让个人的职业生涯规划更快地实现；通过及时的绩效反馈，有助于员工客观分析自己的发展方向，及时调整自己的职业生涯规划，提高员工的满意度。

7）作为人才激活的工具

如果绩效较差的员工思想消极，长期下去会成为组织的"不良资本"，早晚会被淘汰出局，无法为组织有效地创造价值；但如果这类人能通过辅导或培训自我发现，努力改善自身的能力和素质，不断提高自身的业绩，达到绩效的要求，就会转化为组织的"优良资本"。通过有效的绩效结果应用，能够激活原本资质一般的员工，形成优胜劣汰的激励机制，不断地提高员工的整体素质。

8）作为人力资源法律诉讼的重要依据

因为绩效管理的评价结果可以作为降职、调岗甚至解雇的重要依据，在实际操作的过程中难免会引发员工的不满情绪，即使在过程中尽力避免和安抚，也不可避免有个别情绪失控的员工会诉诸法律。这时候，就需要公司方提供相关证据，个人绩效的书面记录能够帮助公司解决这类劳动纠纷，维护公司的合法权益。

5.9 绩效管理要划清职责

许多公司绩效管理推行不下去是因为总经理把绩效管理的工作全部派给了人力资源部。然而，绩效管理绝不是人力资源部一个部门的事，要想有效实施，需要组织内各部门有机结合、划清职责、相互沟通、共同努力。

首先需要搭建绩效管理的组织架构，最上层要有绩效管理委员会，下面要有绩效管理小组、各业务部门、人力资源部以及数据提供部门。这些单元在绩效管理这件事情上，有着不同的定位、职责和分工。

1.绩效管理委员会

它通常是组织绩效管理的顶层设计机构，负责从总体上把握绩效管理的方向、尺度、深度和温度（员工感受），同时监控绩效管理的实施过程，落实绩效结果的应用。它一般由组织最高领导层中的核心成员组成，比如董事长、董事会核心成员、大股东代表等。

其职责通常包括如下。

（1）公司绩效管理制度的审核、评估和执行，确保绩效管理的客观、合理、和谐。

（2）对公司目标的制定提出建议，并持续跟进目标的完成情况。

（3）听取各方意见，不断改善绩效管理的实施过程。

（4）运行绩效管理委员会的会议制度，定期召开例会或紧急会议，并将会议结果公示。

（5）绩效考核申诉的最终裁定。

（6）监督绩效结果的执行、应用，以及改进方案的推进执行。

（7）对绩效持续无改进者做出必要的人事变动。

（8）设计并实施绩效结果的奖惩方案。

（9）持续改进组织的绩效管理系统，保证组织对绩效管理的持续接受，做到程序公平、人际公平、结果公平。

2. 绩效管理小组

它通常是绩效管理工作的具体实施机构，负责实施过程中实操层面的组织、推进、引导和审核。它一般由公司的核心管理团队人员组成，比如总经理、副总经理、各部门总监、财务中心负责人、人力资源中心负责人等。

其职责通常包括如下内容。

（1）修订、审核组织的绩效考核管理制度。

（2）组织并协助拟定公司的总体绩效目标，参加绩效管理会议。

（3）审议高管年度的绩效合同内容。

（4）督导公司绩效管理具体工作的开展。

（5）接受绩效申诉，权衡结果给出意见报绩效管理委员会。

（6）定期组织召开公司绩效评价会议。

（7）审核公司各部门及分、子公司执行考核，并汇总分析考核结果。

（8）组织与启动公司绩效面谈工作。

（9）组织公司内部的绩效管理培训。

（10）必要时召开临时会议。

3. 总经理

总经理在绩效管理工作中的地位最为重要和特殊，他既是考核人又是被考核人。相对于董事会来说，他是被考核人；相对于公司各部门干部来说，他是考核人。他通常是绩效管理小组的组长，而且应当是公司绩效管理推进工作的最高指挥官。

其职责通常包括如下内容。

（1）审批公司副总经理及以下的绩效管理制度。

（2）传递公司对部门绩效的要求和期望。

（3）在充分沟通的基础上，与所管理部门的负责人制定并签署绩效合约。

（4）对所管理部门副总经理以下人员的绩效申诉进行裁决。

（5）主持召开绩效管理小组会议（包括定期例会和业绩评价会议）。

（6）组织有关绩效管理政策、制度和办法的讨论。

（7）审批公司副总经理（含）以下人员的奖金分配办法。

（8）作为组长，代表绩效管理小组签发相关文件。

（9）作为组长，在绩效管理小组的讨论中最终裁决。

4. 分管绩效管理或人力资源管理的副总经理

这个角色通常负责组织绩效管理工作的整体推进、监控和实施，是绩效管理一些重大事项的决策者，通常担任绩效管理小组的副组长。

其职责通常包括如下内容。

（1）审核公司的绩效管理制度。

（2）分解公司的绩效目标。

（3）审核各职能部门的绩效业务指标，并定期回顾和调整。

（4）审核把关副总经理以下人员的绩效申诉。

（5）审核公司副总经理（含）以下人员的奖金分配办法。

（6）作为副组长，协助组长组织、召开绩效管理小组会议。

（7）协调各部门和人力资源部运行和推进组织的绩效管理工作。

（8）负责与各部门及分、子公司沟通最终考核结果。

5. 各部门主要领导

各部门主要领导是组织绩效管理的具体执行者，这部分人员的素质及对绩效管理的理念决定了绩效管理工作能否真正落地。

其职责通常包括如下内容。

（1）负责对本部门下属实施绩效管理工作，包括设定绩效目标、过程中的检查和辅导、收集考核数据、沟通和反馈考核结果。

（2）与直接下属制定并签署绩效合约，并进行持续的绩效沟通。

（3）评估直接下属的绩效，协调和解决其在评估中出现的问题。

（4）向人力资源中心提供考核数据结果以及对绩效体系的意见。

（5）协调处理下属员工的绩效申诉。

（6）对下属进行绩效面谈。

（7）帮助下属制订绩效改进计划。

（8）根据绩效评估结果和人事政策做出职权范围内的人事建议或决策。

6. 人力资源部

人力资源部是绩效管理的实施机构，负责绩效考核的统筹和组织工作。

其职责通常包括如下内容。

（1）拟订并完善组织的绩效管理相关制度，完善公司的绩效管理体系。

（2）组织并指导各部门建立绩效考核的指标、目标和标准。

（3）提供绩效管理培训，明确绩效管理流程，设计并提供绩效管理相关工具。

（4）建立绩效管理档案。

（5）受理各部门的绩效申诉。

（6）收集、汇总、分析各方对绩效管理工作的反馈意见。

（7）组织并指导相关数据的收集工作，并收集、汇总、分析考核结果。

（8）根据评估结果和公司的人事政策，向决策者提供人事决策的依据和建议。

7. 数据提供部门

数据提供部门即考核数据的提供机构，指所有可能需要提供绩效管理相关数据的部门，可能包括财务中心、数据中心、信息中心等部门。

其职责通常包括如下内容。

（1）负责提供绩效目标设定需要的相关信息或数据，并做出必要的分析。

（2）负责提供绩效指标实际完成情况的相关数据。

第6章

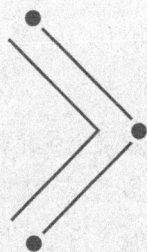

> 要平衡财聚人散和财散
人聚

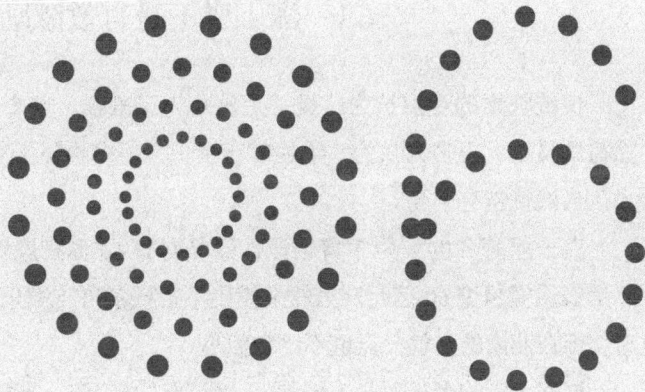

人们常说"财聚人散""财散人聚"，这在企业中同样适用。如果企业注重给员工发福利，员工收入高了、离职人数少了，慕名而来的人就多了，可同时人力费用高了，经营压力也大了；如果企业吝啬守财，员工收入低于行业平均水平，离职人数多了，慕名而来的人就少了，那么企业人力费用低了，经营压力就小了。这两种极端显然都不可取，如何在它们之间找到平衡呢？

6.1　涨工资不是有效激励

传统朴素的观点认为，员工上班是为了赚钱。这个观点没错。那么，要怎么激励员工？很多人认为，给钱就行了，只要多给员工发工资，发的工资越多，员工当然就越有干劲。

有一家著名的大型零售企业，巅峰时有40多家连锁店、13 000多名员工，年销售规模超过60亿元。虽然规模比不上沃尔玛、家乐福这类国际大型连锁超市，但在业内的名气一点也不比它们小。

这家企业的老板对员工特别好，强调"高工资、高福利、自由、快乐"，该企业每个岗位的工资都至少高于同行业30%。这家企业的保安和打扫卫生的女工每月工资保底是2 200元，五险一金都交。这家企业曾向外招50名女工，竟有5 000人报名！

这家企业的一名普通店长年薪达十几万元；中高层管理干部每人配有一辆车和一栋别墅。在繁忙的零售业，企业坚持规定员工每周只能工作40小时，6

点下班必须离开企业，谁要是加班，发现一次罚款5 000元；下班必须关闭手机，接通一次，罚款200元；每年强制员工休假20天；并在市中心的黄金商圈给员工建了6 000平方米的休闲娱乐中心，供员工健身、娱乐、洗浴，里面都是一流的设备和装修，还请了体育教练。

当年这家企业的管理模式一度被各大媒体和MBA教学奉为经典，引得同行业甚至非零售业的众多企业前去参观学习。

"你给员工吃草，你将迎来一群羊；你给员工吃肉，你将迎来一群狼。""工资最高的时候成本最低。"这些是这家企业风光时的名言，也是网络上被疯狂转载的文章引用的原话。可是，从2014年开始，几乎所有媒体、课程上再也看不到学习这家企业的案例了。因为这家企业因经营问题开始陆续关店。

商业企业在市场运作中有起有落是正常的。但没想到的是，在这家企业陆续关店的过程中，很多在其中工作过的员工，不但没有感恩企业当年给自己比市场水平高的工资，没有感恩企业曾让自己享受休假、休闲等福利，而且选择了站在这家企业的对立面。这家企业的老板在自己的微博里多次提及对这部分员工的失望。

在营销学中，有一种心理现象叫"习惯性接受"。意思是当企业给消费者创造一种新的产品和服务时，消费者会兴奋一段时间，但时间久了之后，消费者就会以此为标准，觉得这是基本的东西。对于其他达不到这个标准的，会嗤之以鼻。

人性中永远会有习惯性接受，当企业将甲某的月薪由5 000元涨到8 000元时，他会高兴一段时间。但是很快他就习惯并接受了，他不会想起也不会认为自己原来的月薪只有5 000元，反而会觉得企业每月给自己8 000元太少了，10 000元还差不多！

我的意思不是不应该给员工高额工资或涨工资，在企业经营水平允许、具备发放高额工资的条件时，给员工发高额工资当然是件好事，如果工资不高反而有问题。但是，管理者一定不要错误地把给员工发高额工资或者涨工资当成唯一的、有效的激励手段。

企业不是慈善机构，要正常经营、要存续，盈利是前提。那些曾经抱怨自己企业不好的人，请体谅一下自己的老板和企业。没有哪家企业是容易的，当老板不容易，经营企业不容易，经营一家能持续盈利的企业更不容易。

那么，有效的激励方式是什么呢？最经典的是双因素理论，其中双因素分别指保健因素和激励因素。保健因素指的是当这些因素没有得到满足的时候，人会不满意；当这些因素满足了以后，人不会不满意，但是并不代表满意。它通常包括薪酬福利、工作环境、组织内部关系等。激励因素指的是当这些因素没有得到满足的时候，人不会满意，但也并不代表不满意，只是没有满意而已；但是当这些因素得到满足的时候，人就会满意。

这个理论说明，能有效激励到人的，往往是激励因素。它通常是指被信任、职业发展、学习机会、成就感、满足感、掌控感、团队氛围等。

6.2　薪酬与动机没有关系

很多人会把引导员工的行为与薪酬管理、激励理论这些概念混为一谈，以为它们都是一回事。他们的逻辑通常是高薪带来高积极主动性，进而带来认真负责的态度，从而带来公司想要的员工行为。

有一次，我和一位新媒体创业公司的创始人谈事情，他的公司经营着几十个微博、微信公众号、今日头条等各大网络平台的账号，同时也帮其他公司做设计，团队成员有30多人。对这类公司来说，及时、有料、创新、创意至关重要，是公司存续的关键词。

但这位创始人向我说起了自己的难处，他说现在公司的员工非常缺少积极主动、创新创意的动力。这是一家创业公司，可是公司内大部分人只关注完成工作任务，不去想如何提高效率，如何做得更好。

他有一位在腾讯的朋友跟他说，腾讯虽然体量庞大、管理复杂，内部却从来不乏创新和创意。有的部门员工要实现的创新方案甚至排到了5年之后。

他认为出现这个现象的原因可能是员工觉得在一家创业小公司上班社会地位低，工资也不高，所以没有动力，因此他想给员工涨点工资。总结起来，他的逻辑是为什么我的员工缺乏创意？因为他们缺少动力，所以我要刺激他们，我要给他们涨工资。

那是我跟这位老板第一次见面，尽管他的逻辑很有问题，但我也没有发表任何观点。如果这家公司的经营状况允许，给员工涨工资对员工来说是件好事，对公司而言也不一定是件坏事。只不过通过涨工资达到他想要的目的，恐怕是不现实的。

半年之后，我再次见到他，问他有没有给员工涨工资，他说工资涨了，但没有效果，员工高兴了几天之后，还跟以前一样。他还在为这件事苦恼，不知道该怎么办。

这一次，我跟他说明了他的逻辑问题。现在他的问题是下属没有创新和创意的动机，而他想要下属有这方面的动机。那么，他应该想办法通过某种方式来创造出这种动机。涨工资不一定是坏事，但是涨工资和能不能创造创意的动机没有直接关系，这是两回事。

他若有所思地问我该怎么办。

我告诉他，人的主观能动行为源于动机，动机决定了人是否发自内心地愿意为某件事付出。动机的形成源于3个基本的组成要素：一是效价；二是期望；三是工具性。这3个要素分别代表什么意思，又如何运用呢？

（1）效价，指的是实现目标对满足个人需要来说价值有多大。它是人们在主动产生某种行为之前，判断做这件事可能会让自己得到的"利"；以及做与不做这件事，可能会给自身带来的"弊"，是一种对未来结果利与弊的预期。

以员工创新和创意为例，可以分为两个方面来思考效价。一方面，假如我这样做了，对我会有什么好处？如果我做了创新或者创意的事情，对组织确实有贡献，但是我个人能得到什么呢？有来自上级领导的认可吗？有来自组织的表扬吗？公司会给我额外的奖金吗？我会因此在未来得到晋升吗？在这个过程中，我会获得满足感吗？我会有成就感吗？等等。

另一方面，假如我没有创意、怠于创新，会对我有什么坏处？上级领导会因此批评我吗？公司的同事会因此看不起我吗？公司会因此而罚我的钱吗？我会因为没有做出创新和创意的行为而感受到挫败感吗？

（2）期望，指的是人们根据过去的经验，判断自己实现目标的可能性。它是人们在主动产生某种行为之前，对这件事情能否达到令人满意的预期效果的概率的判断，是一种对结果的预判。

创新和创意，一定是需要付出劳动的，需要耗费一定的脑力、精力和时间。这里就存在一个风险，即个体在付出了这些努力之后，有多大的可能性会成功？有没有可能许多员工曾经也试图尝试过，发现这件事太难了，也就是失败的概率太高，成功的概率太低了，所以干脆选择不做。

（3）工具性，指的是能帮助个人实现目标的非个人因素，比如环境因素、公司体制、上下级配合度、可运用的工具等。即我想要办某件事，有没有促进这件事完成的资源支持，以及有没有阻碍这件事完成的资源障碍？

有的时候员工想创新，他们明白创新的价值，愿意为之付出努力，也觉得很有可能成功，但是在他说了自己的想法之后，上级认不认可，愿不愿意接受呢？或者，同事在听了他的想法之后，认不认可，愿不愿意配合呢？

如果员工的创新和创意，需要以购买某项硬件设备为前提，公司是否愿意出这部分钱呢？当员工有了创新方案，但是缺少具体的实施方法时，有没有一些资源来帮助这名员工实现其创新方案呢？

听到这里，这位老板茅塞顿开，表示自己已经想明白该怎么办了。

后来他从制度层面、管理层面及文化层面做了许多改变，大致包括如下内容。

（1）规定了每人每月的创意数量，达标的有"提成奖励"；对连续3个月没有达标的员工，实行末位淘汰。

（2）每月评选"创意之星"，在晨会表扬，并由他亲自发放奖品。

（3）所有需要资源支持的创意，他亲自把关资源分配。

（4）营造创新文化，他将公司发展定义为创新驱动，每天讲创新，培训学创新等。

之后，他的公司发展稳健、业绩优异，他也不再为公司缺少创新和创意而苦恼了。

6.3　常见的错误薪酬模式

不同企业的薪酬模式各式各样、千差万别，很难空泛地判断孰优孰劣。但其中有一些是明显违背激励原则甚至对企业有害的，但许多企业基于习惯，仍在持续运行这种错误的薪酬模式。比较常见的错误薪酬模式如下。

1. 同岗同薪制或同级同薪制

简单地说，就是同岗位或者同级别的职工，拿一样的工资。比如，同样都是技术研发岗位，小A在企业工作了10年，小B刚来企业，结果两人的工资一样；同样是主管级别，小C是拥有10年经验的技术研发主管，小D是刚做了2年的人力资源主管，但两人的工资一样。这合理吗？

相同的岗位或相同的级别，从组织层面的设计来看都一样，都是一个个的"坑"。但是，当这些"坑"里栽上了不同的"萝卜"之后，对组织来说，其绩效和贡献还是一样的吗？答案显然是否定的，因为他们的绩效有高有低，贡献有大有小。如果拿的薪酬一样，高绩效、大贡献的人一定会心理不平衡，因为这忽略了个体和岗位的价值。所以设计薪酬体系时，不能简单地基于岗位和级别，还要基于价值和贡献。

运用这种薪酬模式的组织，往往没有考核，或者只有形式化的考核，这类考核并不会对收入产生实质性的影响，员工每月的工资基本是固定的。当旱涝保收、干好干坏一个样的时候，员工完全是靠自己的主观能动性在工作。"三个和尚没水喝"的故事告诉我们，主观能动性往往是靠不住的。

2. 固定工资直接转为绩效工资

有些企业推行薪酬改革，员工本来是每月4 000元的工资，没有绩效考核。改革之后，变成了每月2 000元的固定工资，加2 000元的绩效工资。这样改革之后，员工就不满意了。因为月度绩效考核很难拿到满分，只要不是满分，折合之后，员工每月的工资都大概率会减少。这样的改革必然会引起员工的反感。

可参考的正确做法是，绩效薪酬的改革随着涨工资一起进行。用员工新涨的工资部分作为每月的绩效工资进行考核。比如，该员工涨800元工资，原来4 000元的月工资作为基本工资，新增的800元作为绩效工资，工资根据每月绩效考核结果核算。

有些企业不论什么岗位、什么级别，绩效工资都是基本工资的一倍。这种做法也是有问题的，原因如下。

（1）不同岗位和级别对企业的价值和贡献不一样，责任大小也不同。

（2）不同岗位和级别绩效评价衡量的方式和标准是不同的。

（3）有些岗位是很难做详细的、客观的量化考核的，比如行政文员、保安、后勤人员等，其考核的主观因素太多，不宜让绩效工资占总薪酬的比重过大。

3. 无限制的司龄工资

许多企业为了降低员工的离职率，提高员工的忠诚度，表达对老员工的认可，设置了无限制的司龄工资。这种无限制司龄工资是从员工入职的那一刻开始算起，每服务满一年，工资就会增加一部分。这种看起来很完美的薪酬模式，从长远来看，不仅让企业额外付出了成本，而且对于实现上述预期基本无效。

在一个相对健康的组织，愿意留下的、有能力的员工不是因为得到了晋升的机会，就是因为得到了涨薪的机会，这部分人大约只占组织总人数的20%。而那些剩下来的、相对平庸的员工往往具备较强的市场替代性，这部分人约占组织总人数的80%，是绝大多数。如果司龄工资每年增长，最直接的后果是那些普通岗位的人力成本不断上升，这批员工在组织中变得"长生不老"。他们可能很忠诚，但是无法做出较大贡献。

比如，某企业刚入职保安的基本工资是2 500元/月，司龄工资第一年是100元，以后每年增加100元。这位保安在企业服务了25年，司龄工资达到了2 500元，和基本工资的比例达到了1∶1（为简化说明，不考虑这个过程中基本工资的变化），这是严重的本末倒置！另外，这位做了25年的保安和一位新入职、年富力强的保安相比，能为企业提供更多的价值吗？事实上，二者不会有太大差别，而且很可能年富力强的新人会比老员工更加认真负责。

最关键的是，这位服务了25年的保安，他会时刻想着自己每月的工资是2 500元，而另外的2 500元是企业对自己长期服务的奖励吗？恐怕不会，他会认为自己每月的工资就应该是5 000元。这种司龄工资的增加，让员工"没有感觉"，也就是让组织增加了成本，却不能达到预期的效果。

那么，已经有无限制司龄工资的组织，该如何改变呢？

（1）彻底废除司龄工资，根据绩效结果做薪酬调整。

（2）对长期服务的员工，给予荣誉、福利或适当奖励。当然，建议不需要奖励"所有"，而是奖励"优秀"。比如，在年会上设置一个针对10年以上司龄员工的"特殊贡献奖"，由企业高层领导亲自颁奖和表彰，并发放精美的奖杯和奖品。

（3）如果领导层执意要保留司龄工资，可以给司龄工资设置上限。同时采取逐渐递减制，增加的金额不宜过大，比如司龄工资最高加到10年，第一年加100元，第二年加90元，第三年加80元……第10年之后就不再增加司龄工资。

6.4　如何制定薪酬管理策略

同管理学一样,薪酬管理既是一门科学,又是一门艺术。除了薪酬设计必须遵从的战略目标驱动性、外部竞争性、内部公平性、个人贡献度以及财务可控性这五大关键原则之外,企业处在不同的发展阶段时,采取的薪酬策略也应有所不同,它们之间的关系如表 6-1 所示。

表 6-1　企业发展阶段与薪酬策略的关系

子项	企业发展阶段			
	初创期	成长期	成熟期	衰退期
人力资源管理重点	创新、吸引关键人才、刺激企业	招聘、培训	开发内部人才,保持员工团队,奖励管理技巧	减员,控制人力成本
薪酬策略	重外轻内,增强弹性,注重个人激励	内外并重,结构灵活,个人激励与集体激励相结合	重公正、促合作,个人激励与集体激励相结合	奖励成本控制
固定工资	低于市场水平	相当于市场水平	高于、相当于市场水平	相当于、低于市场水平
短期激励方式	绩效激励	绩效激励、福利	利润分享、福利	—
长期激励方式	全面参与股权	有限参与股权	股票购买	—
奖金	高于市场水平	高于市场水平	相当于市场水平	视财务状况
福利	低于市场水平	低于市场水平	高于、相当于市场水平	视财务状况

1.初创期

初创期企业的特点一般是规模较小,资金、人才、品牌、市场等资源都相对缺乏,对人才的吸引力较弱。在这个阶段,企业运营成本较高,资金往往呈净流出状态,有的甚至入不敷出,同时人才匮乏,产品和服务的质量一般不稳定。要想在薪酬上有效地吸引和留住人才,在这个阶段应采取如下薪酬策略。

1)强调外部竞争性

初创期企业在用人上面临的最大的矛盾是自身较低水平的人才吸引力与较

高水平的人才需求之间的矛盾。在这个时期，如果想要吸引关键人才或核心人才加入，只能通过创造较高的预期回报，增强自身在人才市场竞争力的方式；而对于非核心人才，则不需要具备外部竞争性，可以保持中位值水平。

2）淡化内部公平性

处于初创期的企业，企业的组织机构、业务流程、职责分工往往不像成熟期企业一样明确稳定，一人多岗、一岗多职、岗位交叉的现象非常普遍。吸引员工持续努力工作的，往往是干事创业的激情，是长期收益的预期，而不是名誉地位或短期收益。不要过分强调内部薪酬之间的差距，对短期来看"你高一点儿我低一点儿"这类似乎有失公平的问题，应尽量淡化。

3）弹性的薪酬结构

处于初创期的企业的总体薪酬应当设置为较大的弹性、较小的刚性，将固定工资和福利的比例设置得较低，将绩效奖金或年终奖金的比例设置得较高。另外，考虑到初创企业的流动资金紧张，财务压力较大，可以选择用股权、未来的收益或职务等长期激励的形式代替当前的高薪，也可以将工资转换为弹性福利，在提高员工归属感的同时，进一步增强薪酬的弹性。

2. 成长期

处在成长期的企业，一般市场份额迅速扩大，产品或服务需求猛增。企业扩张的同时也意味着人才的不断扩张，员工人数开始不断增加，员工对科学合理的薪酬体系的要求也越来越迫切。这意味着企业要构建一套系统的薪酬体系，保证员工产生准确的预期并形成一致的行为。在这个阶段应采取以下薪酬策略。

1）重视内部公平性

随着企业规模的不断扩大、组织机构的日趋稳定、内部流程的不断完善，企业的岗位职责日渐分明，逐步进入规范化管理的阶段。这时候的企业，对规范化的制度和机制的要求越来越高，需要建立以职位为基础的薪酬体系，来保证内部的公平性。

2）保持外部竞争性

在这个阶段，企业对高级人才的需求也越来越大，尤其是对技术研发、市场营销、财务管理等类型的人才需求大幅增加。更多优秀人才的加入，能够进一步推进企业的快速、持续、健康发展。受外部人力资源市场的制约，为了获取这些优秀人才，企业保持薪酬的外部竞争性非常重要。

3）保持薪酬结构的灵活性

相比于初创期，这个阶段的资金流速加快，往往会出现资金净流入的现象，企业的现金存量不断增加。这时候，企业已经有能力适当提高固定工资和福利的水平，来增强企业薪酬水平的外部竞争性。同时，企业为了进一步加速发展、引导员工的行为、鼓励员工的贡献，绩效工资的占比也不宜设置得过低。如果企业投资进一步扩大、现金存量不多，也可以用长期激励来吸引关键人才。

3. 成熟期

到了这个阶段，企业的规模、市场、产品和利润都达到了鼎盛状态，企业的增长速度较缓。这个时候，企业最该考虑的是如何能够保持现有的经营水平，并积极寻求新业务的发展和突破。这个时期如果安于现状，企业将只能从成熟走向衰落。只有积极做出战略调整，企业才有进一步发展的可能。在这个阶段应采取以下薪酬策略。

1）更加重视内部公平性

成熟企业的管理、流程更加科学规范，员工在这类企业中就好像是一台大型机械上不断运转的齿轮，他们会更加关注自己得到的薪酬与内部同事相比是不是公平合理。此时，企业应根据岗位价值评估的结果设置更加规范的薪酬体系，避免因为内部的不公平而产生不和谐，造成齿轮运转不畅，影响企业运转的效率和稳定性。

2）不再特别强调外部竞争性

这个时期的企业薪酬通常已经具备了一定的外部竞争性，企业的品牌和影响力也已经成为吸引人才的有效方式。企业发展至今，内部已经积累了大量的人力资源，企业对人才的获取可以由外部的劳动力市场转向内部的劳动力市场。人力资源管理的重心应转为发现、培养和开发内部人才，而不是靠高薪酬吸引外部人才。

3）鼓励合作的薪酬结构

这个时期企业的资本收益率和资金状况基本处于稳定状态，如果没有大的投资项目，现金存量会逐渐增加。员工的固定工资和福利的占比较高，绩效奖金的占比较低。这时企业面临的问题一是如何设置长期激励，留住有能力的核心人才；二是如何提高组织效率，加强团队协作。所以，这时候的薪酬结果，一是要继续强化核心人员的长期激励，二是要更重视团队薪酬奖励。

4. 衰退期

衰退并不意味着走向灭亡，也可能只是企业发展阶段中的一个低谷。在这个时期，企业市场萎缩、利润下降、财务状况恶化。这时候企业可以采取收缩战略，剥离亏损业务，控制成本，寻找新的增长点。在这个阶段应采取以下薪酬策略。

1）强调外部竞争性

虽然这个阶段难免会裁员，但为了寻找未来的机会，寻找并吸引待开发的新业务领域的优秀人才，需要保持外部薪酬的竞争性。同时，在这个时期优秀人才离职意愿较为强烈，如果企业没有外部竞争性，就难以留住优秀人才。

2）保持内部公平性

处在这个阶段的企业，内部往往军心不稳，员工的负面情绪较大。如果无法继续保持内部公平性，必然会进一步加剧员工的负面情绪，提高离职率。

3）灵活的薪酬结构

在这个阶段，强调长期激励的意义并不大，固定工资可以相当于、低于市场水平。如果财务状况允许，为了继续发展，也为了留住核心人才和吸引外部人才，基于业绩改善情况的奖金和福利可以设置得较高；如果衰退成为必然，寻找不到新的增长点，财务状况较差，奖金和福利可以设置得较低。

6.5　如何做岗位价值评估

岗位价值评估是在岗位分析的基础上，对岗位责任大小、工作强度、所需资格条件等特性进行评价，确定岗位相对价值的过程。它是确定职位级别的手段，是薪酬分配的基础，也是员工确定职业发展和晋升路径的参照。实施岗位价值评估的意义在于通过科学的方法、统一的标准和合理的程序，保证企业内部的公平性。

岗位价值评估方法一般有岗位排序法、岗位分类法、因素比较法、要素计点法4种。

1. 岗位排序法

岗位排序法是根据一些特定的标准，比如工作的复杂程度、对组织的贡献大小等对各个岗位的相对价值进行整体的比较，进而将岗位按照相对价值的高低排列出一个次序的岗位价值评估方法。排序时可以采用两种做法，即直接排序法或交替排序法。这种方法较为简单，通常适用于规模较小、岗位数量不多、岗位设置较稳定的组织。

2. 岗位分类法

岗位分类法是通过制定一套岗位级别标准，将企业的所有岗位根据工作内容、工作职责、任职资格等方面的不同要求，划分出不同的类别与标准进行比较，并归到各个级别中去。

岗位分类法一般可以将岗位分为行政管理类、技术类、营销类等，然后给每一类确定一个岗位价值的范围，并且对同一类的岗位进行排列，从而确定每个岗位的岗位价值。

3. 因素比较法

因素比较法是一种相对量化的岗位价值评估方法，它实际上是岗位排序法的一种改进和升级。它不关心具体的岗位职责和任职资格，而是将所有岗位的内容抽象为若干因素，一般将其抽象为智力、技能、责任等因素，并将各因素区分成多个不同的等级，然后根据岗位的内容将不同因素和不同等级对应起来，最后把每个岗位在各个因素上的得分通过加权得出总分，得到一个岗位价值总分。

因素比较法与岗位排序法的主要区别：岗位排序法是从整体的角度对岗位进行比较和排序，而因素比较法则是选择多种因素，按照各种因素对岗位分别进行排序。这种方法的一个突出优点是可以根据在各个因素上得到的评价结果计算出一个具体的分数，这样可以更加精确地反映出岗位之间的相对价值关系。在应用因素比较法时，应该注意以下两个问题。

（1）因素的确定要慎重，一定要选择最能代表岗位间差异的因素。

（2）市场上的工资水平经常发生变化，因此要及时调整基准岗位的工资水平。

4.要素计点法

要素计点法是选取若干关键性的薪酬因素，并对每个薪酬因素的不同水平进行界定，同时给各个水平赋予一定的分值，这个分值也称作"点数"，然后按照这些关键的薪酬因素对岗位进行评价，得到每个岗位的总点数，以此决定岗位的薪酬水平。

它是目前的薪酬策略中运用得较广泛的一种岗位评价方法，也是一种量化的岗位价值评估方法。它的优点是比较精确、系统、量化，有助于评价人员做出正确的判断，而且也比较容易被员工理解；缺点是整个评价的过程工作量大、比较复杂。

4种岗位价值评估方法的总结及优缺点比较如表6-2所示。

表6-2　4种岗位价值评估方法的总结及优缺点比较

方法	是否量化	评估对象	比较方法	优点	缺点
岗位排序法	否	评估岗位整体	在岗位与岗位之间比较	简单、操作容易	主观性强，无法准确确定相对价值
岗位分类法	否	评估岗位整体	将岗位与特定的级别标准进行比较	灵活性强，可以用于大型组织	对岗位等级的划分和界定存在一定难度，无法确定相对价值
因素比较法	是	评估岗位要素	在岗位与岗位之间比较	可以较准确地确定相对价值	因素的选择较困难，市场工资随时在变化
要素计点法	是	评估岗位要素	将岗位与特定的级别标准进行比较	可以较准确地确定相对价值，适用于多类型的岗位	工作量大、费时费力

比较常用的岗位价值评估方法是海氏评价系统，它将岗位的价值评估因素分为3个大类、7个小类，如表6-3所示。

表6-3　海氏评价系统的评估因素分类

组织因素	部门因素	职位因素
1.对企业的影响 2.监督管理	3.职责范围 4.沟通技巧	5.任职资格 6.解决问题的难度 7.环境条件

这7个评估因素的比重如图6-1所示。

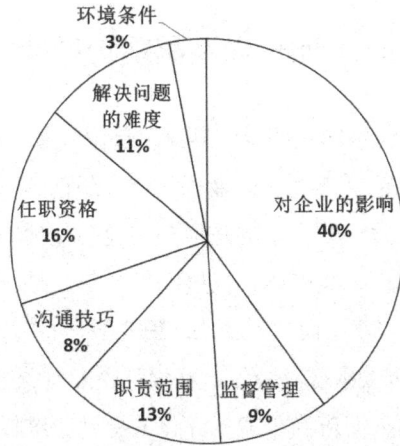

图6-1 海氏评价系统7个评估因素的比重

（1）对企业的影响，因不同的企业规模、不同岗位对企业的不同影响而产生不同的评分。

（2）监督管理，因岗位下属人数、下属种类的不同而产生不同的评分。

（3）职责范围，因工作独立性、多样性而产生不同的评分，还存在业务知识的加分项。

（4）沟通技巧，因沟通的频率、内外部联系、沟通能力的不同要求而产生不同的评分。

（5）任职资格，因岗位所需教育背景、工作经验的不同而产生不同的评分。

（6）解决问题的难度，因解决问题的创造力、操作性的不同而产生不同的评分。

（7）环境条件，因工作环境、风险程度的不同而产生不同的评分。

在实施岗位价值评估的过程中，需要注意以下问题。

（1）只能针对单个岗位，不能针对一岗多职的情况。

（2）是评价岗位，而不是评价从事岗位的特定员工。

（3）要使用统一的评估模型为尺度，而不能使用不同的尺度。

（4）应结合工作分析结果进行，应以工作分析中所呈现的职责为判断标准。

（5）是相对的，而非绝对的，每个岗位的价值离开了企业这一特定环境后，将毫无意义。

6.6 如何做薪酬结构设计

薪酬到底是什么，包括哪些因素？薪酬，是由"薪"和"酬"两部分组成。薪，指的是薪水，通常包括工资、资金、分红、福利等一切可以用财务数据量化的个人物质层面的回报；酬，指的是报酬，通常包括非货币化的福利、组织的认可、更有兴趣的工作、成就感、发展的机会等，是一种着眼于个人精神层面的酬劳。员工往往因"薪"而加入企业，因"酬"而发挥潜能和忠诚。

完整的薪酬结构组成如图6-2所示。在设计企业薪酬的整体框架时，不要过分相信现金薪酬的作用，而应当采取多元化的原则，这样做的好处是既能满足人才竞争的要求，又能满足企业不同发展阶段的要求。比如，奖金设计的多元化，可以设置为月度奖、季度奖、年度奖；可以分为个人奖和集体奖；可以有合理化建议奖、特殊贡献奖、成本节约奖、安全奖、质量奖、超额利润奖等。

类别	薪酬要素	薪酬类别	薪酬总称			
无形的内在价值激励	组织的认可	非金钱的薪酬	总报酬			
	职业生涯发展					
	工作与生活的平衡					
有形的、可以用金钱量化的薪酬	其他法定福利	法定的福利		总体雇用成本		
	住房公积金					
	社会保险					
	其他非法定福利	非法定福利			整体薪酬	
	员工救助计划					
	员工储蓄计划					
	员工养老计划					
	其他现金津贴	总现金津贴				
	汽车/交通补助					
	住房津贴					
	餐食津贴					
	股票/期权计划	长期激励价值				总直接薪酬
	长期现金计划					
	提成	短期激励价值				总现金
	奖金					
	固定化的奖金/津贴	固定支付				基本工资
	司龄工资					
	固定工资					

图6-2 薪酬结构组成

从狭义薪酬的角度，如何设置薪酬结构呢？

所谓狭义薪酬，就是我们平常说的那些最直观的、可以量化的现金部分，它通常包括固定工资、绩效工资、业绩提成、年终奖金、岗位补贴5个大类。对于不同类型的岗位，固定工资和绩效工资在总工资中所占的比例应当有所区别，一般可以分为3种类型：弹性模式、稳定模式、折中模式。

（1）弹性模式指的是固定工资占比较低，通常低于40%，绩效工资占比较高，通常高于60%的岗位薪酬设置类型。这种模式通常应用于与企业业绩关联度较大的岗位，比如销售业务人员、总经理、某些岗位的高管。

（2）稳定模式指的是固定工资占比和绩效工资占比持平，通常是各占50%或者差别不大的岗位薪酬设置类型。这种模式通常应用在企业业绩的关联度和岗位人员的能力素质要求并重的岗位，比如技术研发岗位、生产工艺岗位等。

（3）折中模式指的是固定工资占比较高，通常高于60%，绩效工资占比较低，通常低于40%的岗位薪酬设置类型。这种模式通常应用于与企业业绩关联度较低的岗位，比如行政助理岗位、财务岗位、人力资源管理岗位等。

相比较而言，这3种模式的激励效果及其在员工中的反响如表6-4所示。

表6-4　3种模式的激励效果及其在员工中的反响

	弹性模式	稳定模式	折中模式
激励效应	强	弱	中
员工主动性	强	弱	中
员工忠诚度	弱	强	中
员工压力	大	小	中
员工流动率	高	低	中

常见不同类型岗位与薪酬结构对应表如表6-5所示。

表6-5　常见不同类型岗位与薪酬结构对应表

职位序列	划分依据	岗位举例	薪酬结构
管理序列	从事职能管理工作，对企业或事业部某一方面的职能管理承担直接责任	部门总监 部门经理 部门科长	基本工资 岗位津贴 年终绩效奖金
销售序列	从事产品销售工作，对销售目标的完成承担直接责任	业务经理 客户经理	基本工资 销售提成

续表

职位序列	划分依据	岗位举例	薪酬结构
技术序列	从事产品设计和品质改进、工艺技术研发，可以按照专业任职资格差异划分层级	技术研发岗位 生产工艺岗位	基本工资 技术等级工资 年终绩效奖金
生产序列	负责完成生产计划，直接从事生产作业，对产品质量负责	技工 普工	基本工资 技能等级工资 年终绩效奖金
行政序列	作为管理业务的支持和服务保障工作	人力资源管理 财务管理 行政管理	基本工资 季度绩效 年终绩效奖金

典型的薪酬结构设计包括以下步骤。

1. 岗位价值评估

岗位价值评估的目的是得到组织中具有最高价值的工作到最低价值的工作的等级排序。工作评价的计点法不仅可以确认工作的等级次序，还能提供每个工作的量化价值，从而为薪酬结构设计提供岗位之间的相对价值差距的数据。

2. 薪酬调研分析

这一步的目的是确定在人力市场上，其他组织对类似的工作岗位或职位提供了什么样的薪酬水平。这一分析的目的是得出工资的政策线。它能够表示岗位价值评估（内在岗位价值）和人才市场工资（外在岗位价值）之间的线性关系。

3. 薪酬结构设计

这一步是对企业整个薪酬结构的设计和规划，目的是为员工个体的薪资分配制定具体的管理政策。这一步会得到一个系统的薪酬结构政策，来决定组织中不同工作岗位和工资政策的基本框架。

4. 管理薪酬结构

建立薪酬结构后，需要进行管理来保证它的有效性。内外部环境对企业薪酬结构的影响应进行持续的监控、评价、修正，以确保能够快速找出当前薪酬结构存在的问题，从而使薪酬管理政策能够持续有效地运行。

6.7 如何做年终奖分配测算

每到年底，员工最期待的就是年终奖。年终奖不是领导拍脑袋决定的，更不是随便发的，是按照一定的计算步骤和方法测算出来的。员工的年终奖应该怎么测算？季度奖金或者半年度奖金应该怎么测算？其原理都一样，可以分成6步。

1. 设定奖金发放基数

根据公司整体经济效益确定可以发放的奖金数量，奖金发放基数的计算方法有3种。

（1）以公司的净利润作为基数，提取一定比例作为奖金基数。比如，某公司年终净利润额为2 000万元，按照董事会决议设定好的规则，提取10%的比例用来给员工发放年终奖，就是2 000×10%=200（万元）。

（2）采用累进利润法来设定提取比例。即规定若干个利润段，在不同的利润段采用不同的提取比例，利润越高，提取比例也相应越高。

比如，公司规定利润的达标值是200万元，当利润在200万元以内时，提取比例为0，也就是无年终奖；当利润在200万～500万元时，提取比例为5%；当利润在500万～1 000万元时，提取比例为10%；当利润在1 000万～2 000万元时，提取比例为15%，当利润达到2 000万元以上时，提取比例为20%。累进利润法的奖金发放基数提取样表如表6-6所示。

表6–6 累进利润法的奖金发放基数提取样表

利润额 / 万元	奖金基数提取比例
小于200	0
200～500	5%
500～1 000	10%
1 000～2 000	15%
大于2 000	20%

（3）采用利润率分段法来设定提取比例。即规定若干利润率分段，利润率越高表明公司盈利能力越强，相应的，利润率分段越高则提取的净利润比例也越高。

比如，规定利润率的达标值为2%，当公司利润率在2%以内时，提取比例为0，也就是无年终奖；当公司的利润率在2%～4%时，则提取比例为5%；当公司的利润率处于4%～8%时，提取比例为10%；当利润率大于8%时，则提取比例为15%。利润率分段法的奖金发放基数提取样表如表6-7所示。

表6-7　利润率分段法的奖金发放基数提取样表

利润率	奖金基数提取比例
小于2%	0
2%～4%	5%
4%～8%	10%
大于8%	15%

2. 设定奖金池的标准

考虑到公司的经营风险，为了保证员工收入的长期稳定性，比较稳妥的做法是根据第一步计算的奖金发放基数设定一个奖金池，把一定数量的奖金保留在奖金池中，以平衡公司因业绩波动而产生的年终奖金骤降的风险。奖金池的运用逻辑如表6-8所示。

表6-8　奖金池的运用逻辑

关系		第一年	第二年	第三年	第四年
	当期年终奖发放基数/万元	100	120	15	50
+	期初奖金池余额/万元	0	50	85	50
=	可付的奖金池余额/万元	100	170	100	100
×	支付奖金的比例/%	50%	50%	50%	50%
=	支付奖金额度/万元	50	85	50	50
	期末奖金池余额/万元	50	85	50	50

从表6-8可以看出，采取这种方法后，即使第三年和第四年公司因业绩问题，奖金发放基数明显减少，也可以对冲掉待发放的年终奖总额骤降的风险。员工不会感受到年终奖的大起大落，达到稳定员工队伍的心理预期；而如果业

绩持续提高，奖金发放基数持续增长，发放的年终奖金额依然可以保持持续健康增长。

3. 确定组织各部门的战略贡献系数和部门绩效系数

（1）战略贡献系数是指各部门对公司战略贡献的差异，需要公司对各部门的战略贡献能力进行评价。考虑到部门之间的协作与团结，稳妥的方法是不要让各部门之间的战略贡献系数差别太大。比如，对各部门的战略贡献能力进行评价后，把各部门的战略贡献系数界定在 0.8 ~ 1.2，战略贡献系数变动单位为0.1。战略贡献系数举例如表 6-9 所示。

表 6-9　战略贡献系数举例

战略贡献程度	战略贡献系数
非常相关（A）	1.2
比较相关（B）	1.1
一般相关（C）	1
比较不相关（D）	0.9
基本不相关（E）	0.8

各部门的战略贡献系数可以根据公司所处的商业周期、公司战略、公司经营重点、公司文化、公司所处的行业、公司的营销模式、公司的核心人力资本构成等因素综合考虑，由最高领导层讨论并最终拍板确认。

（2）设定各部门的绩效等级，根据各部门的年终绩效考核结果，将各部门的绩效等级与不同的绩效系数对应。比如，可以把部门绩效系数界定为 0.5 ~ 1.5，部门绩效系数的变动单位为 0.1。部门绩效系数举例如表 6-10 所示。

表 6-10　部门绩效系数举例

部门考核等级	部门绩效系数
超出期望（A）	1.4 ~ 1.5
完成期望（B）	1.1 ~ 1.3
基本完成（C）	1
需努力（D）	0.7 ~ 0.9
需改进（E）	0.5 ~ 0.6

（3）确定战略贡献系数和部门绩效系数之间的权重。这个权重可以由公司最高领导层商讨决定。常见的比例权重分配有3种：战略贡献系数权重为40%，部门业绩系数权重为60%；战略贡献系数权重为50%，部门业绩系数权重为50%；战略贡献系数权重为60%，部门业绩系数权重为40%。

4. 确定不同部门的奖金金额

比如，采购部对公司战略贡献度系数为1.1，部门绩效系数为1，战略贡献系数权重是50%，部门业绩系数权重为50%，就可以计算出采购部的奖金系数为：1.1（战略贡献系数）×50%（战略贡献权重）+1（部门绩效系数）×50%（部门绩效权重）= 0.55+ 0.5=1.05。

然后，将公司部门所有人员的月基本工资之和乘以部门的奖金系数，就可以得到各部门的奖金金额了，计算公式为：部门奖金金额 = [（部门所有员工基本工资之和 × 部门奖金系数）÷ 公司所有的（部门所有员工基本工资 × 部门奖金系数）之和] × 公司支付奖金额度。

5. 确定部门各岗位绩效

（1）基于公司的绩效管理体系，得出员工个人的绩效考核结果。

（2）一般来说，可以按照20%、70%、10%的比例来界定员工的绩效等级比例。

（3）根据情况，让个人的绩效考核结果与个人绩效系数之间形成对应关系。

各岗位考核结果等级与绩效系数的关系举例如表6-11所示。

表6-11　岗位绩效系数举例

岗位考核等级	岗位绩效系数	绩效等级参考比例
超出期望（A）	1.4 ～ 1.5	20%
完成期望（B）	1.1 ～ 1.3	
基本完成（C）	1	70%
需努力（D）	0.7 ～ 0.9	10%
需改进（E）	0.5 ～ 0.6	

6. 计算员工个人年终奖金额

将员工岗位绩效系数与员工月基本工资和部门奖金金额关联，就可以得出员工个人的年终奖金额。具体计算方式如下：员工个人年终奖金额 =[（员工基本工资 × 岗位绩效系数）÷ 所有（部门员工基本工资 × 岗位绩效系数）之和] × 部门奖金金额。

除了上述 6 步之内考虑的因素外，还可以加入员工出勤、日常奖罚等因素。

6.8　可选的股权激励计划

股权激励是一个在治理公司时倍受欢迎的"锦囊"，它可以创造组织和个人的利益共同体，激发员工的内在驱动力，有效地吸引和留住人才。尤其是创业公司，在其早期无力吸引和留住高端人才及支付高薪水时，股权激励计划可以有效缓解这一问题。

自 20 世纪 50 年代以来，股权激励计划被广泛应用于美国公司，成为股东激励员工的主要手段。2005 年中国证券监督管理委员会实施股权分置改革之后，我国才具备了实施真正意义的股权激励计划的条件。随后，我国实施股权激励计划的公司开始大范围涌现。但是，在实际推行的过程中困难重重、问题频发，为什么股权激励难以做到"一股就灵"呢？

1. 公司治理结构不完善

许多公司内部控制现象严重，董事会的独立性不强，董事会成员与经营管理层成员高度重合，董事兼任总经理或管理层职员的现象十分普遍，从而使股权激励变成了董事会自己激励自己的方案，加之缺乏有效的内部监督机制，导致出现大量的短期行为、控股股东的不正当关联交易等问题，这都严重阻碍了股权激励计划的有效实施。

2. 绩效管理不健全

绩效管理是实施股权激励计划的前提之一。国外的上市公司一般会用股票价格作为评价经营者业绩的重要指标，而我国的上市公司大多采用传统的财务指标作为业绩评价的指标。有些公司甚至连财务指标体系都未完善，非财务指标涉及更少。过于简单的财务指标使股权激励的行权条件易于实现，无法全面、准确、客观地评估激励对象的工作成效，并可能会带来诸多负面影响。

3. 激励方案的设计不完善

在推行股权激励计划的公司中，大多数使用的是股票期权模式，造成了处在公司高层的董事、高管获得的股票期权数量过多，而作为中坚、骨干力量的核心员工得到的较少，从而使公司内部的价值分配不均衡。同时，股权激励方案的制定者没有考虑到在市场低迷时期，股票期权这种单一的模式很可能会失效，影响激励方案的实施效果。

即使公司总会存在这样或那样的问题，但也不代表只要有问题，就要完全把问题解决掉才能实施股权激励。因为股权激励可使用的方式多种多样，公司可以根据自身的实际情况，避开自己当前最薄弱的环节，选择那些可选的、最适合自己的方式。

1. 限制性股票

这种方式是指事先给激励对象一定数量的股票，但对于这部分股票的获得条件和出售条件等有一定的限制。比如，只有当激励对象在本组织服务满5年，才能获得这部分股票；5年后公司的经营业绩提升一倍，激励对象才可以将这些股票变现。具体的限制条件，可以根据不同公司的实际需要设计，灵活性较强。

2. 虚拟股票

这种方式是向激励对象发放虚拟股票，事先约定如果公司业绩较优或实现某项目标时，激励对象可以按此获得一定比例的分红。但如同它的名字一样，虚拟股票其实不是法律意义上的股权激励，激励对象不具备股票的实际所有权，不能转让或出售，通常也不具备表决权。在激励对象离开公司时，虚拟股票将返回公司，由公司规划保留或再分配。

公司通过虚拟股票向激励对象兑现的奖励可以是现金、福利、等值的股票，也可以是可选的组合套餐。因为这种方式的本质只是以股份的方式来计算员工奖金的一种方法，不涉及真实的股票授予，所以激励效果相对以真实股票为标的物的方式较弱。

3. 年薪虚股制

这种方式是将公司中高端人才年薪中的奖金划出一部分以虚拟股票的形式体现，给激励对象规定一定的持有期限，到期后，按照公司业绩一次性或者分批兑现。这种方式将激励对象和公司的利益捆绑，将收益的时间战线拉长。激励对象可能会因为公司业绩持续增长而获得巨额的奖金，也可能因为公司业绩的持续下降而无法获得奖金。

4. 股票期权

这种方式是指公司给激励对象一种权利，让其可以在规定的时期内以事先约定的价格购买一定数量的本公司股票，当然，如果到了那个时期，激励对象发现行权并不合适，也可以选择不行权。

股票期权的行权条件一般包括以下3个方面的内容。

（1）时间方面，需要等待一段时间，比如2～3年。

（2）公司方面，需要达到公司的某项预期，比如公司业绩达标。

（3）激励对象方面，需要满足某项条件，比如通过公司的绩效考核。

5. 直接持股

这种方式是当激励对象达到某项条件时，公司直接给予其股票，在股价上升或下降时，获得账面价值的增加或减少；在股票溢价卖出时，获得收益。转让的方式可以是直接赠予，可以是公司补贴购买，也可以是激励对象自行购买。

6. 账面价值增值权

这种方式是通过激励对象在期初按照每股净资产购买一定数量的公司股票，在期末时，再按照每股净资产的期末值回售给公司。在实务中可以有两种操作方式：一种是激励对象真实购买；另一种是虚拟购买，过程中激励对象甚至不需要支付资金，期末由公司直接根据每股净资产的增量计算激励对象的收益。

7. 股票增值权

与账面价值增值权的道理类似，通过股票增值权的方式，激励对象可以从期初认购股票的价格与期末股票市价之间的增值部分中获益。当然，为了避免股票价值降低的风险，利用这种方式时，激励对象并非实际购买股票，而是获得这部分股票增值后的收益权。股票增值权行权的方式同样可以是现金、福利、实际股票或几种方式的组合。

6.9 巧用弹性福利有奇效

到了年终，某公司有两种备选的福利方式提供给员工：方案一是每人发放600元的过节费，随工资一起汇入员工每月发工资的银行卡中；方案二是每人可以选择价值300元的6种不同物品，这6种物品都是耐用品，比如豆浆机、微波炉、蚕丝被、炒锅、茶具等。问题来了，该公司选择哪种福利方式对员工的激励效果更大呢？

答案显然是方案二，从价值上看，方案一的财务成本虽然是方案二的两倍，但方案一给员工的感受太浅。到了年底，员工置办年货、走亲访友，有着大量的消费需求，在进行了一波购置后，其很快就忘了公司曾给他发过600元的过节费。

员工看着自己购置的一大堆商品，不会想到这里面哪一件是用公司给我发放的600元过节费买的。尤其在网络购物和电子支付如此发达的时代，消费越来越少地动用到现金，银行卡里的钱对于人们来说更多的感受就只是数字的变化。

而方案二对于员工来说，感受会更深刻。原因如下。

1. 面临着选择

有选择就意味着员工可以选择对个体来说最需要的或者最有价值的选项。有选择同样意味着有纠结，而这种纠结并不是坏事。因为纠结，员工想得就更多，想得越多，印象就越深刻，感受也越深刻，未来遗忘这件事的可能性就越小。

个体的选择同样意味着家庭的选择，这个纠结的选择过程，落到家庭的层面就会产生大量的话题和交流。员工很可能会找自己的父母、夫妻、子女商量到底哪一个是家里最需要的，哪一个对家庭来说最有价值，甚至可能会想到某位亲戚、朋友家里还缺什么，正好走亲访友时可以用得上。

选择同样意味着遗憾，选择了这一个就意味着放弃了另一个。只要员工有两个或两个以上想选择的福利时，这种感受就会出现。都想要？抱歉，不可以。只能选一个，放弃其他的吧。这会给员工留下一个强烈而持久的感受。

当然，这种放弃的感受并不意味着负面情绪，因为正常的员工会怎么想呢？等明年我再选另一个呗！而这正是这种福利机制想要达成的效果，未来的一年，员工都会有一个话题和盼头——如果不着急用，家里先别买，年终的时候我就可以从公司领到这样东西了！

2. 时刻被提醒

可选的都是耐用品，商品的使用期限至少为 5 年，如果平时用得少，则使用期限更长。这类物品摆在自己家里，用到的时候就会想到这是公司发的福利；不用的时候，无意中瞥见了，也会时刻提醒自己这是当初自己费了一些思考和沟通之后选择的公司福利，可进一步增强员工的感受。

3. 可以被传颂

在经历过上述一系列的心路历程之后，这一定会成为一个与亲戚、朋友、同事之间茶余饭后能聊的话题了。比如，"我选得很成功，家里正好用上了""哎，我没选好，当初选那个就好了，算了，等明年再选吧"。

4. 感觉被尊重

通过这种选择的过程，员工会感受到公司是理解自己的，因为给了自己选择的权利。与方案一的被动接受不同，员工在整个过程中是积极主动参与的，会感受到自己的决定能够换来反馈和结果。

这就是方案一的 600 元与方案二的 300 元之间的差别，方案二比方案一节省了一半的费用，达到的效果却是方案一的 10 倍以上！这也正是组织在设计福利体系时，要考虑弹性福利的作用和价值。

弹性福利（Flexible Benefit）又叫菜单式福利，它的基本思路是让员工对自己的福利进行有选择、有计划的组合。它的核心思想是倾听和满足员工的诉求，并以此来设计和实施员工福利。弹性福利的种类其实很多，常见的可以包括以下几类。

1. 补充保险

公司可以为员工提供社会保险之外的附加保险，用于解决员工在发生大病后，医疗支出较多时的后顾之忧，并且可以帮助员工找到更好的医疗资源。补充保险所面向的对象除了员工本人以外，也可以包括员工的父母、配偶或子女等。

2. 弹性节假日福利及活动

这类似于本节案例中所说的方案选择，可以包括季节性福利，比如端午节、中秋节、春节等节假日公司所发放的福利可以由员工选择；还可以包括公司举办的活动，比如体育赛事、健身运动、亲子活动等员工可以有选择性地参加。

3. 健康管理

对可能存在职业病风险的岗位或健康状况较差的群体，公司可以为员工提供诸如体检、健身、健康状况分析、疾病预防讲座、健康咨询和指导等方式的福利，为员工提供有针对性的科学健康信息，并在公司范围内创造条件或采取行动来改善员工的健康状况。

4. 绩效奖励

这是指对绩效奖励的灵活兑现，绩效奖励不一定要发奖金，员工可以自主选择。公司采用科学的方法，通过对员工个人或群体的行为表现、劳动态度和工作业绩，以及综合素质的全面检测考核、分析和评价，以更加灵活的福利形式表彰那些优秀的员工或群体。

5. 其他各类福利

除上述几大类常见福利外，还有许多种可放入"菜单"的福利。比如，弹性工作时间、养老服务计划、定制化的年金、除法律规定外的带薪休假、冬季的取暖费、生日的福利、劳动安全卫生保护福利、外出培训学习深造的机会等。

弹性福利可以解决公司为员工提供福利又无法获得员工认同的窘境。这种方式在最大化激励效果、最大化外部效应的同时，能够最小化财务费用。要提高员工的满意度、忠诚度和敬业度，组织可以根据自身的情况，灵活地为员工提供更多"可选择的菜单"。

第 7 章

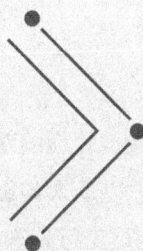

> 尽力维护人才与组织的
关系

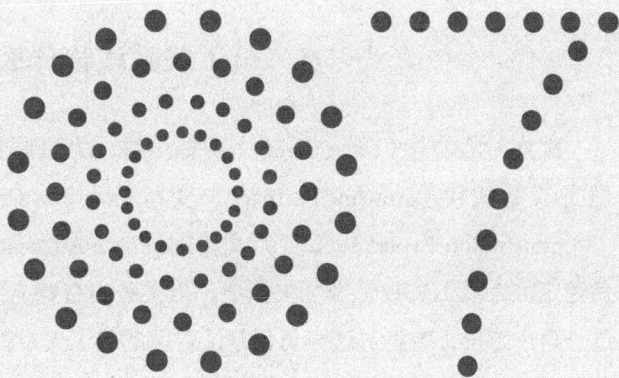

7

管理的对象到底是什么？有人说是人、财、物。其实都不是，管理的对象是"关系"，是人与财的关系、人与物的关系、人与人的关系，以及人与组织的关系等。协调人与组织的关系就叫作员工关系管理，它是影响员工行为态度、工作效率和执行能力的关键因素，是人力资源管理的重要职能之一。良好的员工关系管理可以有效提高员工心理上的满足感，有利于提升员工的工作意愿和积极性，也可以在一定程度上保障企业战略和目标的有效执行。

7.1 员工关系该管什么

戴维·尤里奇（Dave Ulrich）曾提出过人力资源管理者的4角色定位，分别是战略伙伴（Strategic Partner）、变革推动者（Change Agent）、行政专家（Administration Expert）、员工后盾（Employee Advocate）。要做好员工后盾这一角色定位，员工关系管理至关重要。可实务中有些人力资源管理者会过分放大这一角色定位，或者对这一角色定位对应的员工关系管理该做的事情并不清楚，总是一味地追求公平，一味地盲目满足员工的需求。

Annie是一家公司的人力资源总监，有着十几年的基层工作经验，从一个小职员做到这个位置，除了能力和经验之外，靠的还有自己在公司的人缘。Annie特别喜欢和基层员工接触，特别关心基层员工的生活，也特别关注基层员工的困难。

最令她满足的是当她能够帮助员工解决困难的时候。当某个员工向她反馈问题时，她总是第一时间马上处理，所以每次都能快速地给员工解决问题。人们私底下给她取个了外号，叫"有求必应的知心大姐"。可是，这也同样给她带来了许多麻烦。

某员工因为家庭困难，找到 Annie，希望她能够给自己涨一些工资。Annie 听完这位员工的描述之后，觉得对方处境实在是太困难了，于是给他涨了工资。结果，这个员工所在部门的其他人听说后，觉得不公平，也来找 Annie 要求涨工资。

Annie 推脱了几次后，这些人还是不断来找她。无奈之下，她就索性把同类岗位的工资全涨了。其他岗位听说后也来找她诉苦，她努力说服老板，把全公司所有岗位的工资都涨了。结果，年底业绩评估时，人力费用严重超标。

某部门主管年终的绩效考核结果得分很低，眼看着发到手的奖金可能还不到同级别其他主管的一半，于是找到了 Annie。Annie 听他讲完了他这一年工作开展的各种困难、他家庭遇到的各种变故，以及为工作的各种付出和努力之后，觉得这位主管不该只得这么少的年终奖。

Annie 找到老板汇报了这位主管的情况，给他申请了和其他主管一样的奖金。可是，其他主管知道后，感觉被公司的绩效考核愚弄了，原来说好的优胜劣汰哪里去了？搞了半天，最后还是"大锅饭"。

类似的事件还有旷工后找她求情不算旷工的，有主管不给员工及时报工伤找她求情不处罚的，有例行工作检查出问题找她求情不通报扣分的，等等。职工们越来越喜欢她，公司领导层却对她越来越不满意，原本定好的管理制度，最后都形同虚设。Annie 为此感到特别郁闷，难道自己对员工好一点错了吗？

有一次我见到 Annie，开玩笑地对她说："不要让少数'刁民'左右了你的人力资源部。你要做的是回归人力资源'管理'，而不是顺着'刁民'的思路，过分从'细节'或'个体'层面考虑员工关系。"当然，这里的"刁民"是戏称，指所有仅站在个体角度，提出个性化要求的员工。

当全面关系管理（Total Relationship Management，TRM）被公司认可并争先效仿的时候，对外部顾客实行的客户关系管理（Customer Relationship Management，CRM）和对内部员工实行的员工关系管理（Employee Relationship Management，ERM）也会随之发展起来。

每家公司都希望通过提高员工的满意度，来提高员工对公司的忠诚度和贡献度，从而增强顾客的满意度。然而，对于员工关系管理究竟应该怎么管，管什么，管到什么程度，普遍公司的认识是混沌的。他们一会儿对员工"不闻不问"，一会儿又对员工"千依百顺"；一会儿对员工"太抠门"，一会儿又对员工"太大方"。那么，"准心"到底在哪里呢？

员工关系管理的最终目的绝不仅仅是一味让员工满意，而应该是使每一位"权利人"满意。"权利人"指的是什么？它指的是员工、顾客、股东、投资人、社会与环境，甚至包括供应商和竞争对手。正确的员工关系管理，是尊重各个"权利人"的权利，同时保障与权利对等的各个"义务人"履行相应的义务。它包含几个层面的含义。

1. 员工关系管理的原则

（1）员工关系管理的前提是为了公司的可持续发展。

（2）员工关系管理的基本要求是合情合理。

（3）员工关系管理的底线要求是合法合规。

2. 员工关系管理的内容

（1）员工纪律管理，包括制定并维护相关制度、流程、规范或标准作业程序（Standard Operating Procedure，SOP）；通过实施过程中的宣传、引导、纠偏、奖惩等方式，增强员工行为的统一性和组织纪律性。

（2）劳动关系管理，包括办理员工入职和离职手续，预防入职和离职过程中的相关风险，人员信息管理，人事档案管理，劳动合同管理，劳动保障物资管理，处理员工投诉，处理劳动争议，处理突发意外事件等。

（3）沟通管理，包括建立并维护员工上下级之间畅通的沟通渠道，建立并维护合理化建议制度，建立并维护员工参与公司部分决策的方式，引导并帮助员工在工作中建立良好的人际关系等。

（4）员工支持服务，包括通过员工援助计划（Employee Assistance Program，EAP），帮助员工实现工作与生活平衡；开展员工满意度调查，优先解决员工最关注的问题；监测并处理劳动风险事项；提供员工生活与工作中相关知识的普及培训服务；提供员工身心健康服务等。

（5）员工活动管理，包括创建并维护员工各类业余活动的方式、地点或氛围，定期组织开展各类文化、体育、娱乐活动，丰富员工生活、缓解员工工作压力，实现劳逸结合，增强组织的凝聚力。

（6）组织文化建设，包括建立并维护健康向上的组织文化；鼓励员工参与到公司文化的建立和维护工作中来；引导员工认同组织的愿景和价值观，将组织的愿景和规划与员工的愿景和规划连接匹配。

7.2　关注人才家庭生活

有一次，我的一位朋友受一家企业老板的邀请去给他所在企业的管理层做培训，培训时间是2天。我的这位朋友是那位老板所在行业领域的经营管理专家，已经退休了，常年住在国外，每年来国内的次数屈指可数，他的培训弥足珍贵。能请到他，这位老板很开心，这次培训没有定主题，老板跟我这位朋友说他可以根据情况自由发挥。

在培训开始之前，我的这位朋友说："你们老板没有给我定培训主题，我也不知道该给你们讲什么。在没有退休之前，我是个'工作狂'。自从退休了之后，我对生活有了很多新的感悟。这样吧，我这里有两类内容，一类是关于企业经营管理的，我教你们怎么赚钱；另一类是关于生活的，我教你们工作之余应怎样更好地生活。你们想听哪一种？"

出人意料的是，在场的200多位高管无一例外都想听工作之余应怎样更好地生活。结果2天的培训时间，我的这位朋友都在讲孝敬父母、教育孩子、经营夫妻之间的感情生活之类的话题。培训结束前，他问这200多位高管有什么感受。大家说，平时每天都在想怎么更好地工作，却从来没想过怎么更好地生活，这一课，让他们受益匪浅。

如今的企业，尤其是民营企业，从老板的观念到管理者的理念，一直到整个组织文化，大家更专注的是绩效、工作成果、员工的素质和能力等这些直接关乎企业未来发展的事项，而对于员工的夫妻关系、亲子关系等个体家庭层面的事情既不关注，也不关心。可限制人才为组织创造价值的，除了来自组织内部，往往来自人才的家庭。

Victoria是一家大型上市企业的营运总监，46岁，20岁时就进入现在的企业服务，可以说是跟着企业一起成长起来的。Victoria虽然原本的文化水平不高，但因为有着很强的战略思维、学习能力、理解能力、分析能力、沟通能力，得到了公司的大力培养，除了参与平时工作相关的大量各类培训和把握住诸多出国参观学习的机会，还一边工作，一边读了国内名校的MBA，是公司未来CEO的第一候选人。

可最近，Victoria向老板提出离职，原因是她的家庭生活出现了问题，她没有办法平衡家庭和工作之间的关系。当年她和老公结婚时，她的老公是一名司机，她是这家公司的前台。这么多年过去了，自己每天疲于奔命，在事业上取得了较大的发展，而老公还在那家企业做司机。

她已经不记得从什么时候开始，除了一些生活必须沟通的事外，她和老公几乎变成了零交流。可能是由于两人思维和认知层次之间早已出现了巨大的差异，也可能是因为她真的太忙了，她几乎每天晚上都是10点以后才能到家，老公已经睡了，她疲惫地洗漱睡觉之后，早晨5点就要起床上班，而她老公这时还没睡醒。

她的儿子读高中，面临着高考。因为工作她没法照顾儿子的生活和学习，以致她家明明离学校不远还是选择让儿子住校。她最近听说儿子抱怨学校的伙食不好，晚上睡觉室友打呼噜以致睡得不好。她已经好久没见过儿子了，只知道孩子成绩很差，却不知道到底哪里出了问题，也不知道该怎么和孩子沟通。

她不想让自己和老公的关系越来越疏远，也不想儿子最终考不上大学。如果一定要在工作和生活之间选择一个，她宁愿选择生活，她宁愿自己能够多陪伴父母，像以前一样和自己的丈夫聊天，每天看着自己的孩子成长。

人是社会动物，每个人都不是独立的个体，而是整个社会关系的总和。在所有这些社会关系中，我们会扮演不同的角色。当一种角色占比过高时，就容易出现问题。

比如，有人"工作者"这个角色的占比达到了90%，也就是俗称的"工作狂"，那其作为子/女、作为父/母、作为伴侣的时间必然会被占用，很可能就不是一个好儿/女，不是一个好父/母，不是一个好伴侣。这是其为此所必须付出的代价。

该怎么办呢？平衡是关键。《礼记·大学》中说："修身、齐家、治国、平天下。""攘外必先安内"，企业的战略目标能否实现，员工的努力很重要，只有解决了员工的后顾之忧，使其全身心投入工作才能产生好的业绩。从人力资源管理角度，如何帮助员工实现工作和生活的平衡呢？

（1）员工录用前，将人才的特质、志向、兴趣与岗位的任职资格相匹配，实现人岗匹配。有时候，时间分配不合理仅仅是"生活和工作平衡"的表象问题，兴趣需求得不到满足才是深层次的原因，实现人岗匹配能够把员工潜在的工作生活不平衡因素扼杀在摇篮中。

（2）开展宣传教育活动，对全员贯彻"生活和工作平衡"的理念。人力资源部可以举办一些论坛、讲座、沙龙甚至茶话会等非正式的交流活动，循序渐进地引导和启发全体员工接受这一理念。

（3）辅导员工学习实现"工作和生活平衡"的技巧。比如，辅导员工进行职业生涯规划，助其实现生涯目标；倡导上下级之间充分沟通，助员工合理分配工作时间；做一些生活技巧的培训，当成给员工的一种福利。

（4）关心员工的身体，对员工进行健康投资。人力资源部要关心和检查员工的健康状况，告诉已经在不平衡状态中的员工必须及时采取相应措施。关注员工的健康不能只停留在报销医药费、定期体检等传统项目上，还应主动对员工进行更为广泛的健康投资。

（5）实施弹性工作制能使员工拥有自主安排时间的权力。弹性工作制的具体操作形式多种多样，包括工作地点的弹性、工作时间的弹性、工作内容的弹性等。总之，员工应以很好地完成工作目标为目的，不必拘泥于形式。

（6）尽力帮助员工解决后顾之忧。比如，员工遇到丧事时，企业特准员工额外的带薪假期；员工要买房，企业提供无息借款等。

帮助员工做好平衡，注重员工生活和工作的平衡，能够提高员工满意度，降低员工的缺勤率和流失率，还能够吸引高素质人才，最终使得企业提高效益和效率。在维持员工生活和工作平衡方面舍得投资的企业，能够从员工身上得到更多的回报。

7.3　队友的认知很重要

员工入职风险管理是人力资源管理的基础知识与技能，对此一名合格的 HR 应该熟练掌握。可有时候现实总是难以预料，即使人力资源部对这些风险掌握得很好，作为"队友"的用人部门，也常常会犯错误。

比如，有的用人部门领导会绕过人力资源部，介绍员工直接到公司上班，以为反正面试之后还要试用，找一个自以为"知根知底"的人直接来上班反而更好。结果在上班一段时间后，员工没有做任何入职培训，也没有办理入职相关的任何手续。在此期间，公司将承担巨大的风险。

对于员工入职需要注意的内容，很多公司HR都很清楚，具体如下所示。

（1）必须在新员工入职一个月之内与之签订劳动合同。

（2）必须在新员工入职后及时为之缴纳社会保险和住房公积金。

（3）制定公司统一的规章制度，员工入职前必须培训学习。

（4）入职审查需要注意的内容包括如下。

①身份、学历、资格、工作经历等信息是否真实。

②是否有潜在疾病等。

③年龄是否达到16周岁。

④是否与其他公司签有未到期的劳动合同。

⑤是否与其他公司存在竞业限制协议。

⑥如果招用外国人，是否办理了外国人就业手续。

但如果"队友"犯了错误，HR知道得再多也没有用。要防止这种情况发生，HR需要提前做好一些准备。

（1）向非人力资源部做好人力资源管理理念的宣传、普及、灌输、落实工作。这不仅仅是入职风险管控的需要，更是HR的工作被公司各部门了解和理解的需要，也便于HR的其他各项工作快速、顺利、有效地开展。

（2）盘点、梳理公司层面的流程，存在人力资源管理风险的必须修改，制定严格的规范和标准。比如，安排职工出差必须履行出差手续。举个例子，甲安排乙出差，乙在出差过程中死亡。而甲关于乙的出差时间段只有口头说明，没有任何单据或手续能够证明甲有责令乙必须在某时返回的意思表示。因此在这次工亡认定中无法举证乙为非因工死亡，公司须承担乙工亡的不利后果。

（3）用人是公司层面的事，不是某个领导个人随意决定的。对于在全公司层面人力资源管理方面做不好的"队友"，要严格处分。"队友"犯错误可以容忍一次，但绝不可以容忍第二次。

7.4　如何预防离职风险

《财富》杂志曾发表过一组数据，员工离职后，从找新人到顺利上岗，光是替换成本就高达离职员工薪水的 1.5 倍，如果离开的是管理人员则成本更高。核心人才的流失，至少有 2 个月的招聘期、3 个月的适应期、6 个月的融入期；此外，还有相当于 4 个月工资的招聘费用和超过 40% 的融入失败率。员工离职除了会给公司带来直接的经济损失，还存在许多潜在的风险。

1. 岗位空缺的风险

组织如果对员工的离职没有预期，很可能因没有储备人选可以接替离职者的工作而导致工作陷于被动局面。同时，在离职交接的过程中，也可能因为交接流程的不完善而造成交接时间不充分、交接内容不全面，从而带来其他风险。

应对措施如下。

（1）提前预防。做好人才梯队建设，评估所有岗位的离职风险，建立关键岗位的后备人才库，平时要保障和强化后备人才相关岗位能力的提前培养。建立关键岗位或非关键岗位大规模人才流失的应急预案。

对必要的关键岗位，因工作的特殊性，可在关键人才入职时签署离职事项承诺书，约定从提出离职到正式离开的时间，是否行使特殊的办理程序，详细的工作交接内容等相关离职事项，并约定如果违反这些条款所需承担的违约责任。

（2）规范流程。建立并维护正常的离职程序，规定不同的岗位离职时相应职责需要谁确认、确认什么、怎么确认，需要谁审批、以什么为依据审批，需要谁监督、怎么监督，需要谁负责、负什么责。在兼顾效率的同时，保证离职流程的完备和安全性。

（3）马上反应。当相关人员有离职意向时，迅速反应、立即行动，人力资源部和部门主管应与离职者做离职面谈，如果离职者离职意愿明确，立即进入交接流程，尽可能争取到充足的交接时间，确保工作交接的完整性。注意离职面谈的定位应是安抚而不是责备，切不可激化矛盾，让离职者产生抵触情绪。

2. 关键信息泄露的风险

公司的关键信息包括技术资料、商业秘密等关乎公司核心竞争力的重要信息。如果处在关键岗位，掌握这些核心机密的人离职，不论是跳槽到竞争对手那里，还是自主创业，都必然会对公司带来巨大的影响，严重的甚至将危及公司的存亡。

应对措施如下。

（1）留人很重要，平时在留人上下功夫好过离职之后再弥补。关键岗位留人的方法多种多样，原则是"放长线"。比如，公司可以购置房产，给关键岗位人才长期居住，承诺20年后将房产转到人才个人名下；可以赡养、照顾关键岗位人才的父母；也可以设置股权激励，定期分红，保证人才的长期收益。当然，留人的方法除了物质层面的，还有精神层面的。

（2）从流程和制度上，将核心竞争力打散、拆分。比如，某餐饮连锁品牌的祖传秘方，在工业化生产中，创始人将它分成了8份，这8份分别属于不同的工序、工段，操作的时间、地点都不相同；每一份又由一个3~5人的团队负责研发、管理和升级；而整套秘方由创始人的两个孩子继承。

（3）依赖组织与团队好过依赖个人，团队可以把核心能力内化于无形。比如，核心的发明创造或专利技术尽量归组织或团队所有，而不要归个人所有。某核心产品的技术研发就算可以由个人独立完成，也尽量找多人组成团队共同完成，并将所有的过程文件和资料全部转到公司档案室统一保存。

（4）利用法律手段保护公司的合法权益，与核心人才签订保密协议和竞业禁止协议。保密协议可以强化人才在职时对涉密信息、关键信息、技术资料的保密意识；竞业竞争协议可以强化人才离职后一段时间内对相关信息的保密意识。

3. 客户流失的风险

直接面向客户、与客户接触较多的人才离职后往往容易把客户资源一起带走，尤其是当这个客户一开始就由离职人才开发或长期维护，没有其他人插手时。这类岗位在一线销售人员中最为常见，如果公司长期对一线销售人员实施"只追求业绩"的粗放式管理，那么必将在人才和客户流失方面存在巨大风险。

应对措施如下。

（1）注重品牌建设，提升公司品牌的知名度、美誉度和影响力，让客户选择公司的产品是因为公司,而不只是因为某个业务人员的"善交朋友"与"能说会道"。

(2)实施客户关系管理(Customer Relationship Management,CRM),建立并维护好客户档案和数据库,所有客户由公司统一管理。

(3)建立并实施轮岗制度,不论干部、员工,尤其是一线业务部门。当某业务员负责同一地区业务时间较长时,往往会掌握该地区的重要客户资源,为了防止风险,可以阶段性地实行岗位轮换,并落实到制度。业务较优秀者可以通过晋升到更高岗位、提升工资待遇等方式实现换岗。

4."军心不稳"的风险

平时朝夕相处的同事离开了,必然会对组织中的其他员工产生一定的影响。有权威机构估算,一个员工离职会引起大约3个员工产生离职的想法。按照这个逻辑推算,如果某公司员工的年度离职率为20%,那么,代表着可能会有60%的员工正在找新工作!

公司中有些核心人才由于领导魅力、工作年限、岗位性质等因素,往往会逐渐形成一定的感召力和影响力,其周围可能会存在一批"拥护者"或"追随者"。这类人才一旦离职,必然会对一个群体造成心理冲击,降低公司的凝聚力。更有一些核心管理者,比如总经理离职后,可能会带走一大批处于关键岗位的技术和管理骨干,给公司经营带来巨大影响。

应对措施如下。

(1)从选人的时期开始预防,选用具备不同背景的员工,采取多元化的管理。

(2)利用组织文化,丰富员工生活,让员工与组织产生情感。

(3)做好员工的职业生涯规划管理,定期组织相关的培训和讲座。

(4)在与即将离职的人才沟通的同时,注重与离职人才长期接触的未离职的内部人才沟通,稳定军心。

7.5 如何管理员工投诉

人力资源部经常会接到员工的投诉。有些员工会把投诉当成解决问题的方式，而有些员工则完全把投诉当成宣泄情绪的手段。其中不乏有一些比较奇怪的情况。比如有一天，HR 小李突然接到一个气势汹汹的男子打来的电话："让公司老板给我打电话，给我解释解释公司的年终奖是怎么发的！"这人的态度相当强硬，而且说完就挂掉电话，完全不听小李说话。

过了几分钟这名男子又打来电话："为什么老板还没给我回电话？"

小李问："请问您到底想反馈什么问题呢？如果是想问年终奖发放的问题，可以报一下您的姓名或工号，留下电话，我给您查一下再回复您。"

男子的态度开始有所缓和："我跟你们说，我跟咱们公司老板很熟的，以前经常在一起吃饭。年终奖这个事我不跟你们谈，我就是要找老板谈！这样吧，你告诉老板，我现在在老地方等他，让他赶紧下来找我！"

小李无奈地回答："先生，能告诉我您是哪位吗？还有我也不知道老地方是什么地方。"

男子气愤了："你只要把我的话原封不动地告诉他，他就知道我是谁了！让他快点，我在这等着呢！"

小李说："那您等着吧。"

后来，这名男子又先后打了几次电话，同样的态度、同样的话，却始终不肯告诉小李他是谁，他的问题到底是什么。

无论在什么行业、什么组织，只要人多的地方都避免不了有摩擦，有了摩擦就会有投诉。人力资源部作为投诉的接待方，要本着负责任的态度来应对，妥善解决投诉、查找问题原因，避免类似的问题再次发生，这才是我们想看到的最完美的结果。工作中达到"共赢"才是正道。那么，作为 HR，该如何应对并管理员工投诉呢？

1. 投诉受理

（1）建立恰当的投诉沟通渠道，并公布于众。这就好比商场里设置的"客服中心"，医院里设置的"医患办公室"。如果没有正规的渠道，投诉员工可能会选择比较极端的手段，给公司造成不良的影响。

（2）接到投诉后，要明确告知投诉者反馈的时间，尤其是当收到匿名投诉时，或者看到论坛中公示的投诉帖时，要第一时间让对方知道，相关部门已经获悉投诉内容，会马上着手处理。

（3）客观了解员工的投诉要点，要多听、少说，同时引导对方尽量多地表达意见、反映问题。不说判断性的语言，不要妄加评论，可以适当说一些表示理解和安慰的语言。不问封闭式的问题，比如，是不是、行不行、好不好等开头的问题。多问一些开放式的问题，比如，是什么样的、是怎么回事、你怎么看等开头的问题。

（4）做好投诉记录，包括投诉的详细情况，比如，投诉时间、投诉地点、投诉人、投诉对象、投诉的关键事件、投诉的目的等。

2. 弄清楚投诉的动机

（1）员工为什么要投诉？他的目的是什么？

（2）员工投诉的到底是什么？对什么不满意？是对公司不满意，还是对个别人不满意？是对某件事不满意，还是对整个工作都不满意？是对过程不满意，还是对结果不满意？

（3）员工投诉想要达成什么样的目的？想要获得什么样的结果？

3. 投诉调查

（1）应做到对事不对人、客观调查，不要有"理应"的想法，不要加入主观判断，不要掺杂个人的价值观。

（2）找出发生该问题的原因是关键，比如，是公司的流程制度出了问题，还是管理者的沟通出了问题？是管理者的技能问题，还是情绪问题？

（3）调查中要严格保密，避免在公共场合或向第三方发表对投诉者与被调查者的评判性或带有个人情绪色彩的言辞。

4. 投诉处理

（1）将调查结果向有关领导汇报，研讨出处理结果。

（2）告知员工调查和处理结果，告知产生问题的原因。

（3）争取投诉员工的理解和认同。

5. 评估反馈

（1）准确找到投诉背后的深层次原因，比如，公司文化、用人机制等。

（2）评估类似投诉再次发生的可能性。

（3）评估从管理上做出改变的必要性。

（4）形成一份具有可实施性或可行性的整改报告。

6. 整改检查

（1）将领导审批后的整改报告报送到相应部门，由相关部门执行相应的整改方案。

（2）定期检查和评估整改情况。

（3）形成整改报告，报送有关领导。

7.6 如何管理劳动争议

劳动争议如果管理或处理得当，80%是可以提前避免的。劳动争议产生的纠纷主要包括哪些呢？一是公司不按照法律法规的基本要求操作产生的纠纷，比如，不签订劳动合同，不执行正常的试用期，不按时足额发放工资等；二是用人部门因某人不能胜任工作或违反规章制度，在调岗或辞退过程中产生的纠纷；三是因公司业务调整，需要规模性的裁员引起的纠纷。

如果是公司明显违反法律法规，处理起来倒简单；反而是那些本来公司占理员工却维权成功的，或者靠近法律边缘难以说清楚的事件经常让公司的人力资源部防不胜防，搞得 HR 焦头烂额。

2013 年 7 月，小王进入某公司从事销售工作，同时该公司通过网上公示的方式将规章制度告知各员工，其中有一部分内容涉及销售人员的绩效管理。制度中规定，将销售员工分成 A、B、C、D4 个等级，不能胜任工作的员工将被定为 D 级。

刚开始的时候，小王工作非常努力认真，销售业绩也不错。但好景不长，随着市场竞争日渐激烈，小王的销售业绩出现了明显下降。2014 年上半年，小王的综合评分一直处在销售部的末位。

2014 年 5 月初，人力资源部通知小王，根据公司对销售人员的绩效管理办法，他已被列入末位淘汰的人员范围，公司决定解除与他的劳动合同，且没有任何补偿。小王对公司解除劳动合同的决定不服气，于是申请了劳动仲裁，最终公司被判定违法解除小王的劳动关系。

为了公司的发展，HR 可以结合各岗位的特点，设定考核指标，以末位淘汰制作为标准对员工进行考核，并根据考核结果对得分靠后的员工进行淘汰。但是排名末位不等于不能胜任工作，公司应对此负举证责任。即使能够证明某员工不能胜任当前工作，也应当对该员工进行调岗或培训，在该员工仍不能胜任工作时才能与其解除合同，同时需要支付公司单方面解除劳动关系产生的相关费用。

对待形形色色的劳动争议，HR 需要强化自身能力，不仅要学会巧妙地"处理"，还要学会科学地"管理"。

人力资源部门处理劳动争议时需要遵循哪些原则？

（1）以法律为准绳。

（2）以尊重员工为基础。

（3）争取以协商为主要调解方式。

人力资源部如何管理和预防劳动争议？

1）加强劳动合同管理

（1）严格按照《中华人民共和国劳动合同法》的规定执行。

（2）保证全员签订劳动合同。

（3）注意劳动合同的变更管理。

2）建立健全公司的各项规章制度及流程

（1）公司的规章制度要符合国家法律法规或行业规章的规定，不能存在有悖于法律或规章的条款。

（2）规章制度要具有完备性，要涵盖人力资源管理体系的各方面。

（3）对违约责任要有明确的划分与界定，要具备可操作性。

3）增强公司决策层、各部门管理者以及人力资源管理人员的法律意识

（1）定期组织相关管理人员培训。

（2）开展劳动纠纷处理活动演练。

（3）开展自查活动。

4）为员工开设投诉和处理通道

（1）员工投诉要简单易行，要首人接待、首人负责。

（2）接到投诉后马上处理，处理的过程要客观公正，随时与投诉人沟通进展。

（3）向员工开展劳动争议处理正确方式的宣传教育。

7.7　如何做员工满意度调查

员工满意度调查是广泛听取员工意见并激发员工参与管理的一种方式，是公司预防和监控员工流动率的手段，也是公司管理在员工心态和行为上的体现。通过员工满意度调查。公司可以捕捉员工思想动态和心理需求，从而采取有针对性的应对措施。

员工满意度调查能够收集员工对改善公司经营管理的意见和要求，同时能激发员工参与公司变革的热情，提高员工对公司的认同感和忠诚度，也能为公司人力资源管理的决策和改善提供有效的依据。

1. 员工满意度调查包含的内容

1）工作时间

此项通常是为了解员工对上下班时间安排是否满意；员工是否能够经常按时下班；员工对休假的安排是否满意；在能够按照法律法规支付加班费或倒休的前提下，员工是否愿意接受加班；等等。

2）工作环境

此项通常调查员工对于工作的环境温度、湿度、光线情况、通风状况是否满意，员工的工作场所是否存在较大的噪声，工作场所的清洁状况如何，工作是否需要经常出差，工作用到的工具和设施是否对身体无害，员工对公司提供的劳动保护用品是否满意；等等。

3）劳动强度

此项通常调查员工对自己目前的工作量是否满意。如果不满意，有两种可能，可能是员工认为工作量太多；也可能是员工认为工作量太少。还调查员工对工作需要耗费自己的体力或精力是否满意。

4）工作感受

此项通常是为了解员工有没有感受到自己工作的意义和价值，员工在工作中是否感觉愉悦，员工与部门同事或领导之间的关系是否和谐，工作的整体氛围给员工的感觉怎么样，员工有没有感受到同事之间的温暖，员工有没有感受到工作的压力，员工有没有感受到工作的挑战；等等。

5）薪酬福利

此项通常调查员工对工资是否满意，员工对公司告知工资明细的方式（工资单）是否满意，员工对节假日福利发放金额是否满意，员工对福利发放的种类和形式是否满意，员工对工资、节假日福利发放的及时度是否满意；等等。

6）晋升空间

此项通常调查员工是否明确知道自己所在岗位的晋升通道；员工对公司的晋升方式是否满意；员工对晋升需要的时间是否满意；员工是否能够通过公司的晋升通道设置自己的职业生涯规划；对于员工晋升，所在部门的领导是否予以支持；等等。

7）学习机会

此项通常调查员工是否能得到内部岗位业务或管理技能的相关培训，员工是否能得到外出学习和培训的机会，员工是否有进修的机会，员工认为公司的培训制度是否合理，员工对公司提供的培训和学习机会是否满意；等等。

8）领导方式

此项通常调查员工是否认可自己的上级；员工认为部门领导日常的监督是否合理；员工认为部门领导的期望和要求是否合理；员工认为部门领导与员工的关系是否和谐；当员工有工作中的疑问向部门领导提出时，是否能够得到有效回答；部门领导处理问题或争议时，是否能做到公平公正、及时有效；部门领导对人员的工作安排是否合理；等等。

另外，还调查员工参与和影响决策的程度如何；部门领导是否重视员工的意见；部门领导是否能将公司的新政策新制度，及时传达给每一位员工；部门领导在日常工作中是否能够以身作则；部门领导是否能够给予员工应有的尊重和足够的沟通；部门领导是否能公平公正地进行员工考评；等等。

9）生活保障

此项通常调查员工对早、中、晚餐是否满意，员工对宿舍环境是否满意，员工对餐厅或宿舍提供的服务是否满意，员工对公司提供的休闲娱乐设施是否满意，员工对公司组织的各类文体活动是否满意；等等。

2. 员工满意度调查的运作方式

根据不同的需要，员工满意度调查可以采取定量和定性两种方式运行。定量的方式一般是较大范围地采取收发和填写调查问卷的形式；而定性的方式一般会选取具备代表性的一类人采取群体或个别访谈的形式。这两种方式在调研开始之前，都需要提前选取待调研的问题，选取调查的对象，选取合适的样本。

相对于定性调查，定量调查的优点是可以更加客观、公正、数据化地反映结果，操作相对简单，结果便于统计。难点在于问卷的设计环节和数据统计环节。比如，问卷设计不是越多越好，而是根据想要获取的信息来设计；如果样本数量巨大，数据统计可以借助系统而不是靠人工。

相对于定量调查，定性调查的优点是可以更加直观地了解定量调查得到的那些数据背后的问题，以及那些容易被忽略的、没有提前预想到的或难于获取的信息。难点在于实施的过程中往往需要一些特殊的技巧，比如，操作者需要具备较强的沟通技巧，对员工反映的问题有较强的理解能力，对员工的心理有较深刻的把握。

3. 做员工满意度调查前，需要考虑的因素

（1）高层领导是否理解或支持该项目？

（2）公司所处的阶段是否适合或者有必要做员工满意度调查？

（3）公司是否有能够完整计划、操盘并实施员工满意度调查项目的人才？

（4）公司是否具备实施该项目的条件，比如，必要的人力、物力、财力、系统等的支持？

（5）调查项目并不是越细越好，公司当前最需要调查的项目是什么？

（6）适合公司的调查方式是什么？

（7）员工满意度调查多久做一次？

与顾客满意度的调查与改进类似，员工满意度调查也遵循 PDCA 的管理原则，它的基本步骤是确定目标、制订计划、实施调查、分析结果、改进计划、实施改进、跟踪反馈，再到下一轮的不断循环、不断提升。

通过有效的员工满意度调查，公司可以准确全面地了解员工对相关方面的满意状况及潜在需求，凭借这些制定并实施有针对性的激励措施，这样不仅能

有效地留住人才，更能尽量使人才满意。提高员工满意度就是提高顾客满意度，最终提升公司的整体经营绩效。

7.8 广泛征求群众意见

曾经有一家生产牙膏的公司，产品质量很好，深受广大客户的喜爱，公司规模因此不断扩大。公司发展10年来，每年的业绩都能以20%左右的幅度增长。可是近几年，业绩增速明显放缓，甚至有萎缩的迹象。

公司管理层对近3年来的业绩非常不满，为此召开过多次专项的高层会议商讨对策。会议上，有的高管说要降低价格，有的说要想办法开发海外市场，有的说这是市场的规律，公司现在应该加强管理，进一步降低成本，同时开始考虑转型做别的产品。

这些高管们提出的对策都是大手笔，不论哪一项都要"伤筋动骨"，而且前途未卜。董事长对他们的对策都不满意，因为这些意见他自己也能想到。无奈之下，董事长发起了一个公司全员提建议的活动。围绕提升业绩，公司倡导广大员工发挥自己的主动性和积极性、聪明才智，提出合理化建议，共同创造公司的未来。

结果，有一个年轻的基层业务人员提出的一个建议引起了董事长的兴趣，这位年轻人的建议只有一句话"把所有牙膏的开口扩大1毫米"。试想，如果每天早晨，每个消费者多用一些牙膏，每天牙膏的消耗量要增加多少呢？董事长马上下令改变包装，这个决定让公司第二年的营业额增长了30%。

一个小小的改变，却引起了意想不到的结果。一个新的创见，能让我们从中获得不少启示，从而改进业绩、改善生活。优秀创意和智慧的产生对一小撮人来说非常有限，对一帮人来说会帮其崭露头角，对一大群人来说则意味着无限的可能。

纵观古今中外，历史的浪花淘尽了各类体制，而"合理化建议"制度却在历史的长河中得以延续。

如果说优秀的经营方式是一座矿藏，创新与变革是运矿车，那么合理化建议制度便可以扮演挖矿的镐头的角色，正是这镐头经年累月不断挖掘探索，最后才形成了好的经营模式的不断创新。

合理化建议怎么管理才有效呢?

1. 管理职责

（1）人力资源部是公司合理化建议的归口管理部门，负责建议的收集、筛选、呈报、组织评议、跟踪、反馈，并负责对已采纳的合理化建议的实施情况进行记录及奖励等方面的组织工作。

（2）为确保工作质量及有效性，对合理化建议能进行有效性评估及合理授奖，需要成立合理化建议的评审小组，最好由总经理亲自兼任评审小组组长。评审小组的工作职责如下。

①研究与制定合理化建议的管理政策与制度建设。

②对重大建议事项进行评议，决定是否采纳。

③对已采纳实施的建议进行过程跟踪，以防范决策失误，并及时调整，避免风险。

④对实施后产生效益的合理化建议进行效益评估。

⑤评选各季度优秀建议，并制定奖励政策。

（3）各部门负责人应动员本部门员工积极参与公司的合理化建议活动，并做好各项建议的传递申报工作。

2. 合理化建议范围

合理化建议是相对于公司目前技术水平、经营管理水平、精神文明建设有所提高和改进而言的，是改进和完善公司施工生产技术和经营管理方面的办法、措施及精神文明建设方面的新举措；而技术改进的内容是针对机器设备、工具、工艺技术等方面所做出的改进和革新。

3. 合理化建议的征集方式

员工可以直接利用邮件、微信、在线系统等方式填写合理化建议的申报表，并提交至人力资源部。一线员工也可以直接报给部门领导，由部门领导统一为员工申报。合理化建议申报样表如表7-1所示。

表7-1　合理化建议申报样表

建议人		职位		所在部门		提案日期	
建议名称							
建议类别请打（√）	销售提高		技术改进		风险管控		建议实施部门
	成本降低		制度改进		其他		
现状分析							
改进措施及预期结果							
关联部门意见							
评审小组意见							
总经理意见							

4. 合理化建议的质量把关及管理程序

（1）人力资源部在接到合理化建议申报表后，首先应初步审查把关，申报表必须符合以下要求，否则应退回，要求其重新填写清楚。

①说清楚建议事由、原因及其作用、目的、意义。

②说清楚原有缺失，即在建议案未提出前，原有情形的缺陷及程度。

③详细说明改进意见及具体办法，包括措施、程序及实施步骤等。

④要阐述预期效果，详细说明建议被采用后，可能获得的成就，包括提高效率、简化作业、消除危害、节省开支、增加销量、保证质量、创造利润等方面的内容。

⑤如果建议需要公司在人力、物力、财力及时间上有较大的投入，则必须

要有投入产出分析报告及经济、技术可行性论证的详细资料。

（2）申报表内容如只偏重于批评，而无具体的改进内容，或不签真实姓名和部门的，人力资源部可将其作为内容不符合要求处理，不予交付审议。

（3）人力资源部对初步审议合格的申报表，提交至合理化建议评审小组进行审议。

（4）评审小组收到申报表后，经过评议，按评议结果进行如下处理。

①如果评审小组认为该建议的设计不科学、采纳价值不大，或不具备实施条件、投入风险太大，就应给予否决，由人力资源部通知建议人。

②如果建议经评审小组确认合理、科学、有价值、理由充分、方案严谨，经评审小组签字同意后进行公示表扬并予以实施。

（5）定期将所有已被采纳的合理化建议交由评审组进行评选，选出一段时期的最佳建议提案予以奖励。

5. 注意事项

（1）要注意建议的客观性及具体性，即要求建议人把现状真实地反映出来，以事实和数据说话。

（2）要注意把握问题发生原因的准确性，即要求建议人把问题发生的主要原因找出来。

（3）要注意解决问题的可行性，即要求建议人针对问题发生的主要原因，提出具体的改善对策，也就是提出解决问题的具体方法，对只提问题不提解决办法的建议视为无效建议。

（4）要注意改善的绩效性，一切建议都以绩效为导向，这种绩效不一定是以金钱去衡量的，它是一个综合性指标，它的判定标准是促使公司向越来越好的方向发展。

7.9　把心里的话说出来

如果有人脚打着石膏、挂着拐杖在大街上走，被朋友看到问起缘由，他会乐于承认自己是出了车祸或者不小心在楼梯上摔倒。可是，如果有人正承受着生活或工作的压力而产生了一些心理健康问题，他可能会羞于承认，也不知道该如何获得帮助。如果长期宣泄无门，最终可能会累积成严重的心理问题。

王某已经工作20年了，他原本是公司办公室主任，负责公司的行政管理事务，工作内容比较烦琐。因为部门人员短缺，他无奈之下承担起了一些人力资源管理的事务性工作。从一年前开始不知道为什么，本来爱说爱笑、人缘很好的他开始讨厌与同事接触，一听到同事说话就心情烦躁。

繁重的工作任务、公司组织机构变化带来的管理混乱让他应接不暇，最近因为下属某项工作的失误，他遭到了上级的问责，这令他的精神接近崩溃。他变得情绪低落、疑神疑鬼、满腹牢骚、身心疲惫。他尝试改变自己的工作困境，却不知道该从何入手，努力了几次，始终没办法如愿。

工作上的不如意不仅让他开始怀疑自己的工作能力，也严重影响了他的家庭生活。每天加班导致他回家越来越晚，妻子对此很不满意，和他吵了几次后，进入冷战状态，他的婚姻出现危机。以前看见老婆和孩子就会感觉幸福的他，现在却不想和他们说一句话。

工作和家庭的矛盾与问题如两座大山，压得他不知所措。他觉得自己的身体状况也大不如前了，常常会感到胸闷、气短、喘不过气来。他的头发比以前白了许多，也少了许多。最近公司组织了一次健康检查，他的血压比去年明显偏高。医生说这是长期工作压力大的表现，建议他要多休息，缓解压力。

在一位热心同事的建议下，王某找到了公司的心理咨询师求助。第一次咨询结束后，王某感到自己对现在的烦恼有了更清晰的了解和认识，并且客观地分析了自己究竟想要什么、能做什么。几次咨询结束之后，王某更加明确了在工作和生活中的角色定位。

他和妻子通过深度交谈达成了和解，家庭生活逐渐恢复了从前的和睦。他改变了自己的工作计划和安排，改变了自己的工作方式，在工作成效上有了很大的改善。他再也不讨厌和同事接触了，工作关系得到了缓和。他的心情渐渐舒畅，身体也不再有异样。他越来越感到自己在逐渐恢复对工作和生活的掌控感。

王某的改变，得益于该公司2年前引进的EAP。

什么是EAP？ EAP即员工援助计划（Employee Assistance Program），是由组织为员工或其家庭成员提供的长期的、系统的援助和福利类项目，以解决员工身体、心理和行为上的问题，达到提高员工绩效、改善组织氛围和帮助公司管理的目的。有研究表明，公司每在 EAP 项目中投入 1 美元，可节省运营成本 5～16 美元。

目前，全球至少有 88 个国家开展了 EAP。在世界 500 强公司中，有 90% 以上的公司拥有属于自己的 EAP。随着微软、IBM 等跨国公司进入我国，EAP 也开始大踏步地在我国公司中应用并实施起来。

EAP 包括哪些内容？比较完整的员工援助计划涉及以下 3 个层面。

（1）个人生活层面，包括员工的身心健康问题、人际交往问题、家庭关系问题、经济改善问题、情感困扰问题、法律咨询问题，以及焦虑、酗酒及其他与个人生活息息相关的各类问题。

比如，公司提供婚恋关系经营、亲子教育与沟通、家庭代际沟通、营养保健、体重 / 睡眠管理、慢性病管理等的培训和咨询服务；外派员工的家庭关系维护；综合的健康评估、心理咨询、健康审查和教练服务等。

（2）工作问题层面，包括员工对工作的要求、工作的公平感、工作的满足感、工作的幸福感、工作中的关系问题、家庭与工作之间的平衡问题、工作产生的心理压力问题及其他与工作相关的各类问题。

比如，公司提供人际沟通、职业发展、压力管理等方面的培训和咨询服务；对外派员工外派前的跨文化适应评估、外派期间的心理健康风险筛查、工作压力疏导，以及回国后的心理调整适应等。

（3）组织发展层面。前两个层面通常是针对有不同问题的个体，而组织发展层面通常是针对因为组织活动造成的群体问题，这往往需要通过一些组织层面的举措，通过系统的人力资源管理手段，使组织能够从 EAP 中获得最大的益处。

比如，解决由于业务调整、组织变化，某一群体面对的岗位变动或裁员而产生的适应性问题；解决由于公司兼并、重组、收购等引起的与新公司、新同事、新文化之间的适应性问题等。

不同的公司可以根据自身的情况和要求，个性化地选择、设计和定制自己需要的 EAP。同时，对于不同的员工，比如孕期或哺乳期员工、新员工、基层管理者、压力较大岗位的员工等，EAP 应该为其量身定做更具有针对性的解决方案。

EAP 在美国诞生、成熟，在美国的公司中获得了许多宝贵的实践检验，但是我国公司在导入和实施 EAP 时，绝不能简单地照搬美国模式，而是要根据我国社会的文化背景，针对我国公司的特点，将 EAP 本土化。EAP 的实施可以分为以下 6 个环节。

（1）进行心理调查。公司在导入 EAP 的开始往往是以解决问题为导向的，其次才有提供精神福利的功能。这里的心理调查，需要运用心理学、管理学的研究方法和工具，对组织进行调查评估以，系统地把握员工整体的状况，把脉组织层面的心理，准确聚焦在组织需要改进的问题上。

（2）做好完整的规划。EAP 是一套系统的、长期的解决方案，需要整体的规划，让项目更加具备实施性、科学性和系统性。实施者经过反复的研讨和论证之后，构建出 EAP 模型和系统的解决方案，其中最好包括短期的规划和中长期的规划。

（3）宣传与促进。EAP 的宣传与促进是一个在传播学思想的指导下进行资源整合的过程。公司一方面把 EAP "是什么" "怎么用" 等信息介绍给员工，增进他们对 EAP 的了解和接纳。另一方面通过对职业心理健康知识的传授，让员工学会自愈和自我管理，同时体验到人文关怀，形成霍桑效应（Hawthorne Effect，指那些意识到自己正在被别人观察的个人具有改变自己行为的倾向），达到积极干预的效果。

（4）实施心理培训。EAP 的培训涉及家庭、职业、生活等多个领域，旨在帮助员工做好生活和工作的平衡，达成员工对自我社会角色分配的认可。协助组织培养和开发员工的潜能，在提升员工价值的同时实现公司管理效率的提升和效益的提高。

（5）实施心理咨询。专业的心理咨询是 EAP 中最能够为员工提供针对性帮助的服务，它可以帮助那些受心理问题困扰的员工走出困境，通过帮助他们梳理职业问题、人际问题、夫妻情感问题等，使他们在心理层面更加自立、自强、积极，更加从容地面对生活和工作。

（6）效果评估与改进。运行 EAP 要实施阶段性的总结和评估，这是对 EAP 工作进行阶段性的总结分析，也是对成果和问题的检验。可以运用访谈法、问卷调查法等分析方法，形成量化的分析结果，评估和改进过程中的问题与不足，并为下一阶段的 EAP 做准备。

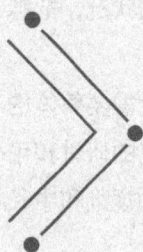

第 8 章

一定要做人力资源量化管理

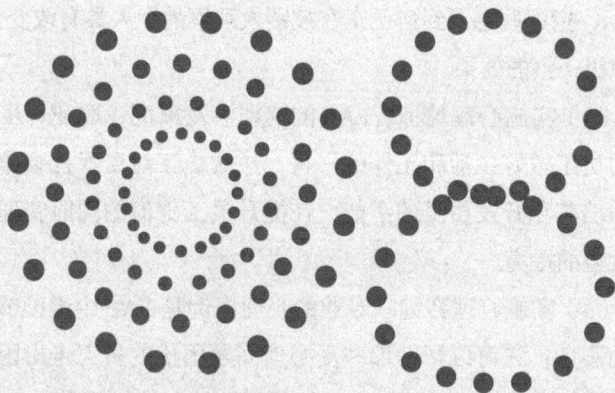

数据是组织管理的基础，是决策的依据，是评价的手段。当人力资源部还被称作"人事部"或"劳资部"时，人力资源从业者由于大量从事行政事务类的工作，对数据没概念还情有可原。但如果想从"人事管理"上升到"人力资源管理"再到"人力资本管理"，在现在的互联网、大数据时代，人力资源量化管理、数据分析是必然，也是必须要做的。

8.1　数据分析常见问题

在帮助一些企业建立人力资源数据分析体系的过程中，我发现如果只是单纯地解决"有"或"无"的问题，许多企业完全可以自己做出一套报表体系。这似乎并不是什么难事，HR 可以轻易地做出一些报表，然后把它们扩充成一份"丰富"的报告。我曾见过多家企业的人力资源月度或季度分析报告里包含着一大堆图表，但很少是"有用"的。

后来才知道，这些 HR 做数据分析大多是"逼不得已"，是老板说必须要量化，必须要分析，必须要建立一套报表并定期向他报告，无奈之下建立的。既然是被迫产生的，整个报告没有思想和灵魂也就可以理解了。

总结下来，在人力资源管理实务中，HR 做量化管理和数据分析最容易犯的错误如下。

（1）为了量化而量化，为了数据而数据，为了分析而分析，为了报告而报告。

（2）只有数据，没有分析；有了分析，没有结论；有了结论，没有行动；

有了行动，没有评估。

有一次，有位叫 Louis 的朋友找到我，他是一位在制造业有着 6 年人力资源管理经验的 HR。他说他最近晋升为 HR 经理后，每个月都会报给老板人力资源月度数据报表和分析报告，可老板对他的报告一直不满意，又没告诉他到底哪里做得不好。他觉得自己的报告已经分析得很详细了，真不知道该怎么改，于是找了上个月刚报给老板的分析报告给我看，问我的意见。这份分析报告的开篇如下所示。

截至 2016 年 5 月 31 日，企业共有职工 2 857 人。其中男性职工有 1 819 人，约占职工总人数的 64%；女性职工有 1 038 人，约占职工总人数的 36%。企业职工的平均年龄为 35 岁，其中 30 岁以下的职工人数为 1 115 人，约占职工总人数的 39%；31 ～ 40 岁的职工人数为 715 人，约占职工总人数的 25%；41 ～ 50 岁的职工人数为 628 人，约占职工总人数的 22%；50 岁以上的职工人数为 399 人，约占职工总人数的 14%。

从文化程度看，企业研究生以上学历的职工人数为 57 人，约占职工总人数的 2%；本科学历的职工人数为 229 人，约占职工总人数的 8%；专科学历的职工人数为 544 人，约占职工总人数的 19%；高中及中专学历的职工人数为 1 199 人，约占职工总人数的 42%；初中及以下学历的职工人数为 828 人，约占职工总人数的 29%。

从岗位分布看，高层管理人员共有 7 人，约占职工总人数的 0.2%；销售人员共有 49 人，约占职工总人数的 1.7%；行政财务及管理人员共有 439 人，约占职工总人数的 15.4%；生产一线人员共有 2 362 人，约占职工总人数的 82.7%。

从司龄分布看，入职不满 1 年的职工人数为 602 人，约占职工总人数的 21%；入职 1 ～ 3 年的职工人数为 997 人，约占职工总人数的 35%；入职 3 ～ 5 年的职工人数为 714 人，约占职工总人数的 25%；入职 5 年以上的职工人数为 544 人，约占职工总人数的 19%。

……

数据报表加上这份报告，用 A4 纸打印一共有 34 页，后面还有月度新增职工情况、离职职工人数、离职原因、岗位编制情况、人力费用、万元工资等各类数据。

看完整份月度报告，我对这位 HR 经理说："我觉得这份报告写得比较全面，可是从头到尾都有一个很致命的问题。我以报告开篇的男女职工人数为例，您应该很快能明白问题出在哪儿。"

我接着说："开篇说的，男性占比为 64%，女性占比为 36%，这个比例是高还是低？是好还是不好？是企业希望看到的，还是不希望看到的？报告中并没有提到。"

Louis 说："我觉得女性的人数和占比可以进一步减少，因为我们产业的工作性质比较适合男性。"

我说："如果是这样，我想您应该表现出来。可是，在写上去之前，我们还有很多问题要搞清楚。比如，女性人数要减少到多少合适？男性人数要增加到多少合适？我注意到您刚才说'觉得'，说明您刚才的判断似乎是'拍脑袋'。当然，这不一定代表错，可女性人数究竟增加好一些，还是减少好一些？增加多少合适，或者减少多少合适？您为什么会得出这个结论？依据是什么？这似乎并不应该只是'拍脑袋'能够决定的。"

Louis 恍然大悟："您是说我应该有一定的调研和分析吗？"

我说："是的，不仅是调研和分析，更重要的是结论和行动。不能说明和解决任何问题的数据罗列，无异于垃圾信息。数据分析，一定是为了制定某个方案，解决某个问题，提高组织绩效，达成组织目标，而不是为了'好看'。"

Louis 后来改变了月度报告形式，每月重点分析汇报 1 ～ 3 个问题，并形成详细的方案和计划，老板批准后，每月跟进与评估计划的完成情况。老板对他的量化分析报告越来越满意，并在企业内倡导其他部门要学习 Louis。

总结一下，人力资源量化管理和数据分析的思路如下。

1）明确为什么分析

（1）数据分析的方法和工具固然重要，但分析的目的、目标和思路更重要。

（2）一定要明确想说明什么问题，想解决什么问题，或者想预防什么问题。

（3）分析指向的第一目标是行动，终极目标一定是提升公司的价值。

2）弄清楚分析什么

（1）明确选择哪些指标分析，确定朝哪个方向分析。

（2）将待解决的问题按重要性排序。

（3）最终形成方案和计划，并实施行动。

3）学会怎么分析

（1）要明确分析的频率，哪些以月为单位，哪些按季度、年或不定期。

（2）找到恰当的分析工具，选用准确的分析方法。

（3）要有后续的跟踪和评估。

小技巧：当要验证分析报告中的数据是否有价值时，可以对着报告中罗列的不同数据或事实，不断地问自己"然后呢"，当"然后"开始指向问题、指向行动，并最终指向为组织带来效益的时候，就证明报告中的数据是有价值的。

8.2　人力三大报表之一

财务管理的三大报表之一叫资产负债表（Statement of Financial Position），是反映企业在一段时期的资产、负债、所有者权益状况的财务报表。通过看这个报表，人们可以在最短的时间内了解企业的财务状况，企业有多少资产、多少债务，一目了然。如果某企业存在较大的债务问题，资产负债表能够清晰地反映出来，以便企业能够及时找到问题根源，立即采取行动。

人力资源管理中，也有类似财务资产负债表的报表，叫人力资本负债表。它是对企业人才状况的盘点，反映着企业整体的人才状况。如果企业存在人才过剩或人才短缺等异常状况，人力资本负债表能够快速、直观地体现出来，便于企业解决问题。

人力资本负债表是人力资源管理中十分简单、基础的分析工具。人力资源的具体工作源于人力资源规划，而人力资源规划在考虑了企业整体战略目标之后，很重要的一部分依据源于对企业人力资本整体情况的分析。根据报表分析暴露出的潜在问题，制订相应的改善计划。如果组织人员的变动频率不高，人力资本负债表可以考虑以季度或年度为单位。

人力资本负债表样表如表 8-1 所示。

表 8-1　人力资本负债表样表

| 序列 / 角色 | 上期 | 本期计划 | 本期实际 | 不在岗 | 性别 | | 人员类别 | 学历 | 年龄 | 司龄 | 职等职级 | 人才评定 | …… |
					男	女							
1. 管理序列													
高层管理													

续表

序列 / 角色	上期	本期计划	本期实际	不在岗	性别 男	性别 女	人员类别	学历	年龄	司龄	职等职级	人才评定	……
2.技术序列													
2.1 技术													
2.2 工艺													
3.市场序列													
3.1 市场开发													
3.2 市场维护													
4.生产序列													
4.1 生产计划													
4.2 生产实施													
4.3 生产统计													
4.4 安全管理													
4.5 仓库管理													
4.6 设备维修管理													
5.质量序列													
5.1 质量检测													
5.2 体系认证													
6.采购序列													
7.人力资源序列													
8.行政序列													
9.信息序列													
……													

人力资本负债表最好按照不同的族群进行分析，这样有利于更加精准地判断情况，不至于泛泛而谈。比如，某集团公司由3家分公司组成，分别是北京分公司、武汉分公司和成都分公司。每家分公司都有一套独立的组织机构和类似的人员构成。集团公司做这类报表时，把3家分公司的人员全部合并到一起分析有一定的用处，但如果要更加具有针对性地解决问题，分别分析3家分公司的状况往往效果更优。

与财务标准化的资产负债表不同，人力资本负债表的格式并不是固定的，纵向和横向方格内的项目可以根据公司的需要、管理者的习惯定制，原则是让公司用起来习惯，能够满足公司的需要。

报表的纵向方格可以用部门和岗位划分，也可以用序列和角色划分。相比按照部门或岗位对人员分类，按照序列或角色划分更加能够把具备相似素质、能力、技能的一群人归于同一类，对公司内部人才盘点、人才培养与培训、职业生涯规划管理、人才梯队建设等后续工作的开展有着重要意义。

对于不习惯使用序列和角色划分的公司，纵向方格也可以按照人员的岗位分类划分，比如可以划分为管理人员、销售人员、行政人员、生产工人等类别。如果需要进一步划分，可以把横向方格中的职等职级放到纵向方格的岗位分类中。

报表中横向项目的选择更为丰富，比如样表中的"本期计划"与"本期实际"两个项目，是对于根据公司的战略、临时业务需求、上期报表反映情况所制订的一段时期内人员补充计划的完成情况与结果评估，以及同上期人员数量的比较情况。

公司中难免会有休产假、事假、病假、婚丧假等的各类占着公司的编制名额但实际"不在岗"的员工，这部分员工需要予以明示，一是为了保证人力分析的准确性；二是对人员"在岗率"状况的预警。

不同的岗位类型、不同的角色对性别的要求不同，比如，长期出差、较多业务应酬的岗位一般比较适合男性，对细节和精细度要求较高的岗位一般比较适合女性。分岗位或角色来看男女比例，更加能够说明问题。

人员可以分为正式工、试用工、小时工、学生工、派遣工等几种类别，如果发现某类需要持续运作的岗位小时工和学生工人数占比较高，或者某类有较高技能要求或涉及商业秘密的岗位派遣工人数占比较高，都可能存在一定的风险。

相对的，一些季节性、阶段性、非连续性的岗位用小时工、学生工会比用正式工更合理。一些重复的、连续的、简单的工作可以考虑用派遣工。而关键的、重要的、核心的岗位，尽量采取正式工。

学历按照岗位和角色区分后，可以更加精准地定位问题。比如，如果关键管理和技术岗位的员工的学历普遍偏低，则说明有进一步提高的空间，HR可以制订人才的进修计划。如果需要简单、重复劳动的岗位员工的学历较高，反而不是一件好事，需要评估该岗位是否有人才没有被更有效合理地利用。除学历划分外，还可以加入职称、职业资格证书、特殊技能认证甚至专利、论文等细分维度。

通过人力资本负债表的年龄段分析，能够有效形成不同岗位和角色的最佳年龄分布比例，并根据不同的情况采取不同的措施。比如，现在公司高层管理岗位员工的年龄全部在 60 岁以上，这可能代表着高管团队"后继无人"，至少需要在 50 ～ 60 岁、40 ～ 50 岁这两个年龄段提前有所储备，形成年龄梯队。

司龄在一定程度上反映着忠诚度和稳定性，除了为满足特殊需要外聘人才外，关键岗位和角色最好选用司龄高的人才。比如某运营 20 年以上的公司的关键管理和技术岗位人才的平均司龄还不到 2 年，如果不是刻意为之，那可能具备较大的风险，需要及时补充后备人才。

人力资本负债表中也可以加入人才绩效评定的结果，比如，公司将员工绩效评定划分为 A、B、C、D 4 个等级，根据不同等级人才在岗位、角色、职等职级中的分布，可以相应进行晋升和淘汰的不同规划。

另外，根据不同的需要，人力资本负债表中还可以增加性格类型分析，比如，DISC 或 PDP 职业性格测试；增加人才的属地性分析，比如，划分籍贯、家庭住址、所属地区；增加性格爱好或其他特殊技能分析。人力资本负债表的形成需要大量的员工基础数据的日常积累和更新，HR 需在平时就注意积累，而不是"平时不烧香，临时抱佛脚"。

如果公司的人数在 2 000 人以上，领导对人力资源管理的要求和精细度较高，人力资本负债表的纵向和横向项目可以分得细一些，这样做的好处是能够快速地聚焦问题所在，去除平均值带来的分析误区。如果公司人数规模较小，短期内的人力资源管理较为粗放，人力资本负债表的项目可以相对少一些。

8.3　人力三大报表之二

财务管理的三大报表之二叫现金流量表（Statement of Cash Flows），它反映了一段时期内，组织的经营、投资与筹资活动所产生的现金流的增减变动情况。从现金流量表中能够看出组织的经营是否健康，是否具备短期偿债能力。

人力资源管理中也有一张类似的报表叫人才流量表。它反映了一段时期内，由组织的招聘、离职、调动等产生的人才增减变动情况。从人才流量表中，能够看出组织人才的稳定性与可持续性，人才补充的情况，以及关键岗位人才流失的原因等信息。人才流量表对于强化公司的人才队伍建设有着重要的指导意义。

人才流量表样表如表8-2所示。

表8-2　人才流量表样表

序列 / 角色	上期					本期				
	总人数	离职人数	比率	标杆比率	入职人数	总人数	离职人数	比率	标杆比率	入职人数
1. 管理序列										
高层管理										
2. 技术序列										
2.1 技术										
2.2 工艺										
3. 市场序列										
3.1 市场开发										
3.2 市场维护										
4. 生产序列										
4.1 生产计划										
4.2 生产实施										
4.3 生产统计										
4.4 安全管理										
4.5 仓库管理										
4.6 设备维修管理										
5. 质量序列										
5.1 质量检测										
5.2 体系认证										
6. 采购序列										

续表

序列 / 角色	上期					本期				
	总人数	离职人数	比率	标杆比率	入职人数	总人数	离职人数	比率	标杆比率	入职人数
7. 人力资源序列										
8. 行政序列										
9. 信息序列										
……										

表 8-2 所示是比较简单的人才流量表雏形，与人力资本负债表相似，这个报表纵向的"序列 / 角色"可以根据需要替换成"公司 / 部门 / 岗位"；横向可以根据分析的针对性和精细度增加更多项。比如，从时间维度出发可以增加同比比较和环比比较。另外，还可以在这张表上增加以下内容。

1. 人才流失原因分析

人才流失的原因通常分为个人原因、公司原因和主动淘汰三大类。其中，个人原因包括家庭、地域、个人职业发展、退休等内容；公司原因包括薪酬、领导、同事关系、工作环境、晋升受阻等内容。根据需要，对人才流失原因的分析可以更细致，比如，可以按序列 / 角色或部门 / 岗位分析，也可以按职等 / 职级分析，还可以按入职年限分析。

2. 人才流失情况预测

预测即将流失的人员，为公司提前储备人才。可能流失的人才通常包括 3 年内将要退休的人员、孕期人员、已婚未孕人员、曾经提出过要离职的人员、绩效评分排末位的人员。

3. 关键人才流失情况分析

那些从事关键岗位、司龄较长或者对绩效有较突出贡献的人才流失可以单独分析。比如，关键管理岗位、关键技术岗位、司龄在 5 年以上的员工、司龄在 3 ～ 5 年的员工、高绩效员工的离职情况。

4. 人才流向分析

对人才流向的分析，是对商业竞争的预警，是对潜在危机的洞察。人才流失后是去了同业或竞业，还是去了其他行业，对本公司的意义和影响完全不同。如果是去了其他行业，那本公司的损失只是人才流失造成的直接成本；如果去了同业或竞业，公司相当于替竞争对手培养了人才，还存在客户丢失、关键技术泄露、商业秘密泄露等难以发现和维权的间接成本。

5. 人才补充结构分析

如果对人才补充的方式进行划分，可以分为外部招聘和内部流动两个大类。在不过分影响公司整体业务流程的前提下，缺人的岗位由内部人才补充要优于招聘外部人才。内部补充代表着内部人才的流动，可以在一定程度上运用晋升机制和轮岗制度。

如果待补充的岗位有年龄、学历等个性要求或偏好，可以按照人力资本负债表中的逻辑，对补充人才的年龄、性别、学历、经验、地域等做更深层次的结构分析。

如果对外聘人才的来源有要求，可以对所有外聘人才做进一步的细致分析，比如，可以按照外聘人员的来源，将之分为社会无经验人员、校园应届生、相关行业人员、竞争对手、其他行业人员等类别。

6. 人才补充能力分析

这是对不同岗位、不同类型的人才补充需要的时间和效率做的评估分析，体现了因人才流失产生空缺后，人力资源部的反应时间和补充速度。报表中的横向项目可以是实际的招聘周期、确定人选后的平均到岗时间等。

如果需要对人才补充能力做进一步的深层细致分析，可以在日常积累类似岗位或角色收到简历的数量、筛选简历后来面试的人员数量（率）、面试后录用的人员数量（率）、最终上岗的人员数量（率）、上岗后人才第一年的绩效合格数量（率）等数据。

俗话说"有备无患"，如果提前有准备，就不怕关键人才的突然离开。所以在做这类分析的时候，还需要考虑公司后备人才的情况，最好报表包含关键岗位人才的缺岗数量（率）和关键岗位的后备人才数量（率）等指标。

7. 人才补充方式的利弊分析

不同的招聘方式，对于招聘不同岗位、不同角色、不同层级、不同能力、不同年龄段的人才，有着不同的优劣势。我们可以通过个性化地建立报表分析，评估人才补充方式在不同方面的利弊，为今后人才补充方式的选择提供依据。

报表可以灵活设计，纵向列出需要评估的人才类别项，横向列出需要评估的招聘方式项（如网络招聘、内部招聘、社会招聘、校园招聘、传媒招聘、劳务派遣公司合作、政府部门合作、猎头合作等）。

表格的内容可以是一段时间内的招聘人数，以判断不同类别人才的招聘效率；可以是招聘的单位成本，以比较通过不同方式招聘不同类别人才的成本；可以是单位人才的招聘周期，以比较不同招聘方式的效率。

也可以把不同的指标合并后再做比较，比如，想知道综合考虑效率和成本后，哪种招聘方式更好，可以把不同人才补充方式的效率和费用两个数值合并。因为费用是越低越好，周期是越短越好，所以可以把单位的招聘成本和单位招聘周期的数值相乘，形成一个新的值，招聘方式对应的值越小，代表这种招聘方式综合效率和成本越优。

总结起来，人才流量表上的项目和分析维度并不是越多越好、越全越好、越细越好，而是要根据组织的实际需要，根据待解决的问题，根据重点关注领域，以及数据收集和整理人员的工作量等因素，综合权衡后适当选择。所以，理论上不同公司适用的人才流量表的样式是不同的。

8.4　人力三大报表之三

财务管理的三大报表之三为利润表（Income Statement），它反映了组织的经营状况，是展示组织在一段时期实现的各种收入，发生的各种费用、成本或支出，以及公司实现利润或发生亏损情况的会计报表，也被称为损益表。

财务管理中的利润表对应的人力资源管理报表叫人力资本利润表。从人力资本利润表中能够看出人力资本的投资回报情况、人力成本情况、人均效益情况，用以分析整个人力资本投资对公司利润的影响。

人力资本利润表样表如表 8-3 所示。

表 8-3　人力资本利润表样表

投资分析					收益分析			
		上期	本期	标杆			本期	本期	标杆
直接人力成本结构	工资				直接投资收益	人力资本投资回报率			
	社保					人力资本收入指数			
	住房公积金					人力资本利润指数			
	职工福利					人力资本成本指数			
	职工教育经费					人力资本成本比率			
	工会费					人力资本市场价值			
	……					人工成本销售收入系数			
间接人力成本结构	招聘成本					人工成本利润率			
	人员缺勤成本					全员劳动生产率			
	人员离职成本					……			
	……				间接投资收益	招聘成功率			
人力投资水平	人工成本含量					员工离职率			
	人均人工成本					员工敬业度			
	人均现金收入					员工平均服务年限			
	人力费用率					月人均缺勤天数			
	劳动分配率					关键员工留任比率			
	……					……			

人力资本利润表包括以下指标。

1. 投资分析相关指标

（1）人工成本，指的是公司在一定时期内，在整个生产、经营活动中，因使用人才而产生的所有直接费用的总和。它通常包括工资、社保、住房公积金、职工福利、职工教育经费、工会费用等各项财务费用。通过对各项目的占比进行分析，能够判断财务报表中人工成本的结构。

（2）人工成本含量，指的是人工成本占总成本的比例。其计算公式为：人工成本含量 = 人工成本总额 ÷ 总成本。总成本指公司的产品销售成本、产品销售费用、管理费用和财务费用之和。

（3）人均人工成本，指的是每名职工的平均人工成本。其计算公式为：人均人工成本＝人工成本总额÷职工人数。

（4）人均现金收入，指的是每名职工的平均薪酬情况，用以衡量人均收入的变化情况。其计算公式为：人均现金收入＝职工现金总收入÷职工人数。其中，职工现金总收入包括奖金和加班工资，金融资产和资本收益中的收入未包含在内。

（5）人力费用率，它代表着一定时期内公司经营活动产生的价值中用于支付人工成本的比例。同时，也代表公司职工人均收入与劳动生产率的比例关系，经营活动与分配的关系，人工成本要素的投入产出关系，职工报酬在公司总收入中的比重，它的倒数表明每投入一个单位的人工成本能够实现的销售收入。其计算公式为：人力费用率＝（人工成本总额÷营业收入）×100%。

（6）劳动分配率，指的是公司人工成本占公司增加值的比重。企业增加值由折旧、税收净额、公司利润、劳动者收入4个部分组成。它是反映公司人工成本投入产出水平的指标，可以衡量公司人工成本的相对水平。其计算公式为：劳动分配率＝（一定时期内人工成本总额÷同期增加值总额）×100%。

2. 收益分析相关指标

（1）人力资本投资回报率，指的是每投入1元的人力资本成本，产生的回报（净利润）。它直接反映了公司人力资源管理的投资回报情况，间接反映了公司的人力资源管理水平，是衡量人力资本有效性的核心指标。其计算公式为：人力资本投资回报率＝（公司净利润÷人力资本成本总额）×100%。

（2）人力资本收入指数，指的是每名全职员工的平均销售收入。其计算公式为：人力资本收入指数＝公司销售收入÷全职员工总数。

（3）人力资本利润指数，也叫人力资本增值指数，指的是每名全职员工产生的净利润。其计算公式为：人力资本利润指数＝公司净利润÷全职员工总数。

（4）人力资本成本指数，指的是人力资本的总成本，它不仅包括薪酬、福利、职工教育经费等在财务报表中体现的人力费用，还包括人才招聘的成本、人才缺勤的成本、人员流失的成本等一切公司生产经营过程中产生的与"人"相关的所有直接成本和间接成本，是公司在所有人力资本上的总支出。

（5）人力资本成本比率，指的是人力资本成本占公司总成本的比率。其计算公式为：人力资本成本比率 =（人力资本成本总额 ÷ 公司总成本）× 100%。

（6）人力资本市场价值，指的是每名全职员工对应产生的平均市场价值。其计算公式为：人力资本市场价值 = 公司市值 ÷ 全职员工人数。

（7）人工成本销售收入系数，是反映人工成本投入产出效益状况的指标。其计算公式为：人工成本销售收入系数 = 销售收入 ÷ 人工成本总额。

（8）人工成本利润率，反映的是公司的人工成本与利润之间的关系。其计算公式为：人工成本利润率 =（利润总额 ÷ 人工成本总额）× 100%。

（9）全员劳动生产率，指根据产品的价值量指标计算出的平均每名从业人员在单位时间内的产品生产量。它是公司生产技术水平、经营管理水平、职工技术熟练程度和劳动积极性的综合表现。其计算公式为：全员劳动生产率 =（产品增加价值 ÷ 职工平均人数）× 100%。

许多人力资源管理者常常将人力成本管控简单地理解为降低人力成本的绝对值，甚至有人力资源管理者将其理解为想办法减少员工收入，这是非常错误的观念。

因为在公司人员相对稳定的情况下，随着社会的进步，人力成本的绝对值一定会不断提高。所谓的人力成本管控，其实是降低人力成本在总成本中的比重，或者降低人力费用率，增强公司产品或服务的竞争力。对于降低人力费用率，有两种不同的理解方式。

一种理解方式是"成本论"，人力费用率为10%，代表着公司产生100元的营业额，其中的人力成本为10元。如果要进步，就要探讨有没有可能产生100元的营业额，公司只需要投入9元或者更低的人力成本。顺着这个思路往下走，公司采取的方案和行动可能是部门合并、减员增效、减少培训和福利等。

另一种理解方式是"投资论"，同样当人力费用率为10%时，代表着对人力的投资为10元，能为公司产生的回报（营业额）是100元。如果要进步，就要探讨有没有可能当公司投入12元的人力费用时，产生140元或者更高的回报（营业额）？顺着这个思路往下走，采取的方案和行动可能是员工激励、产业升级、服务外包等。

这两种理解方式对应的思维模式和行为模式完全不同，从数据结果上看，人力费用率的降低最终都是值的减少。但从过程和行为上看，有着截然不同的做法：当公司快速发展，产业势头较好，经营管理较为健康时，可以采取"投资论"；当公司进入平稳或衰退期，所在产业竞争激烈，内部经营管理效率低下时，可以采取"成本论"。

8.5 人力资源项目跟进

做人力资源数据分析和量化管理的目的是发现问题、分析问题、解决问题，形成改进计划，最终提高组织的绩效。在计划形成之后，要有效推进并保证工作的完成，同样需要方法和工具的支持。

人力资源项目跟进比较常用的工具是项目进度表，样表如表8-4所示。

表8-4 项目进度样表

工作项目	工作内容	输出内容	需要时间	负责人	关联部门	……
组织机构	组织机构优化	组织机构图	1周	×××	总经办	……
	部门职责划分	部门职责说明书	2周	×××	各部门	……
岗位管理	关键岗位胜任力	关键岗位胜任力模型	2周	×××	关键岗位负责人	……
	关键岗位编制	关键岗位定编依据	1周	×××	关键岗位负责人	……
绩效管理	绩效管理制度	绩效管理制度模型	1周	×××	总经办	……
	关键岗位指标	关键岗位的KPI	2周	×××	关键岗位负责人	……
……	……	……	……	……	……	……

1. 项目进度表的组成

这个工具集合了项目管理（Project Management）的知识和要素，操作实施中的步骤包括计划、组织、领导、协调、控制、评价6个环节。这6个环节形成一个完整的闭环，在实施中不断改进与提升。

项目推进表的纵向项目一般是工作内容，这是让所有相关人明确将要做什么。如果待完成的工作项目繁杂、内容较多，可以把其进一步细分成大类、中类、小类或者更细致的分类。

项目进度的推动还要有输出内容，这是明确工作内容完成之后交付的具体形式是什么。输出内容应当是具体的、可见的、完整的事件和文件。如果是管理较严格的公司，对于输出内容应该有质量评价。根据习惯的不同，质量评价可以按 A、B、C、D 分类，也可以按优、良、中、差分类。

此外，项目推进中必不可少的是确认完成的时间，需要由谁来负责，以及需要哪些资源来协助完成。如果是对成本或经费有要求的公司，可以在表格的横向中加入项目计划费用与实际产生费用的比较。

2. 落实项目进度表的原则

1）统筹规划

人力资源管理是一个系统的工程，人力资源管理项目的实施也是一个统一的整体，虽然需要完成的工作不同，但是它们是具备关联性的。如果只做好某一项或某几项，可能难以达到当初预期的效果。

另外，项目实施的各个环节也是相互影响的。比如，如果前期的组织宣传活动不到位，必将影响实施的环节；如果执行实施不力，必将影响评价的结果；如果项目的评价做不好，必将影响下一个项目的计划和组织。

2）分步实施

人力资源规划的目标和指标不可能一蹴而就，组织其他成员理解和适应需要时间的积累，也需要有先后顺序。所以，这就需要我们能够持续地按照 6 个环节不断地宣导，不断执行、坚持推进。

3）及时调整

任何计划不可能是一成不变的，如果遇到但不限于下列情况，我们需要及时对计划做出调整：因外部的政治、经济、法律、技术等环境发生了明显变化造成公司的战略发生重大变化；因公司内部出现较大的人事变动，造成组织机构、公司文化的重大变化；公司资源条件、财务状况、经营方针出现较大变化等。

3. 项目推进过程中的关键点

1）人是最关键的要素

任何项目都是由人与人之间的相互支持和协作来推进和完成的。可是有时候人多了，相互之间的沟通、交流和相处难免会出现很多问题。比如，由于双方的文化、知识、语言、经验、能力等的差异，可能会造成沟通不畅、相互不理解、不认同的情况；人难免出现倦怠、懒散、不思进取、迷茫、丧失目标等负面情绪。

而这些问题会不经意地随时出现，通常会贯穿项目的始终。有时候不予理会，项目就无法继续进行；有时候放置不管，项目就会被延误；有时候看似一片安详，却只是问题隐藏，还没有爆发出来，一旦爆发可能会对整个项目造成较大影响。

这时候，HR 作为项目推进者，需要充当"润滑剂"的角色，解决各方的矛盾；有时候需要做一个"过滤网"，把负面的情绪隔离在团队之外；有时候需要做一个"打气筒"，当人们懈怠和松散的时候给他们加足油、打足气；有时候需要成为一个"天平"，折中各方的观点；有时候需要做一个"路标"，当人们迷茫时，为之指明前进的方向。

2）选择合适的工具和方法论

世界上没有什么工具和方法论是放之四海而皆准的。面对不同的公司、不同的环境、不同素质和背景的团队、不同意识形态的老板，人力资源管理项目的计划内容、工作顺序、推进方式、变化可能、沟通手段以及用到的工具等都会大不相同，不可一概而论。使用的工具和方法论应因地而异、因时而异、因人而异，没有最好，只有更好。

3）向成功的项目取经

人力资源管理项目的规划和推进，一方面可以借鉴优秀公司、标杆公司或者咨询公司的实施经验；另一方面，也可以不局限在人力资源管理领域，向任何其他成功的商业项目、政府项目、工程项目等具备项目管理内核的领域学习。

项目的分类多种多样，可以是按不同的公司规模、不同的行业分类、不同的难易程度、不同的目的导向、不同的用户群体分类。虽然这些项目表面看起来各不相同，但往往在某一个部分存在着可以借鉴的地方。学习、总结并将不同项目的亮点做关联和融合，在提高自身知识水平、广度和眼界的同时，对实际工作也有着重要的指导作用。

8.6 用工效率倍增案例

前面提到的 J 公司曾以每年规模扩大 20% 的速度快速发展了 10 年，靠市场先机、规模效应赢得了市场的认可。可是，公司快速的发展并没有为其带来管理上的规范，这个问题在用工效率上体现得尤为突出。

虽然是连锁模式，但当时 J 公司各门店没有明确的岗位定编标准，用工模式比较粗放，店内是否需要招人基本靠店长的感觉；门店的排班不科学，基本靠主管的经验；全公司 97% 以上的人员为正式员工，不仅人力成本较高，而且用工不够灵活。

针对以上问题，选取 J 公司的标杆门店，以收银员岗位为例，做以下分析。

1. 现况

该店目前有 7 名全职收银员，员工经常有加班的情况，影响了员工的家庭生活，因此员工满意度较低。而收银员们并不是总在忙，常常有顾客较少、收银员较闲，或在店里客流高峰期却无收银员在岗的情况。

2. 测算

首先选取 7 名收银员中的 4 名，按照"商品"件数测定其收银速度，得出收银员在该店的收款机上的平均收银速度为每件商品 12 秒。店长一开始看到这个结果感觉有些失真，但收银员的操作流程不仅包含商品扫码的时间，还包括结算的时间。把数据放大，真实感就会大幅提高。比如，1 200 秒，也就是 20 分钟，结算 100 件商品，对于这个速度，店长非常认可。该店 4 名收银员的结算速度记录如表 8-5 所示。

表8-5 收银员结算速度

收银员	商品件数	所耗时间 / 秒	平均每件时间 / 秒
A	360	2 900	8
B	520	5 710	11
C	250	4 320	17
D	330	4 370	13
合计	1 460	17 300	12

3. 对比

该门店的营业时间为7:30—21:00，为了保证结果精确，以半小时为单位，从系统中提取前3个月该超市每天每半小时商品件数的平均数，根据测算的收银员的平均结算速度，计算不同时间段需求的收银员人数。因超市行业的特殊性，将周一至周五和周六周日分开进行分析。

周一至周五各时间段需求人数与目前排班人数及二者的比较如图8-1所示。

图8-1中差异为"0"的，代表该时间段排班人数与需求人数匹配；差异为正数的，代表该时间段排班人数大于需求人数，表示人力冗余；差异为负数的，代表该时间段排班人数小于需求人数，表示人力不足。从图8-1能够看出，周一至周五每天需求的工作量为47.5小时，5天合计为237.5小时，而目前排班的工作量是51.5小时 / 天，5天合计是257.5小时，比需求多20小时。

周六周日各时间段需求人数与目前排班人数及二者的比较如图8-2所示。

从图8-2能够看出，周六周日每天的工作量需求为49.5小时，2天合计为99小时，而目前排班的工作量是59.5小时 / 天，2天合计是119小时，比需求多20小时。

根据周一至周五和周六周日各时间段的需求人数情况，制定新的用工方式与排班表如图8-3所示。

在新的用工方式中，加入了小时工。在欧美成熟的零售企业中，基于对人力成本的压力和用工灵活性的考虑，小时工的数量大多占总人数的50%以上，而国内零售企业普遍不了解小时工、不习惯使用小时工。和正式员工相比，小时工的用工成本更低，用工形式更加灵活，能够缓解早晚间或销售高峰的用工压力；分工任务明确，工作效率更高；招工相对容易；公司承担的风险相对较小。

周一至周五各时间段需求人数

时段	7:30-8:00	8:00-8:30	8:30-9:00	9:00-9:30	9:30-10:00	10:00-10:30	10:30-11:00	11:00-11:30	11:30-12:00	12:00-12:30	12:30-13:00	13:00-13:30	13:30-14:00	14:00-14:30	14:30-15:00	15:00-15:30	15:30-16:00	16:00-16:30	16:30-17:00	17:00-17:30	17:30-18:00	18:00-18:30	18:30-19:00	19:00-19:30	19:30-20:00	20:00-20:30	20:30-21:00
合计	1	2	2	3	3	4	4	5	5	3	3	2	2	2	2	3	3	4	4	6	6	6	6	4	4	3	3
需求人数	1	1	1	1	1	1	1	1	1	1	1	1	1	1	1	1	1	1	1	1	1	1	1	1	1	1	1

周一至周五目前排班人数

时段	7:30-8:00	8:00-8:30	8:30-9:00	9:00-9:30	9:30-10:00	10:00-10:30	10:30-11:00	11:00-11:30	11:30-12:00	12:00-12:30	12:30-13:00	13:00-13:30	13:30-14:00	14:00-14:30	14:30-15:00	15:00-15:30	15:30-16:00	16:00-16:30	16:30-17:00	17:00-17:30	17:30-18:00	18:00-18:30	18:30-19:00	19:00-19:30	19:30-20:00	20:00-20:30	20:30-21:00
合计	1	2	2	4	4	4	4	5	4	4	3	3	3	3	3	4	5	6	6	5	6	6	5	5	4	4	3
目前排班人数	1	1	1	1	1	1	1	1	1	1	1	1	1	1	1	1	1	1	1	1	1	1	1	1	1	1	1

周一至周五各时间段需求人数与目前排班人数的比较

时段	7:30-8:00	8:00-8:30	8:30-9:00	9:00-9:30	9:30-10:00	10:00-10:30	10:30-11:00	11:00-11:30	11:30-12:00	12:00-12:30	12:30-13:00	13:00-13:30	13:30-14:00	14:00-14:30	14:30-15:00	15:00-15:30	15:30-16:00	16:00-16:30	16:30-17:00	17:00-17:30	17:30-18:00	18:00-18:30	18:30-19:00	19:00-19:30	19:30-20:00	20:00-20:30	20:30-21:00
差异	0	0	0	1	1	0	0	-1	-1	1	0	1	1	1	1	1	2	2	2	-1	0	0	-1	1	0	1	0

图8-1　周一至周五各时间段需求人数与目前排班人数及二者的比较

周六周日各时间段需求人数

时段	7:30-8:00	8:00-8:30	8:30-9:00	9:00-9:30	9:30-10:00	10:00-10:30	10:30-11:00	11:00-11:30	11:30-12:00	12:00-12:30	12:30-13:00	13:00-13:30	13:30-14:00	14:00-14:30	14:30-15:00	15:00-15:30	15:30-16:00	16:00-16:30	16:30-17:00	17:00-17:30	17:30-18:00	18:00-18:30	18:30-19:00	19:00-19:30	19:30-20:00	20:00-20:30	20:30-21:00
合计	1	3	3	4	4	4	4	5	5	3	3	3	3	3	3	3	4	4	5	5	5	5	5	4	4	3	3
需求人数	1	1	1	1	1	1	1	1	1	1	1	1	1	1	1	1	1	1	1	1	1	1	1	1	1	1	1
		1	1	1	1	1	1	1	1	1	1	1	1	1	1	1	1	1	1	1	1	1	1	1	1	1	1
		1	1	1	1	1	1	1	1	1	1	1	1	1	1	1	1	1	1	1	1	1	1	1	1	1	1
				1	1	1	1	1	1								1	1	1	1	1	1	1	1	1		
								1	1										1	1	1	1	1				

周六周日目前排班人数

时段	7:30-8:00	8:00-8:30	8:30-9:00	9:00-9:30	9:30-10:00	10:00-10:30	10:30-11:00	11:00-11:30	11:30-12:00	12:00-12:30	12:30-13:00	13:00-13:30	13:30-14:00	14:00-14:30	14:30-15:00	15:00-15:30	15:30-16:00	16:00-16:30	16:30-17:00	17:00-17:30	17:30-18:00	18:00-18:30	18:30-19:00	19:00-19:30	19:30-20:00	20:00-20:30	20:30-21:00
合计	1	2	3	5	5	5	5	6	5	3	3	3	3	3	3	4	5	5	6	7	7	7	7	6	4	4	3
目前排班人数	1	1	1	1	1	1	1	1	1	1	1	1	1	1	1	1	1	1	1	1	1	1	1	1	1	1	1
		1	1	1	1	1	1	1	1	1	1	1	1	1	1	1	1	1	1	1	1	1	1	1	1	1	1
			1	1	1	1	1	1	1	1	1	1	1	1	1	1	1	1	1	1	1	1	1	1	1	1	1
				1	1	1	1	1	1							1	1	1	1	1	1	1	1	1	1		
				1	1	1	1	1	1								1	1	1	1	1	1	1	1			
								1											1	1	1	1	1	1			
																				1	1	1	1				

周六周日各时间段需求人数与目前排班人数的比较

时段	7:30-8:00	8:00-8:30	8:30-9:00	9:00-9:30	9:30-10:00	10:00-10:30	10:30-11:00	11:00-11:30	11:30-12:00	12:00-12:30	12:30-13:00	13:00-13:30	13:30-14:00	14:00-14:30	14:30-15:00	15:00-15:30	15:30-16:00	16:00-16:30	16:30-17:00	17:00-17:30	17:30-18:00	18:00-18:30	18:30-19:00	19:00-19:30	19:30-20:00	20:00-20:30	20:30-21:00
差异	0	-1	0	1	1	1	1	0	0	0	0	0	0	0	0	0	1	1	1	2	2	2	2	2	0	1	0

周六周日各时间段需求人数与目前排班人数及二者的比较

图 8-2　周六周日各时间段需求人数与目前排班人数及二者的比较

周一至周五新用工方式与排班表

时段	7:00~7:30	7:30~8:00	8:30~9:00	9:00~9:30	9:30~10:00	10:00~10:30	10:30~11:00	11:00~11:30	11:30~12:00	12:00~12:30	12:30~13:00	13:00~13:30	14:00~14:30	14:30~15:00	15:00~15:30	16:00~16:30	16:30~17:00	17:00~17:30	17:30~18:00	18:00~18:30	18:30~19:00	19:30~20:00	20:00~20:30	20:30~21:00	上班时间/小时
需求人数	1	1	2	3	4	4	5	5	3	3	2	3	2	2	3	4	4	6	6	6	6	4	3	3	
A	1	1	1	1	1	1	1	1	1	1	1	1	1	1				1							7
B			1	1	1	1	1	1	1	1	1	1			1	1	1	1			1	1	1	1	6
C				1	1	1	1	1	1	1			1	1	1	1	1	1	1	1			1	1	6
D							1	1					1	1		1	1	1	1	1	1	1	1	1	6
小时工											1	1	1					1	1	1	1	1			4
小时工								1	1	1							1	1	1	1					4
小时工					1	1							1						1	1	1				4
小时工				1	1		1	1								1					1				4
小时工									1	1	1			1				1							3

周六周日新用工方式与排班表

时段	7:00~7:30	7:30~8:00	8:30~9:00	9:00~9:30	9:30~10:00	10:00~10:30	10:30~11:00	11:00~11:30	11:30~12:00	12:00~12:30	12:30~13:00	13:00~13:30	14:00~14:30	14:30~15:00	15:00~15:30	16:00~16:30	16:30~17:00	17:00~17:30	17:30~18:00	18:00~18:30	18:30~19:00	19:30~20:00	20:00~20:30	20:30~21:00	上班时间/小时
需求人数	1	1	3	3	4	4	4	5	5	5	3	3	3	3	3	3	4	5	5	5	4	4	3	3	
a	1	1	1	1	1	1	1	吃饭	吃饭	1	1	1	1	1	1	1	1	1	1						7
b			1	1	1	1	1	1	1	1	吃饭	1	1	1	1	1	吃饭	1	1	1	1				7.5
c			1	1	1	1	1	1	1	1	1	1	1	1	1	1	1	1	吃饭	1	1	1	1	1	8.5
d						1	1	1	1	1	1	1	1	1	1	1	1	1	1	1	1	1	1	1	7.5
小时工					1										1	1	1	1	1	1	1	1	1	1	6
小时工				1	1	1										1	1	1	1						4
小时工							1	1	1	1															3.5
小时工								1	1	1	1	1	1	1											4
小时工									1	1															2

图8-3 周六周日新用工方式和排班表

将该店所在地区的小时工工资标准和该店正式工比较，能够量化地看出小时工的成本比正式工低 26%，如表 8-6 所示。

表8-6　地区当年正式工与小时工人力费用对比　　　单位：元

项目	基础工资	效益工资	加班工资	各种补贴	福利费	社会保险费	住房公积金	工会经费	员工教育经费	人工费用合计	每小时成本
地区当年正式工人力费用	1 882	467	170	16	16	607	110	48	2	3 317	19.6
地区当年小时工人力费用	工资标准：14.5 元 / 小时，每月 30 天，每天工作 4 小时									1 560	14.5

一般来说，专业性较强、技术性强、具有传承性质、具有决策性质、需较长时间训练、需要培养人才的岗位比较适合使用正式工；不需要很长的训练时间、工作较公式化、人力需求短时间或季节性、弹性的工作时间、特殊工种的岗位比较适合使用小时工。

新的用工方式与原用工方式的结果比较如表 8-7 所示。

表8-7　新旧用工方式费用比较

原用工方式	所有员工周工作总小时数			合计费用		
	376.5 小时			7 379 元		
新用工方式	正式工周工作总小时数	小时工周工作总小时数	合计工作小时数	正式工费用	小时工费用	合计费用
	198 小时	142 小时	340 小时	3 881 元	2 059 元	5 940 元

改进后，收银岗位由原来的 7 名正式员工变为 5 名正式员工，最多 6 名小时工（每天仅需要 2 ~ 3 小时，且高峰时段的收银需求可以考虑用其他部门人员帮忙的方式来满足）。按照新的用工方式，收银岗位的人力费用比原来至少降低约 20%，且更加能够满足顾客的需要，效率更高。

8.7　常见薪酬数据分析

对薪酬的数据分析是薪酬管理的重要组成部分，同时也是人力资源管理的重要依据。通过对薪酬数据进行对比和分析，能够快速了解或评价公司目前的薪酬管理状况，以便查找问题、追根溯源、迅速反应、及时纠偏。对薪酬的数据分析大体分为以下几类。

1. 薪酬水平分析

薪酬水平分析即比较目前公司不同岗位、不同层级的薪酬数据与市场薪酬数据的分位值之间的差异。比如，某公司对财务、销售、采购3类岗位和层级的薪酬调研结果如表8-8所示。

表8-8 某公司对财务、销售、采购3类岗位和层级的薪酬调研结果　　单位：元/年

部门	岗位	10分位	25分位	50分位	75分位	90分位
财务中心	财务总监	214 808	251 207	302 915	467 504	696 198
	财务经理	88 233	108 306	153 646	268 656	536 872
	财务主管	68 788	73 710	96 645	151 854	178 503
	财务科员	27 337	32 325	36 222	48 921	57 624
销售中心	销售总监	225 304	318 569	541 107	658 792	781 367
	销售经理	113 440	144 790	197 181	381 328	509 756
	销售主管	74 537	81 975	121 176	157 188	198 397
	销售代表	35 452	44 428	61 076	92 248	122 389
采购中心	采购总监	121 674	168 477	194 752	243 646	301 478
	采购经理	79 815	99 155	124 600	215 365	249 569
	采购主管	69 646	77 410	98 460	133 000	174 893
	采购专员	31 839	37 993	49 718	75 256	102 155

薪酬分析一般分析10分位、25分位、50分位、75分位、90分位这5个档位，10分位值表示有10%的数据小于此数值，反映了市场的低端水平；25分位值表示有25%的数据小于此数值，反映了市场的较低端水平；50分位值表示有50%的数据小于此数值，反映了市场的中等水平；75分位值表示有75%的数据小于此数值，反映了市场的较高端水平；90分位值表示有90%的数据小于此数值，反映了市场的高端水平。

2. 薪酬结构分析

薪酬结构分析是指分析薪酬各组成部分之间的占比关系，目的是平衡薪酬

的保障和激励功能。通常可以比较内部薪酬结构与外部薪酬结构之间的关系，不同岗位、序列、角色之间的薪酬结构关系，不同职等职级之间的薪酬结构关系。比如，某公司对不同层级薪酬结构的分析结果如表 8-9 所示。

表 8-9 某公司不同层级薪酬结构的分析结果

	基本工资	固定津贴	变动年薪	可量化福利
操作工	62.40%	8.41%	8.23%	20.96%
科员级	65.14%	8.43%	7.19%	19.24%
主管级	61.57%	8.12%	11.45%	18.86%
经理级	57.46%	7.94%	16.47%	18.13%
总监级	51.80%	7.78%	25.19%	15.23%

3. 宽带薪酬计算

宽带薪酬能够适应公司战略发展和调整的需要，能够支持组织的扁平化设计，关注员工技能和能力的提高，有利于岗位轮换，有利于员工职业生涯规划，能够促进绩效的改进，同时，能够配合劳动力市场的变化。

比如，某公司要为某岗位建立一个所有等级工资的中位值为年薪 60 000 元，共 9 个职位等级，相邻职位等级的工资差距为 10%，同职级中，工资最高值与最低值的差距为 40% 的薪酬体系。不同等级年薪中位值的计算过程如表 8-10 所示。

表 8-10 不同等级年薪中位值的计算过程

职位等级	年薪的中位值 / 元	职位等级	年薪的中位值 / 元
等级 1	45 079 ÷ 1.1 = 40 981	等级 6	60 000 × 1.1 = 66 000
等级 2	49 587 ÷ 1.1 = 45 079	等级 7	66 000 × 1.1 = 72 600
等级 3	54 545 ÷ 1.1 = 49 587	等级 8	72 600 × 1.1 = 79 860
等级 4	60 000 ÷ 1.1 = 54 545	等级 9	79 860 × 1.1 = 87 846
等级 5	60 000		

根据年薪的中位值，不同等级宽带年薪的最大值和最小值的计算过程如表 8-11 所示。

表 8–11　宽带薪酬的最小值和最大值的计算过程　　　　单位：元

职位等级	中位值	最小值	最大值
等级 1	40 981	40 981 ÷ (1 + 0.20) = 34 151	34 151 × 1.40 = 47 811
等级 2	45 079	45 079 ÷ (1 + 0.20) = 37 566	37 566 × 1.40 = 52 592
等级 3	49 587	49 587 ÷ (1 + 0.20) = 41 323	41 323 × 1.40 = 57 852
等级 4	54 545	54 545 ÷ (1 + 0.20) = 45 454	45 454 × 1.40 = 63 636
等级 5	60 000	60 000 ÷ (1 + 0.20) = 50 000	50 000 × 1.40 = 70 000
等级 6	66 000	66 000 ÷ (1 + 0.20) = 55 000	55 000 × 1.40 = 77 000
等级 7	72 600	72 600 ÷ (1 + 0.20) = 60 500	60 500 × 1.40 = 84 700
等级 8	79 860	79 860 ÷ (1 + 0.20) = 66 550	66 550 × 1.40 = 93 170
等级 9	87 846	87 846 ÷ (1 + 0.20) = 73 205	73 205 × 1.40 = 102 487

4. 薪酬偏离度分析

薪酬偏离度分析是用来反映在岗者薪酬相对外部市场薪酬水平和公司内部薪酬水平的偏离程度。如果是与外部市场薪酬水平相比，可以叫外部偏离度，简称"外偏"，用以检验该岗位人员薪酬的外部竞争性；如果与内部薪酬水平相比，可以叫内部偏离度，简称"内偏"，用以检验该岗位人员薪酬的内部公平性。

某公司某部门 4 名职工薪酬的外部偏离度的计算过程如表 8-12 所示。

表 8–12　4 名职工薪酬的外部偏离度的计算过程

某部门	年薪 / 元	市场年薪水平 / 元	外部偏离度
甲 A 岗位	56 487	58 000	56 487 ÷ 58 000 × 100% ≈ 97%
乙 B 岗位	87 459	84 000	87 459 ÷ 84 000 × 100% ≈ 104%
丙 C 岗位	132 564	150 000	132 564 ÷ 150 000 × 100% ≈ 88%
丁 C 岗位	185 640	150 000	185 640 ÷ 150 000 × 100% ≈ 124%
合计	462 150	442 000	462 150 ÷ 442 000 × 100% ≈ 105%

从结果能够看出，甲的薪酬与市场薪酬水平相比较低，说明外部竞争性较差，但是偏离度值不大；乙的薪酬与市场薪酬水平相比较高，说明具备一定的外部竞争性，但偏离度值不算特别大；丙的薪酬比市场薪酬水平低，且偏离度值较大，说明外部竞争性较差；丁的薪酬比市场薪酬水平高，且偏离度值也较大，说明外部竞争性较强。

接下来，分析该部门 4 名职工薪酬的内部偏离度，计算过程如表 8-13 所示。

表 8-13　4 名职工薪酬的内部偏离度的计算过程

某部门	年薪 / 元	公司该等级工资水平中位值 / 元	内部偏离度
甲 A 岗位	56 487	55 000	56 487 ÷ 55 000 × 100% ≈ 103%
乙 B 岗位	87 459	86 000	87 459 ÷ 86 000 × 100% ≈ 102%
丙 C 岗位	132 564	140 000	132 564 ÷ 140 000 × 100% ≈ 95%
丁 C 岗位	185 640	140 000	185 640 ÷ 140 000 × 100% ≈ 133%
合计	462 150	421 000	462 150 ÷ 421 000 × 100% ≈ 110%

与外部竞争性不同，内部公平性并不是看内部薪酬水平的高低，而是看偏离度值的大小。甲和乙的薪酬水平与内部薪酬水平相比较高，且偏离度值不大，说明具备一定的内部公平性；丙的薪酬水平与内部薪酬水平相比较低，但偏离度值不大，同样说明具备一定的内部公平性；而丁的薪酬水平比内部薪酬水平高出很多，且偏离度较高，说明已经失去内部公平性。

最后，把内外部偏离度放在一起对比分析，更容易看出问题，如表 8-14 所示。

表 8-14　4 名职工薪酬的内外部偏离度对比

某部门	外部偏离度	外部竞争性	内部偏离度	内部公平性
甲 A 岗位	97%	差	103%	良
乙 B 岗位	104%	良	102%	优
丙 C 岗位	88%	差	95%	良
丁 C 岗位	124%	优	133%	差

对外部竞争性的判断，只要比市场水平低，就可以判断为"差"；如果超过市场水平，一般可以把外部偏离度与 100% 的差距在 5% 以内的算作"良"，把内部偏离度与 100% 相比超过 5% 的算作"优"。对内部公平性的判断，一般可以把内部偏离度在 100% ± 2% 以内的算作"优"；内部偏离度在 100% ± 5% 以内的算作"良"；内部偏离度在 100% ± 5% 以外的算作"差"

8.8　常见绩效数据分析

人力资源管理中对绩效管理的数据分析通常是检验和评估绩效管理的完成

情况或覆盖情况，为进一步做好绩效管理提供依据。一般常见的分析有以下几种。

1. 绩效考核覆盖率

这一步分析可以按照部门划分，如表 8-15 所示。

表 8-15　某公司 1 月份各部门绩效考核人数及覆盖率情况

部门	参加绩效考核的人数	总在编人数	绩效考核覆盖率
A 部门	137	184	74%
B 部门	245	421	58%
C 部门	141	196	72%
D 部门	487	616	79%
E 部门	68	83	82%
全公司	1 078	1 500	72%

也可以按照时间段划分，如表 8-16 所示。

表 8-16　某公司 A 部门月度绩效考核人数变化及覆盖率情况

时间段	参加绩效考核的人数	总在编人数	绩效考核覆盖率
20××年 1 月	137	184	74%
20××年 2 月	134	181	74%
20××年 3 月	132	179	74%
20××年 4 月	132	182	73%

通过这类分析，我们能够得知绩效考核目前在各部门的覆盖情况，找出覆盖率低的部门及其原因，将之作为下一步的工作重点，展开有效的监督和推进。根据不同部门月度考核人数的变化，可以监控覆盖率的异动情况。

2. 绩效考核成绩分布

这一步可以按照部门分析，如表 8-17 所示。

表 8-17 某公司 1 月份各部门绩效考核成绩分布情况

部门	70 分以下		70 ~ 90 分		90 分以上		合计人数	部门绩效评估
	人数	占比	人数	占比	人数	占比		
A 部门	46	34%	68	50%	23	17%	137	86.47
B 部门	78	32%	155	63%	12	5%	245	79.12
C 部门	47	33%	73	52%	21	15%	141	93.84
D 部门	269	55%	135	28%	83	17%	487	69.53
E 部门	18	26%	36	53%	14	21%	68	95.47
全公司	458	42%	467	43%	153	14%	1 078	

分析的逻辑如下。

（1）B 部门 90 分以上的人数占比最少，同时部门绩效考核分数较低，原因是什么？

（2）D 部门绩效考核分数最低，同时 70 分以下人数占比最大，原因是什么？

（3）E 部门在部门绩效考核中分数最高，原因是什么？

（4）A 部门 90 分以上的人员比例比 C 部门多 2%，但部门绩效考核分数比 C 部门低，原因是什么？

（5）绩效考核结果相对较好的部门好在哪里？相对较差的部门差在哪里？

（6）绩效考核结果相对较好的部门是否可以总结经验？相对较差的部门需要采取哪些行动？

也可以按照时间段划分，如表 8-18 所示。

表 8-18 某公司 A 部门月度绩效考核成绩分布情况

时间段	70 分以下		70 ~ 90 分		90 分以上		合计人数	部门绩效评估
	人数	占比	人数	占比	人数	占比		
20××年 1 月	46	34%	68	50%	23	17%	137	86.47
20××年 2 月	49	37%	65	49%	20	15%	134	80.62
20××年 3 月	39	30%	69	52%	24	18%	132	89.48
20××年 4 月	49	37%	64	48%	19	14%	132	79.41

分析的逻辑如下。

（1）部门绩效考核成绩的变化是否与部门内成员绩效考核成绩呈正相关？

（2）A 部门 2 月和 4 月绩效考核分数较低，同时部门内成员的绩效考核分数较低，原因是什么？

（3）A部门3月绩效考核分数最高，原因是什么？

（4）当部门绩效考核成绩较好时，是做好了什么？成绩较差时，是没有做好什么？

（5）A部门下一步的行动计划可能是什么？

3. 绩效考核成绩反映出的问题

这一步是抛开单纯的数据结果分析考核的每一项具体指标，结合该部门实际，给出当前问题的总结及工作改进建议或下一步的计划。比如，某公司人力资源部季度考核结果分析后，做出的总结如下。

1）绩效考核成绩反映出的问题

（1）招聘速度较慢，不能满足用人部门需求。

（2）培训覆盖率仍然较低，培训计划的完成率较低，原因是培训部人手不足。

（3）本月一线员工的员工离职率较高，原因是薪酬水平外部竞争性较差。

2）下一步工作计划

（1）增加3个网络招聘渠道，拓展2个线下招聘渠道，提高招聘效率。

（2）给培训部多配置1名人员，推进培训计划的完成。

（3）适当提高一线员工的薪酬水平。

4. 个体绩效成绩分析与结果应用

这一步是从个体层面分析考核结果并采取一定的行动计划。以某公司某部门员工绩效考核成绩变化情况为例，如表8-19所示。

表8-19　某公司某部门员工月度绩效考核成绩变化情况

姓名	20××年1月	是否绩效面谈	20××年2月	是否绩效面谈	20××年3月	是否绩效面谈	20××年4月	是否绩效面谈
张三	96.12	是	95.47	是	86.53	是	94.78	是
李四	87.65	是	75.36	是	89.17	是	74.23	是
王五	76.39	是	74.96	是	78.12	否	75.61	否

分析的逻辑如下。

（1）张三绩效考核成绩一直较好，但是在3月较差，原因是什么？

（2）李四每月的绩效考核成绩忽高忽低，原因是什么？

（3）王五在3月和4月未与直接主管做绩效面谈，原因是什么？

（4）对张三是否要考虑给予进一步的培养或晋升？

（5）对王五是否要考虑轮岗、培训或者淘汰？

（6）张三是否有可以总结的经验，以帮助绩效考核成绩较差者？

（7）绩效考核成绩较差者的改进计划是什么？

8.9 数据和图表会骗人

我们常说"数据会说话""数据代表着事实"，然而也不尽然。有时候如果运用不当或人为故意误导，数据和图表也是会骗人的。

1. 柱状图纵轴数据最小值产生的误导

某公司对基层员工进行员工满意度调查，其中一项是对直接主管领导方式是否满意，问卷中的选项有3个，"满意""不满意""无所谓"，得出的结果如表8-20所示。

表8-20 某公司领导方式满意度调查结果

选项	选择人数	占比
满意	1 000	36.4%
不满意	900	32.7%
无所谓	850	30.9%
合计	2 750	100.0%

从调查结果看，不满意的人数达到了32.7%，表示该公司部分领导的领导方式有问题，有较大的改进空间。如果想要相对客观地表现和说明问题，柱状图可以如图8-4所示。

如果有人想粉饰结果、掩盖问题，柱状图的表示方式可以如图8-5所示。

图8-5与图8-4用到的底层数据是相同的，不同之处在于它们坐标轴纵轴的最小值。相较于图8-4，图8-5给人的直观感受是满意的人数较多，不满意的人数较少，所以容易让人忽略问题。可见，改变柱状图纵轴数据最小值，可以误导人们。

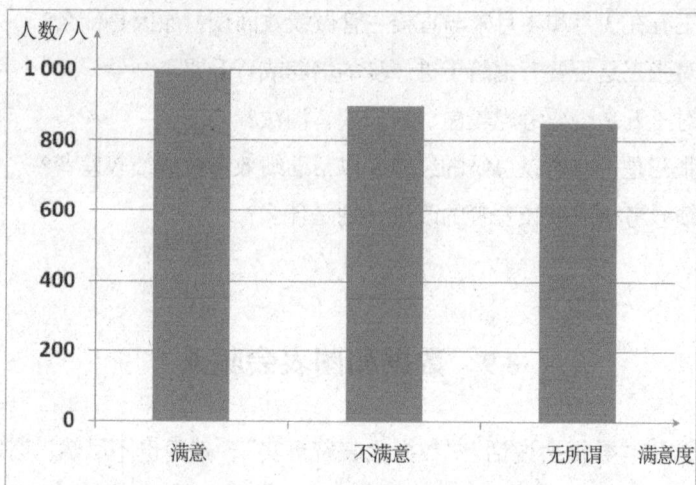

图 8-4　某公司领导方式满意度调查结果柱状图

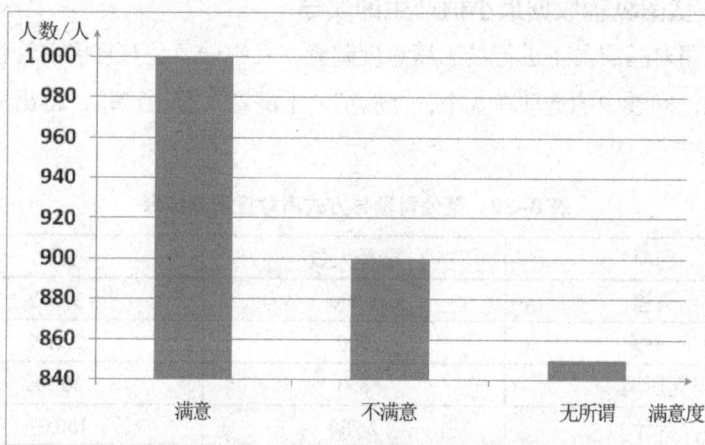

图 8-5　某公司领导方式满意度调查结果柱状图（改）

2. 乱用柱状图带来的误导

某公司每年都会举行爱心募捐，最近 4 年的爱心募捐结果如表 8-21 所示。

表 8-21　某公司最近 4 年的爱心募捐结果　　单位：元

姓名	20×1 年	20×2 年	20×3 年	20×4 年
张三	1 200	1 500	1 200	1 500

续表

姓名	20×1年	20×2年	20×3年	20×4年
李四	120	150	120	150
王五	80	100	80	100
赵六	30	50	30	50

如果用柱状图表示，则如图 8-6 所示。

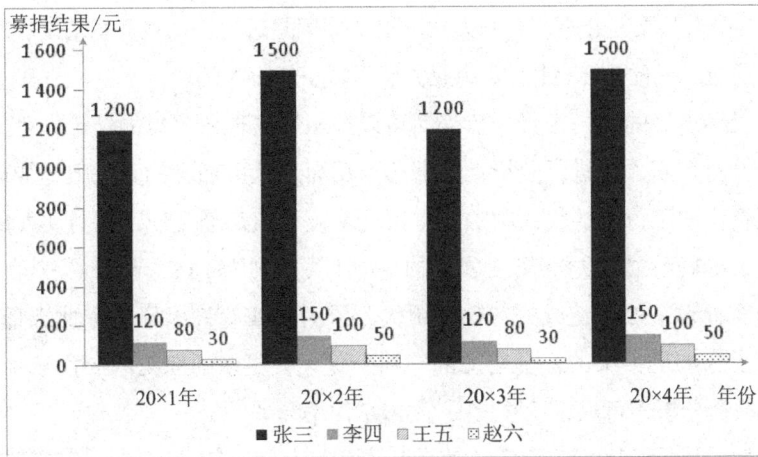

图 8-6　某公司连续 4 年爱心募捐结果柱状图

表 8-21 可能视觉效果不佳，但用表格传达信息可以减少人们的注意力或感情色彩；而用柱状图，人们很容易进行直观的比较。对"比较"要求较高的数据用柱状图相对合适，可爱心募捐这类事应尽量避免比较。

3. 数量和比率产生的误导

某公司第三季度订单猛增，HR 开始大规模补充劳动力。在整个过程中，HR 发现离职人数似乎比以往有所增加。在季度末，HR 对当年前三季度入职离职情况数据分析报表如表 8-22 所示。

表 8-22　某公司前三季度入职离职情况表

季度	离职人数	入职人数	月末总人数
第一季度	1 300	1 160	31 540

续表

季度	离职人数	入职人数	月末总人数
第二季度	1 310	1 240	31 470
第三季度	1 650	5 870	35 690

根据此表，HR 认为第一季度和第二季度的离职人数稳定在 1 300 人左右，而第三季度离职人数达到 1 605 人，增加了 350 人，离职人数增加的比例达到了27%。根据离职原因分析，离职人数增加的原因是近期公司业务量增加，职工加班现象严重。据此，HR 建议公司业务部门减少加班时间。

对已经离职的人员进行分析确实可以得出加班现象严重的结论，可如果换个思维，对在职人员进行分析，大部分人反而是认可加班的。原因是加班会得到加班费，职工每月的收入增加了。第一季度和第二季度职工每月实发的平均工资为 3 250 元，第三季度职工实发的平均工资达到了 4 160 元。

表面看起来加班造成的"弊"更大，因为确实有许多职工因此选择离开；而实际上，加班带来的工资增加的"利"更大，更多的职工因此而选择留下。所以，数据分析不可只看"数量"，不看"比率"。

当然，只看"比率"不看"数量"同样是有问题的，比如，某部门某年度新入职的女职工入职一年内的怀孕比率达到了 50%。单从这句话来看，感觉很惊人，而事实上，该部门当年新入职的女职工只有 2 人，其中 1 人在入职 1 年内怀孕。如果单纯基于比率推导结论和行动方案，则必然有失偏颇。

4. 平均数的误导

某公司职工的月平均工资为 6 000 元，当地同行业工资的 50 分位值是3 000 元 / 月，75 分位值是 4 000 元 / 月，90 分位值是 5 000 元 / 月。于是 HR得出结论，该公司职工工资远高于 90 分位值，在当地同行业中具备较强的薪酬外部竞争力。

然而，事实不是这样，不需要细分到每名职工，只需要往下细分一个等级，问题就出现了，该公司按照职级划分的平均工资如表 8-23 所示。

表 8-23 某公司按职级划分的平均月工资情况

职级	人数	平均月工资 / 元
高层管理者	50	60 000
中层管理者	200	30 000
基层管理者	380	14 000
基层职工	3 011	2 500
合计	3 641	

从表 8-23 能够看出，基层职工的平均月工资和中层、高层管理者的差距还是比较大的，但是被"平均"之后，薪资一下子就"增加"了。当数据样本内的值差距较大时，只拿平均值说明问题很可能会造成误判。

5. 忽略误差的误导

某公司某部门职工前三季度绩效考核结果如表 8-24 所示。

表 8-24 某公司某部门前三季度绩效考核结果

姓名	第一季度	第二季度	第三季度
张三	91.24	91.26	91.27
李四	91.13	91.14	91.23
王五	90.87	90.98	90.99
赵六	80.42	80.47	80.87

根据表 8-24 显示的结果，该公司的 HR 判断该部门张三非常优秀，李四、王五、赵六都需要努力向张三学习。然而，任何测量都会存在误差，我们判断的时候要在心里加上一个区间，比如 ±2% 或 ±3%。其实，该部门的张三、李四、王五的优秀程度差不多，不能凭绩效得分上下不到 2 分的差距就简单粗暴地判断张三比另外两人优秀。而赵六与其他 3 人相比，在绩效上确实有需要提高的空间。

6. 不可比性

某公司 A 部门的年度离职率为 10%，B 部门的年度离职率为 15%，由此 HR 得出判断，A 部门的管理优于 B 部门。然而，A 部门与 B 部门的业务和工作性质完全不同，A 部门的工作环境好，工作强度低；B 部门的工作环境非常恶劣，工作强度大。直接比较 A 部门和 B 部门的离职率，就好像拿"苹果"和"梨"比大小，而不是拿"苹果"与"苹果"相比。

7. 归因错误

某部门的绩效考核分数较低，HR 得出的结论是该部门管理者的能力较弱。事实上，绩效考核分数低的原因有多种。就好像苹果的个头大小，除了和品种有关，还跟土壤、光照、肥料、水源、虫害等各类因素有关。不可以因为苹果个头小，就完全归因为农场主管理不善。

8. 忽略基数

某公司 HR 在与各业务版块协商下一年度的增长目标时，希望所有业务版块的增长率都达到 10%。然而，有的业务版块是新成立的，体量较小，增长空间很大；有的业务版块成立时间较久，体量较大，已经成熟稳定，增长空间较小。"一视同仁"显然有问题。蚂蚁的体重增长 10% 和鲸的体重增长 10%，对应需要吃掉的食物量级是完全不同的。

9. 数据来源不明

比如有些 HR 会说，据统计，外部同行业的工资水平比我公司高 30%。在数据分析中，最没有意义的话就是"据统计"。要保证数据的真实有效性，必须弄清楚数据的出处，要弄清楚是谁、在什么时间、通过什么方式、怎么得到的数据等。数据要具备准确性和权威性，如果输入的是"蔬菜"，输出的也只会是"蔬菜"。

数据或图表可能误导人的方式还有很多。其实，数据就在那里，它本没有误导人，是人在误导人。要想客观、理智、公正地管理和分析数据，不可"就数论数"，要把数据和实际联系在一起分析。分析数据时，除了要有专业的工具和方法之外，还需要具备理性的认识、清醒的头脑和专业的态度。

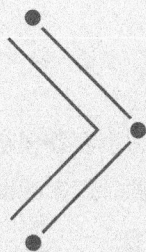

第 9 章

人力资源管理实战疑难问题

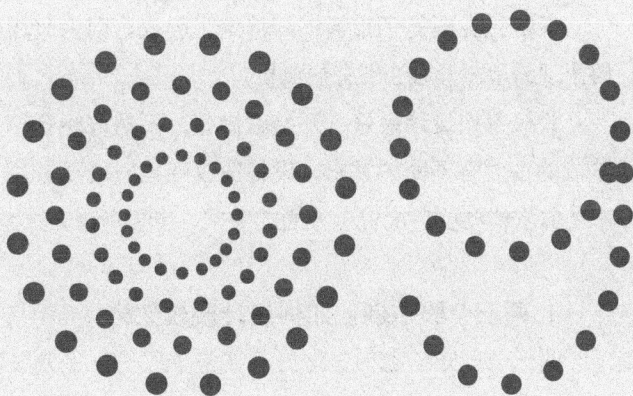

企业人力资源管理实战工作中的一些疑难问题，往往让人力资源管理从业者不知道如何应对。本章选取了9个企业中比较常见的人力资源管理实战疑难问题，对疑难问题进行了解析，并总结了这些疑难问题的应对方法。

9.1 如何设计股权架构

很多企业赢得了市场，却输给了股权。因为股权问题，不少企业的股东最终出现纷争，导致企业分崩离析。

股权架构设计最好一开始就做好，不然可能会产生一系列问题。处在不同阶段的企业有不同的需求，设计股权架构时既要考虑当前的需求，也要考虑未来的需求，既要考虑资金方面的需求，也要考虑人才方面的需求。

1. 两三个股东创业如何设计股权架构

两三个股东创业时，最好不要平分股份。平分股份会造成当股东意见不一致时，决策停滞不前，无法推进的情况。也就是当两个股东创业时，不要采取各50%的股权比例设计。3个股东创业时，不要采取各1/3的股权比例设计。

两个股东创业，一定要有一个股东占主导地位，也就是占股要超过50%。这样当两个人意见不合时，可以以股份多的股东意见为准。

3个股东创业，也要有一个股东占主导地位。这里的占主导地位不代表这个股东的股份占比达到34%，另外两人的股份各占33%就可以，而是说占主导地位股东的股份比例也要超过 50%。因为假如股份占 34% 的股东和另外两个股份占 33% 的股东意见不合，那么两个股份占 33% 的股东可以联合起来抵制那个股份占 34% 的股东。

2. 4 个及以上股东如何设计股权架构

存在 4 个及以上股东创业分配股权时，最好选择一个核心人物。这个核心人物的股权应占主导地位。如果创业之初各股东间的股权比例相近，股东人数越多，管理就越复杂，内耗越严重，决策效率越低。

与 3 个股东创业时的股权比例设置类似，4 个及以上股东在设计股权架构时，同样应有一个人的股份占主导地位。这个人的股份比例应至少达到 51%。除此之外，4 个及以上股东在创业之初，一定要定位好各自的角色，一定要在合伙创业之前多问"为什么"。

这里的"为什么"主要可以从以下 4 个方面考量。

1）资金方面

多人合伙创业是因为缺资金吗？除了找更多人合伙创业外，难道就没有更优的资金获取方式吗？创业团队中哪些人的价值只是提供资金，而无法提供必要的资源、技术、管理等公司发展所需的核心资源？有必要为了资金，让这些人成为创业团队的一员吗？

2）资源方面

多人合伙创业是因为缺资源吗？哪些人是因为掌握核心资源才被考虑纳入创业团队的？这些资源是公司难以获取的吗？获取的难度有多大？有没有可能通过资金来换取这类资源？这类资源有没有持续性？是否具备消耗性？

3）技术方面

多人合伙创业是因为缺技术吗？哪些人是因为掌握核心技术才被考虑纳入创业团队的？这些技术具备市场竞争力吗？技术壁垒高吗？技术领先能持续多久？掌握技术的人有创新意识和进取心吗？有没有可能通过资金来换取这类技术？

4）角色方面

多人合伙创业，每个合伙人在公司中的角色是什么？每个人分别承担着什么样的功能或职责？这些人的工作态度如何？业务能力如何？过往的绩效如何？有可能不用股权或用更少的股权吸引到更优质的人才吗？

3. 快速发展期的公司如何设计股权架构

快速发展期的公司设计股权架构，可以参照投资人比较不喜欢和喜欢的股权比例状况。投资人选择投资某家公司的理由有很多，可能是看好公司所在行业的发展，可能是看好公司在行业中的市场地位，可能是看好公司创业团队的运营管理能力，但若有以下几种情况，不论在其他方面如何看好，投资人都不会投。

1）创始人 / 联合创始人股份比例总和过低

一般来说，当创始人 / 联合创始人的股份比例总和低于 10% 时，代表已经失去对公司的控制权。创始人 / 联合创始人是最了解公司的人，如果不掌握公司的控制权，很可能让公司的发展走偏。

2）创始人 / 联合创始人股份比例总和过高

虽然创始人 / 联合创始人股份比例总和过低并非投资人喜欢的股权架构，但股份比例总和过高也不一定是优质的状态。比如某公司创始人持股比例达到 95%，且十分珍惜自己的股份，一点都不愿通过放弃控股权来换取公司未来的发展或对核心人才的吸引。在这种情况下，创始人虽然拥有公司的绝对控制权，但很容易成为"孤家寡人"，有能力的核心人才会很快流失。

3）股份比例比较平均，没有"一股独大"

当公司的股份比例比较平均，没有"一股独大"的时候，代表公司没有主心骨，没有能够率领公司披荆斩棘的核心人物。或者就算有这类人物，但因为其没有掌握足够多的股权，往往在公司没有实质的话语权。

公司上市前，投资人比较看好的公司的股权架构通常呈现以下特点。

1）创始人股份占 51% 以上

如果某公司创始人只有 1 个，话语权比较大，且创始人的股份比例在 51% 以上；或者公司有联合创始人，创始人和联合创始人的股份总和在 51% 以上，且联合创始人明确授意一切决策以创始人的意见为准，这样公司的决策比较迅速，管理效率比较高。

2）核心人才股份占 20% 以上

公司可以靠一个人创立，但不可能靠一个人壮大。尤其是未来会上市的公司，必须有专业的人才队伍支持公司的发展。如果当下核心人才股份达到 20% 以上，说明公司有不需要创始人施加过多精力就能实现自驱动的能力。

3）期权股份占 10% 以上

当公司预留了部分股份，设置了股票期权池，或有股票期权增发的相应规则体系，说明这家公司懂得在股份上留有余地，懂得在一定程度上考虑公司未来长远的发展。

9.2　如何设计合伙人制度

合伙人制度如果设计不好，会出现不好的股权架构等类似的问题。

合伙人制度没有固定的模式，常见的模式有 3 种：一是股东合伙人；二是事业合伙人，属于联合创业模式；三是生态链合伙人。

1. 股东合伙人

通常来说，合伙企业的合伙人与有限责任公司的股东是有区别的。

（1）二者的身份不同。合伙企业中的合伙人是根据《中华人民共和国合伙企业法》所设立的普通合伙企业或有限合伙企业的主体；有限责任公司的股东是根据《中华人民共和国公司法》所设立的有限责任公司或股份有限公司的主体。

（2）二者出资不同。除了能够用货币、实物、知识产权和土地使用等出资外，合伙企业的合伙人还可以用劳务出资。而有限责任公司的股东则不允许用劳务出资。同时，合伙企业的资产由所有合伙人共有，而有限责任公司的股东的出资则由公司所有（有限责任公司具有独立的法人人格），出资完成后不属于股东。

（3）二者对竞争的态度不同。对于企业的合伙人，不得自营或与他人联合开展竞争业务，这属于绝对禁止的情况，合伙人协定也不能将其排除在外。而对于有限责任公司的股东来说，公司章程可以明确规定股东可与他人联合经营业务，以与本公司竞争。如果公司的章程没有明确规定，股东也不得自营或与他人联合经营业务，以与本公司抗衡。股东竞业是相对禁止的。

（4）二者行使不同的经营权。在合伙企业中，有限合伙人没有参与管理，普通合伙人可作为公司的执行者，也可委托一个或几个普通合伙人管理、执行公司的业务。而有限责任公司的股东通过管理公司实行经营和管理的权力，股东们可以参加股东（大）会，选举董事或执行主席，并成立监事会。

本书所说的合伙人，既包含普通的企业合伙人，也包括有限责任公司中的股东。有限责任公司的股东若在管理意义上上升为合伙人，则可以称为股东合伙人。

根据加入时间的不同，股东合伙人可以分为两种。一种是从公司初创期就存在，即投入了有形资产或者无形资产的公司创始股东；另一种是在公司发展的过程中，创始股东为了扩大规模，会选择使用兼并、融资等手段而出现的融资而来的股东。前者一般互相之间是关系较为密切的亲属或者朋友，人合属性比较强；后者主要是外部的投资者，资合属性强。

2. 事业合伙人

事业合伙制本质上是以企业为平台、以项目事业为结点与人才建立一种不同于雇用和股东的关系，从而使人才成为企业的"合伙人"的制度。

传统企业经营强调规划、规范、实施和监控，对短期业绩实行短时间激励（年度）从而形成"雇用制"，但在这种体系下，企业与员工的关系并不稳定，建立风险共担机制迫在眉睫。

从建立了事业合伙制的企业可以了解到，"共担"就是事业合作人的中心，阿里巴巴、万科和华为等企业，所有制度的安排都围绕着这一点展开。

其主要考虑了以下3个方面。

（1）团队协作好过"单兵作战"。现在整个市场都在变革期内，要想跟得上市场的步伐，必须快速地响应市场的变化。因此，对员工的要求不只是执行，而是要在执行的基础上创造。而创造的过程，其实就是集思广益的过程。所以合伙就是合作，合作才有出路！

（2）满足员工提高成就感的需要。大多数的员工不再满足于领固定工资，他们希望有更多灵活的收入。他们对于按部就班地缓慢成长持否定的态度，希望很快能在工作中发挥更大的主导作用，从而获得更大的成就感。

（3）"全员股东"不切实际。上面2个方面在全员成为股东的情况下也能够实现，但在人数特别多的情况下就不适合了。一群人进行工商登记既麻烦又复杂，也无法做到"高标准、严要求、高回报、共风险"，而且一不小心还会影响到大股东对公司的控制权。但事业合伙制就不同了，它不用将所有合伙人都登记在执照中。这种制度不仅能够提高人才选择标准和考核要求，还能用更具有吸引力的利益分配机制编织公司与人才的中长期纽带。

3. 生态链合伙人

调查显示，统一生态链上的合作伙伴一旦建立了合伙关系，对企业发展的潜在价值巨大。不但可以减少合作双方的运营费用，还可以提高双方的运营效率、质量，增强品牌竞争力。

能够在利益博弈中获得较大的单位毛利空间是传统商业的获利手段，在这种模式下，善于竞争者可以获得更多的盈利机会。然而，采用生态链合伙人制才有可能更大幅度地拓宽企业的盈利来源与空间。

一般来说，只有那些有相应能力的企业才能够成功地发起和主导生态链合伙。这种能力包括创收能力、资本运营能力及系统管控能力。

（1）创收能力，是指一家试图推行生态链合伙人制度的企业所能提供的潜在盈利机会，是否能够满足供应商或者客户，以及其他的生态链条内部人的生存与发展需要。如果具备这种能力，就可以主动发起生态链合伙人制度。

（2）资本运营能力，是指企业是否有充足的资源能够使生态链得以运转。发起人不仅要敢于大幅度地让利给生态链合伙人，还要有能力为保障生态链合伙人的利益投入大量的成本。企业之所以愿意这么做，是因为他们确信，只有大量的让利和投入成本，才能够迅速且精准地建立规模化的生态链。

（3）系统掌控能力，是指对生态链合伙人制度和机制的设计与控制能力。也就是说，推行生态链合伙制光有钱、有人是不够的，还需要有一套较为完善的体系，通过设计相关的制度与配套的措施，降低合伙风险，为合伙事业保驾护航。

9.3　为什么绩效奖金的激励效果不佳

很多企业不懂绩效奖金的正确分配方法，使绩效奖金不仅没有激励效果，有时甚至会起到负面效果。假如绩效奖金不能起到该有的激励效果，那发了还不如不发。

那么，绩效奖金该怎么分配呢？

我们用一个简单的模型来说明究竟该如何正确地分配绩效奖金。

假设在某企业中有个部门，部门的管理者叫张三。这个部门除了张三外，还有两名员工，一名员工叫小甲，一名员工叫小乙。

临近年底，企业要给各部门发奖金，就出现了分奖金的问题。奖金怎么分呢？张三忽然想到了年初制定的绩效目标，于是匆匆忙忙地做年终绩效评价。张三翻出了小甲和小乙年初时制定的绩效目标，根据他俩目标的完成情况，给小甲和小乙打分，准备根据他们的得分来分奖金。

这个部门员工的绩效目标是年初时张三和员工一起定的。制定绩效目标的方法是张三根据员工前一年的表现，和员工面谈后，参考员工的部分意见，并根据部门需求和个人判断，最终决定的。

小甲是一名工作了7年的老员工，工作经验比较丰富，工作能力比较强，所以张三给小甲制定的绩效目标比较高，达成难度较大。经过评价，小甲年终的绩效得分为70分。

小乙是一名大学刚毕业的学生，刚入职不到1年，工作态度比较积极，但因为刚上手，对业务不熟悉，工作能力一般，所以张三给小乙制定的绩效目标比较低，达成难度较小。经过评价，小乙年终的绩效得分为90分。

到年底了，企业给张三的部门发了10万元奖金，要求张三将10万元分给部门的小甲和小乙。张三该怎么分呢？这时候，通常会有3种分法。

张三想到了第一种绩效奖金的分配方法，如表9-1所示。

表9-1　第一种绩效奖金分配方法

	小甲（老员工）	小乙（新员工）
绩效得分	70分	90分
绩效得分占部门总绩效得分的百分比（四舍五入取整）	44%	56%
绩效奖金分配	4.4万元	5.6万元

张三想了想，觉得这个方法很蠢。小甲的绩效得分低，是因为自己对小甲

的期望值高，年初给小甲制定的目标的难度大；小乙的绩效得分高，是因为自己对小乙的期望值低，小乙的目标难度小。如果这样分配绩效奖金，成了典型的"鞭打快牛"了，于是想出了第二种绩效奖金分配方法，如表9-2所示。

表9-2　第二种绩效奖金分配方法

	小甲（老员工）	小乙（新员工）
绩效得分	70分	90分
绩效奖金分配	5万元	5万元

张三想，小甲虽然绩效得分比较低，但人家毕竟是老员工，能力强，再怎么样也不能绩效奖金比小乙低啊。但小甲绩效得分低又是事实，于是想人为干预平衡一下，两人平分奖金吧。刚开始张三还觉得这个法子不错，可转念一想，这不成了"大锅饭"吗？于是张三又想到了第三种绩效奖金分配方法，如表9-3所示。

表9-3　第3种绩效奖金分配方法

	小甲（老员工）	小乙（新员工）
绩效得分	70分	90分
绩效奖金分配	6万元	4万元

张三想，既然要人为干预，就干预得彻底一些。小甲毕竟是老员工，是部门的顶梁柱，奖金应该拿得多一些，给他分6万元。可这时候，张三又为难了，我基于什么理由给张三分6万元呢？这6万元是怎么来的呢？现在绩效得分不成了摆设？这样能服众吗？小甲和小乙分别会怎么想呢？

张三的苦恼是很多企业管理者的通病。出现这样的纠结，实际上是因为张三没有真正理解绩效奖金的含义。

绩效奖金是怎么来的？绩效奖金是基于企业达成业绩产生的。企业的业绩越高，各部门的绩效奖金也就越高。既然绩效奖金是企业过去一年价值创造的产物，对绩效奖金的分配，当然应该聚焦于价值，聚焦于贡献。

员工的绩效得分能体现员工的价值和贡献吗？在张三主管的部门中，不能。不仅不能，而且毫无关系。所以张三用绩效得分来分配绩效奖金的逻辑，本身就是错的。基于这个错误的逻辑，不论怎么分，都是错的。

而且假如张三基于绩效得分来分配奖金，不仅起不到激励效果，而且会让小甲和小乙想办法隐藏能力，想办法让张三觉得自己实现不了更高的目标。因为一旦张三觉得小甲和小乙能实现更高的目标，就会给他们制定高目标，高目标很可能会带来低绩效得分，可能拿到更低的绩效奖金。

长期这样下去，部门内部会形成谁都不敢多做，谁都不想追求高目标的氛围。因为多做多错，多做了如果做不到，绩效得分就会低，绩效奖金就会低。这种事对员工来说风险太大，还不如故步自封。

那么，张三应该怎么做呢？张三应当评判过去一年，小甲和小乙实际取得的工作成果，对部门的价值是多少，小甲和小乙对部门价值的贡献有多大，要将小甲和小乙的价值和贡献量化。

比如，假如小甲对部门的价值贡献度是 80%，小乙对部门的价值贡献度是20%。那么，小甲应当获得部门绩效奖金的 80%，也就是 8 万元。小乙应当分得部门奖金的 20%，也就是 2 万元。

8 万元和 2 万元，差了 4 倍。这合理吗？如果按照绩效得分分配奖金逻辑，不论怎么算也算不出 4 倍的差距，所以按照这套逻辑是不合理的。但小甲的贡献和创造的价值确确实实是小乙的 4 倍，那小甲的绩效奖金是小乙的 4 倍，又有什么不合理的呢？

按照这套逻辑来分配绩效奖金，会形成什么样的文化呢？小甲和小乙不仅不畏惧张三给自己制定高目标，而且会通过高目标来激励自己，激发自己的潜能，想办法做出更有价值的成果。团队的氛围会变成不畏艰难、争做第一。

9.4　如何搭建有竞争力的雇主品牌

为什么类似岗位、类似招聘条件、类似企业规模，有的企业在招聘时，有一种天然的吸引力，当候选人听到某企业名字的时候，就算该企业的薪酬待遇水平比其他企业低，也会吸引候选人到那家企业工作？

新生代员工纷纷在入职前对企业进行背调，企业要如何应对呢？企业如何提高自己在候选人心中的地位？企业如何打造出有区别的雇主品牌？

被称为管理哲学之父的查尔斯·汉迪（Charles Handy）曾经说过："今后，我们将不再'寻找工作',而是要'寻找雇主'。"意思是人们将逐渐把找工作的重点从寻找岗位转移到寻找雇主上。

完全同等条件的两个岗位,一个是 A 企业提供的,一个是 B 企业提供的。如果 A 企业的雇主品牌明显优于 B 企业,那么求职者大概率会选择到 A 企业工作。就算 A 企业提供的岗位条件比 B 企业差一些,求职者还是有可能选择 A 企业。这就是雇主品牌的力量。

什么是雇主品牌?雇主品牌就是组织作为雇主在人力资源市场中的形象。雇主品牌代表着求职者对雇主的一种信任、一种想象和一种预期。

雇主品牌和商业品牌类似,当顾客买商品的时候,可能某种商品的价格比较高,但如果这种商品的品牌是某知名品牌,顾客可能还是会购买。雇主品牌也能让一些在人才市场上没有优势的岗位条件被求职者欣然接受,并乐于其中。

但是雇主品牌和商业品牌也有不同,雇主品牌对应的是雇员,包括在职员工和外部人才;而商业品牌对应的是消费者。有太多商业品牌做得很成功的企业,也就是这些企业提供的商品或服务普遍被消费者认可,但是其在人才市场上的口碑非常差,也就是曾经在这家企业工作过的员工或还没有进入这家企业的外部人才对企业的评价普遍比较低。

不好的雇主品牌就好像有一股无形的推力,把优秀的人才往外推,形成恶性循环;好的雇主品牌自带拉力,或者说自带吸引力,能够不断把优秀人才吸引到企业当中去,形成良性循环。

要打造雇主品牌,可以分成 4 步,如图 9-1 所示。

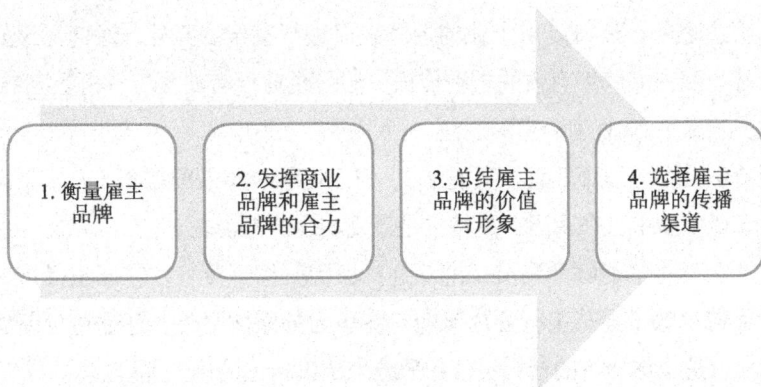

| 1. 衡量雇主品牌 | 2. 发挥商业品牌和雇主品牌的合力 | 3. 总结雇主品牌的价值与形象 | 4. 选择雇主品牌的传播渠道 |

图 9-1 打造雇主品牌的 4 个步骤

1. 衡量雇主品牌

衡量雇主品牌可以分成两个方面，一是在企业内部衡量，可以通过对员工满意度、忠诚度和敬业度的调研来量化和评估雇主品牌对内的质量；二是在企业外部衡量，可以通过请专业的调研机构或一些招聘平台的大数据分析获得和其他企业比较的结果，以及企业在求职者心中的认知情况。

2. 发挥商业品牌和雇主品牌的合力

雇主品牌不等于商业品牌，但是雇主品牌不是脱离商业品牌而孤立存在的，他们之间有一定的关联性和协同性。企业一般都会重视商业品牌的建设，但很容易忽视雇主品牌的建设，这时候如果 HR 能让企业的高层领导和负责商业品牌建设的部门参与到雇主品牌的建设，通常会收获比较好的效果。

3. 总结雇主品牌的价值

HR 要提炼出雇主品牌的价值，要在内部员工和外部人才心中塑造企业的形象，需要注意以下 3 点。

（1）符合实际，企业不要只喊口号，要真正落地。

（2）和内部员工有关系，只有和内部员工有关系的价值才能真正地影响员工。

（3）要有一定的差异化，不要塑造那种人云亦云的雇主品牌形象。

4. 选择雇主品牌的传播渠道

在宣传雇主品牌的时候，企业除了可以和相关部门对商业品牌的宣传采用相同的渠道之外，还可以用企业的招聘渠道进行宣传。另外，对商品最好的传播是口碑。雇主品牌最有效的一种传播资源是企业现有的员工。再漂亮的文案，也不如员工私下真诚的肯定和赞美。

英特尔公司（以下简称"英特尔"）曾经连续 3 年入围美国《财富》杂志组织的全球最佳雇主。在我国，英特尔是最受欢迎的外企之一。

为什么英特尔能够受到员工的欢迎？原因归结于英特尔在雇主品牌方面的建设。英特尔除了给员工行业内比较有竞争力的薪酬之外，还通过创新型的企业文化和打造全球一流的社会责任的形象来建设自己的雇主品牌。

（1）英特尔设立了专门的雇主品牌建设团队，负责自身雇主品牌的战略定位、咨询和指导工作。

（2）英特尔通过许多具有社会责任感的活动，基于"创新、催化、共享价值"的战略思考，着手解决一些社会问题，从而增强自身雇主品牌的影响力，其中包括在环境方面的可持续发展、对教育事业的支持、举办公益活动等。

（3）英特尔对自身雇主品牌的设计还来源于其对自身员工的关爱。英特尔一直遵循着可持续的人才管理策略，通过对办公环境的打造、对员工工作和生活方式的关怀、对沟通机制的建设，以及对员工价值的认可等方式，处处关爱自己的员工。

英特尔内设足球场、网球场、健身房、咖啡厅、阅览室、美发室等，让员工工作的同时保持健康的身体和愉悦的心情。

员工俱乐部下设运动俱乐部和兴趣俱乐部，通过组织各种活动，为员工发展兴趣、培养爱好、学习技能提供广阔的空间。

英特尔北京的办公室持续保持对室内外 PM2.5 的检测和维护，全年 PM2.5 过滤效率维持在 80% 的平均水平，最大限度地保障员工的身体健康。

英特尔提倡多种灵活的工作方式，员工可以自行制定能够同时满足公司和个人需求的工作方案。在办公楼专门设立了哺乳室，方便刚刚成为母亲的女员工使用。英特尔还会为员工举行"家庭日"活动，促进员工与家人的相处。

英特尔为员工和他的家庭成员提供 EAP 服务，提供 24 小时免费电话预约咨询，也会定期开展心理讲座、组织培训和减压活动，帮助员工提高工作绩效和生活质量。

英特尔鼓励员工发表自己的不同意见，建立平等的沟通文化，从而激发员工的创新精神。沟通通过季度业务会议、总经理信箱、英特尔员工平台等多种渠道展开。

英特尔对于项目中表现优秀，有突出贡献的部门、团队和员工个人，会及时给予表彰、鼓励和认可。

9.5　为什么提高员工满意度没能降低离职率

很多人力资源管理者通过员工满意度调查来实施人才保留措施。他们的做法通常是通过设计一套问题丰富的表格，列出一些事项询问员工是否满意，然后通过统计分析结果，得出员工在某些方面满意度较低的结论，再针对调查结果中员工满意度较低的部分给予补充，提高员工在那些方面的满意度，以降低员工的离职率。

这个逻辑看似正确，实际应用起来往往收效甚微。要想有效留住员工，只在员工满意度上做文章是没有用的。

20世纪40年代，美军为了降低自己的飞机被击落的概率，开始研究是否可以在飞机上的某些部位安装加强装甲。他们经过统计之后发现，从战火当中飞回来飞机的"伤痕"确实会呈现出某种规律。

这些飞机有的部位中弹比较多，有的部位中弹却比较少。那么，为了增强美军飞机的防御力，科学家一开始得出的结论是在弹孔密集的地方装上加强装甲。然而当时有一位名叫亚伯拉罕·沃尔德（Abraham Wold）的统计学家说："你们都错了，应该做的事情和你们的想法刚好相反，那些弹孔稀疏的地方才是需要保护的！"

因为美军只统计了飞回来的飞机，但是却没有统计那些没有飞回来的飞机，也就是没有统计那些被击落的飞机。那些真正被击中了要害部位的飞机，其实最后都飞不回来了，而只有那些没有被击中要害部位的飞机才更有机会返航。这位统计学家当时还为此事专门写了一篇论文，题目为《一种根据幸存飞机损伤情况推测飞机要害部位的方法》（*A Method of Estimating Plane Vulnerability Based on Damage of Survivors*）。

对在职员工实施满意度调查和对美军统计飞回来的飞机哪里中弹的数量最多是一个道理。在职的员工会告诉人力资源管理者，我这里不满意（中弹），那里也不满意（中弹）。统计之后人力资源管理人员会发现员工不满意最多的方面（中弹最多的部位）。这时候很容易陷入只要补充了这些方面，就能降低员工离职率（增强飞机防御力）的思维误区。

与美军为飞机装加强装甲的原理类似，人力资源管理者只考虑了那些在职的员工（飞回来的飞机），却没有考虑那些离职的员工（没有飞回来的飞机）。事实上，那些对在职员工来说不满意的部分（飞回来的飞机中弹较多的部位），也许并没有那么"致命"。那些离职的员工因为什么离职才是关键（没有飞回来的飞机在哪里中弹），而这有可能是在职员工满意度调查中被较少提及的部分

（飞回来的飞机中弹较少的部位）。

这种观点确实有些反常识，也许会让有的读者一时难以接受。这正是人力资源管理者学习运用科学的方法实施管理的原因、目的和意义所在。所以人力资源管理者为了有效保留人才，只做在职员工满意度调查是无效的。最有效的一种方法是做员工离职原因分析，或者把员工离职原因分析和在职员工满意度调查的两个结果放在一起综合分析。

实际上，员工满意度是比较主观的，企业不应过分重视员工满意度。

2000年，华为公司当时的轮值CEO徐直军写了一篇文章《告研发员工书》，批评部分研发人员"一个对生活斤斤计较的人，怎么能确保高效工作呢？葛朗台式的人在公司是没有发展前途的。"

任正非随后批示说："你们都是成人了，要学会自立、自理。我们是以客户为中心的，怎么行政系统出来一个莫名其妙的员工满意度，谁发明的？员工如果不满意，你怎么办呢？现在满意，过两年标准又提高了，又不满意了，你又怎么办？满意的钱从什么地方来，他的信用卡交给你了吗？"

"正确的做法是，我们多辛苦一些，让客户满意，有了以后的合同，就有了钱，我们就能活下去。员工应多贡献，以提高收入，改善生活。我们的一些干部处于幼稚状态，没有工作能力，习惯将矛盾转给公司，这些干部不成熟，应调整他们的岗位。全体员工不要把后勤服务作为宣泄的地方，确实不舒服要找心理咨询机构或者天涯网。"

2010年在全球行政人员年度表彰暨经验交流大会上，任正非说："不要随便使用员工满意度这个词来作为考核的鞭子。员工满意度是与成本有关的。实质上，人民的要求是无法充分满足的，只能在适当条件下，达到适当的水平。"

"我们要理解舒舒服服是不可能长久的，唯有艰苦奋斗才能创造好的生活。我们要以客户为中心，不断提高客户满意度，是因为只有客户不断地给我们合同，我们才能产生生存必需的利润。客户满意需要我们吃些苦才能实现。"

"因此，我们在生活上仅给员工提供基本的生活保障、标准的生活服务。员工希望自己的生活再好一些，自己应从工资、奖金、补助中拿出一部分才可能得到改善。个人的自由个人来承担。"

我工作的公司每次做员工满意度调查的时候，在最后得出的结论中，排第一不满意的项目经常是薪酬。即便这份满意度调查是在公司上调薪酬后不久做的，结果很可能也是这样。但是同一时间做离职原因分析的时候，得出来的排第一的离职原因，往往不是薪酬方面的原因。

我的经验是，在职的员工一般会偏向于表达薪酬待遇方面的不满，这可能源于每个人都期望能够进一步提高自己的薪酬待遇，借助公司的调查表达出来，实现这种期望的可能性会更大；而离职的员工因为与公司之间没有了利益关系，他们更有可能把真正导致他们离职的原因指出来。

9.6　新生代员工因小事离职怎么办

为什么有的新生代员工会因为 Wi-Fi 信号速度慢、电脑运行速度慢、食堂饭菜不好吃等这类小事而提出离职？新生代员工是不是更难管理？不同时代的员工真的有不同的特点吗？有哪些小事情影响着员工的去留？为了留住员工，企业要注意哪些细节？

有人说回看早些年的企业，员工朴实稳定，随着时代的发展，新生代员工越来越心浮气躁。所以就有一种说法，"70 后" 的员工比 "80 后" 的员工稳定，"80 后" 的员工比 "90 后" 的员工稳定。

因为成长的环境不同，不同时代的员工确实会呈现出不同的群体特点，但这种特点与就业观、择业观的关系不大。实际上，我国早些年企业员工的相对稳定与当前企业员工的相对不稳定，跟员工由哪代人组成无关，主要跟我国经济环境的变化有关。

根据国家统计局 2018 年 09 月 12 日发布的《就业总量持续增长 就业结构调整优化——改革开放 40 年经济社会发展成就系列报告之十四》中的数据，现作简要分析。

1978 年，我国城乡就业人员共计 40 152 万人，其中城镇就业人口 9 514 万人。2017 年末，就业人员总量达到 77 640 万人，比 1978 年增加 37 488 万人，增长了 93%，平均每年增长 961 万人；城镇就业人员总量达到 42 462 万人，比 1978 年增加 32 948 万人，增长了 346%，平均每年增长 845 万人。

1979 年，城镇累计待业人员达到 1 500 万人，仅在劳动部门登记的城镇失业人员就有 568 万人，城镇登记失业率达到 5.4%。1998—2002 年，国企下岗职工累计为 2 023 万人，再加上 1998 年以前累积的下岗人员，国有企业下岗人员总量达到 2 715 万人。1998—2005 年，全国共有 1 975 万国有企业下岗人员实现了再就业。到 2005 年底，国企下岗人员存量已由最高峰的 650 多万人下降到 61 万人。

简单地说，我国过去人才市场的就业环境不好，呈现出岗位少、人才多的局面，能找到工作是一件值得人才珍惜的事。而如今随着我国经济的快速发展，就业机会越来越多，呈现出岗位多、人才少的局面，人才的选择机会很多，也就造成人才对现有的岗位不会像以前一样珍惜。

人才珍不珍惜工作岗位与人才属于哪个时代无关，与人才所处的大环境中，工作岗位是稀缺，还是冗余有关；与人才个体拥有的选择机会是多，还是少有关。

我曾经听说一位女同事和她男朋友分手了，他们俩我都认识。男方甲家境殷实、性格爽朗、斯斯文文，听说有不良嗜好。女方乙温柔贤惠、落落大方，算得上得厅堂、下得厨房。按理说他们是上郎才女貌，很般配，很多人认为他们应该走进婚姻的殿堂。

有一次我遇到甲，问他："看你们俩平时好像挺恩爱的，怎么就分手了呢？"

他说："你别看乙她平时看起来挺利索的其实她可懒了！让她洗个衣服可费劲了！每天就知道看电视剧，看的时候戴着耳机，盯着屏幕一会儿哭一会儿笑的。以前她还给我做饭，后来连饭都不好好做，经常订外卖……"

有一次我遇到了乙，问了她同样的问题。

她说："你别看甲平时挺利索的，他一玩起游戏来就不理人！吃完饭，我让他刷个碗他都不做，懒死了！以前他经常关心我，现在他晚上跟别人在外面吃完饭回来，都不问我有没有吃饭……"

听完他们的描述，我发现他们分手全是因为一些生活琐事。而这些事，与员工因为企业 Wi-Fi 信号速度慢、电脑运行速度慢这类小事而选择离职是一个道理。

说回那对情侣，为什么这么多的小事，会让原本好好的情侣最终选择分手呢？原因并不是这些小事本身，而是这些小事引发出来的一系列定性的评价，让原本微小的量变引发了质变。

人们很容易把小事上升到定性的评价上，随着小事越来越多，定性的评价越来越具象、越来越清晰。当这种定性的评价是负面评价时，人们的负面情绪会越积越多，当到达某个临界点时，情绪爆发，于是产生负面情绪驱动的行为。

员工因为小事而选择离职，也是同样的道理。在情感问题上，没有小事。在企业留存人才上，同样没有小事。

员工会因为一些小事对企业做抽象的判断，就像企业管理者会对员工日常的一些小事做抽象判断一样。

比如，某名员工上班迟到了1分钟，有的管理者会认为这名员工没有基本的时间观念，对时间没有足够的重视，没有提前规划的意识，对企业的制度不够敬畏，进而推断这个员工可能对这份工作根本不在乎，甚至推断出这个员工是一个不合格的员工。

联想集团的创始人柳传志曾经规定，只要开会，所有人都必须准时参加，如果不准时，就要罚站1分钟。结果柳传志本人也曾经因为种种情况迟到过2次。这时候，是否也可以用上面的逻辑来推断和评价柳传志呢？

就算企业知道不应该用这种方式来推断和评价员工，但不能阻止员工用这套逻辑来推断和评价企业。企业中存在各类员工，HR不能以自己的层次和素质来研判他人，也不可能寻求所有不同层次员工对企业的充分理解。企业唯一能做的，就是像要求员工不准迟到那样，要求所有管理层把能为员工想到的、做到的细节都做好。

海底捞服务背后的逻辑是企业用真心服务好员工，员工才会用真心服务好顾客。企业对员工无微不至，员工才会对顾客无微不至。

海底捞给员工租住居民楼，而不是像竞争对手那样给员工租住地下室；海底捞保证一间宿舍至多住4名员工，而不是像竞争对手那样一个屋子恨不得住20人；海底捞为员工宿舍提供Wi-Fi、电脑、24小时热水等，而不是像竞争对手那样宿舍里除了床什么都没有；海底捞为员工宿舍配备专门的阿姨为员工的生活服务，而不是像竞争对手那样让员工自生自灭。

情侣之间、夫妻之间和谐相处一直都是双方的事情，就像企业和员工之间能够和谐相处也一直都是双方的事。共同语言和相互理解不是寄希望于双方的素质有多高，而是大家在互惠互利的原则之下，在相互认可规范的背景之下，多站在对方的角度思考问题。

9.7　员工的学习积极性不高怎么办

为了保证员工能学习成长，很多企业组织了大量培训，员工却没有学习的积极主动性，这时该怎么办？为什么员工对课堂授课式学习提不起兴趣？如何让员工愿意接受企业安排的学习培训？如何应对员工对学习的消极态度？

员工的学习不是企业希望他们学什么，他们就会学什么。员工的学习意愿、学习热情、学习态度，以及想要学习的内容与个体需求有很大关系。当员工主动想学习的时候，学习效果最好。当员工不想学习的时候，再好的学习资源，也不会让员工产生兴趣。

员工学习动机的来源如图 9-2 所示。在图中，未满足的需求因人而异，与个体的需求相关。学习的驱动力由未满足的需求产生，但是驱动力不一定能转化为行动，受外界环境的影响，驱动力有可能消散，有可能转化为其他学习诱因或行动。

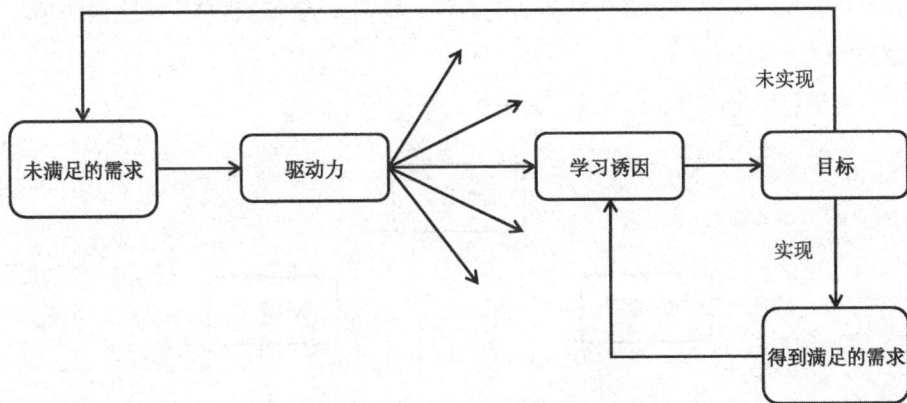

图 9-2　员工学习动机的来源

学习诱因是把驱动力与学习内容联系在一起的学习理由，有了学习诱因，员工才会把学习后的结果和未满足的需求联系起来，产生要学习的想法和动机。

当员工有学习的想法，并开展学习行动时，目标就形成了。当目标实现，个体需求得到满足时，将会加强个体对学习的正面反馈，形成学习的增强回路。

当目标没有实现，个体需求仍然未满足时，将会开启新的学习动机形成过程。有增强回路，就有消减回路。如果员工频繁接收到"学习无用"的信号，频繁产生"学习无用"的感受，就可能会形成学习的消减回路。

员工的学习动机来自个体未满足的需求。但并不是只要存在未满足的需求，员工都会主动学习。要想让员工产生学习动机，还需要有未满足的需求产生的驱动力和由驱动力产生的学习诱因。

个体未满足的需求对个体越重要，产生的驱动力就越强。未满足的需求通过学习的方式解决的路径越明显，环境提供的学习资源越丰富，驱动力转化为学习诱因的可能性就越大。员工在驱动力和学习诱因的趋使下，将会主动产生学习行为。根据学习行为对目标的实现情况（学习经验），强化或削弱再次学习的意愿。

在员工学习的过程中，企业要鼓励他们提出问题，并解答他们提出的问题。对员工的学习情况，管理者应当即时给予反馈。员工学习的开始阶段非常重要，好的开始能够吸引员工的注意力，让员工快速了解学习的方向。所以，在员工开始学习之前，要先让他知道为什么学习，因为这直接影响着他的学习效果。

促进员工学习有 6 个方法，如图 9-3 所示。

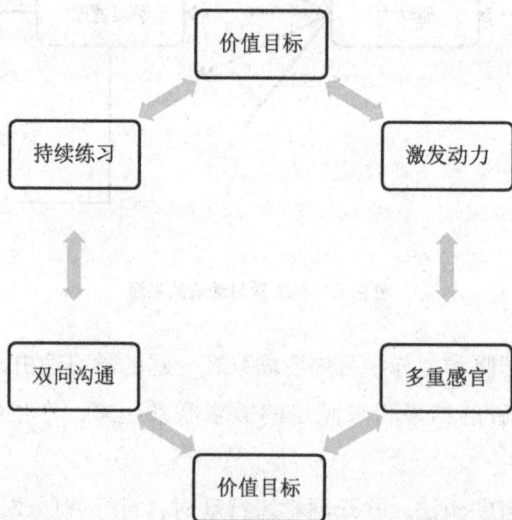

图 9-3　促进员工学习的 6 个方法

1. 价值目标

因为员工习惯带着较强的目的性学习，所以对员工实施的培训应当有明确的价值和目标。说不清楚的、漫无边际的、不切实际的、没有价值的目标都无法让员工获得学习的意愿和动力。

2. 激发动力

激发员工主动学习的热情会对学习的成功起到决定性的作用。员工学习的动力往往来自其对生存或发展等现状的不满以及对未来的憧憬和欲望。员工认为学习内容对他未来生存或发展起到的积极作用越大，其学习动力被激发的程度就越高，主动学习的意愿就越强，学习效果就越好。

3. 多重感官

员工的学习应当尽可能多地动用各种感官，比如视觉、听觉、触觉等。如果企业能够运用员工的多重感官实施培训，能够让员工更快速地吸收培训的内容，帮助员工加深印象，便于回忆，培训将会事半功倍。单纯地讲解（听觉），就不如让员工看到实物（视觉）的培训效果好，若能让员工更近距离地感受、操作、触摸等（触觉），培训效果将更好。

4. 价值目标

员工的学习内容应当多一些能够解决问题的工具或方法论，少一些概念性的原理。员工学习知识、技术、工具、方法论、资料、案例等内容，以及这些内容的呈现方式必须满足他们的需要和兴趣，学习全过程必须与其要实现的目标紧密相连，这样员工才会有学习的意愿和动力。

5. 双向沟通

员工的学习一定是可以双向沟通的，而不是单纯的说教。培训时要与参训人员充分进行互动交流，而不是单向传授知识。所以在整个培训过程中，培训方案对于互动性的设计以及培训方案实施过程中培训师对于互动性的把控直接影响着培训的效果。

6. 持续练习

最好的记忆和内化的方法是持续不断地重复。通过持续的练习，员工可以不断地重复学习获得的信息，增加短时记忆转变为长时记忆的概率。在员工学习的过程中，给予员工频繁提问、进行实践、强化总结等持续练习的机会，都将有助于强化员工的学习效果。

9.8　绩效面谈时有哪些沟通技巧

绩效面谈是管理者和员工之间就绩效问题进行的面对面的沟通。绩效面谈的质量决定了绩效结果。在绩效面谈的环节，管理者应当怎么做呢？管理者进行绩效面谈的时候，应遵循什么样的步骤？在绩效面谈的过程中，管理者应当如何聆听员工的想法？管理者和员工沟通的时候，要注意哪些内容？

绩效面谈是绩效结果反馈过程中非常重要的环节，它是通过管理者与员工之间的沟通，就员工在考核周期内的绩效状况进行交流的过程。管理者在肯定员工成绩的同时，要找出员工的不足并让其改进。

管理者对员工实施绩效面谈可以分为6步，如图9-4所示。

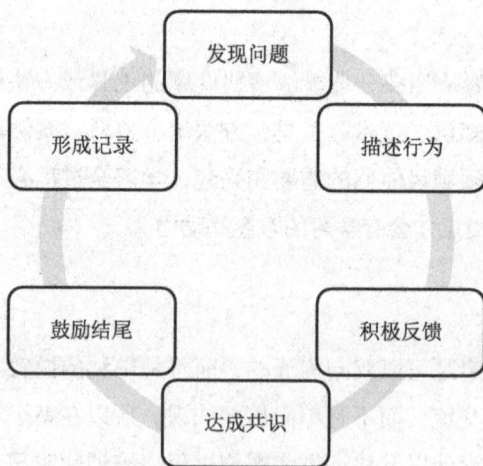

图9-4　实施绩效面谈的6个步骤

1. 发现问题

管理者首先要建立良好的沟通氛围，说明自己和员工进行绩效面谈的目的，让员工积极参与到绩效面谈中来。和员工谈话的时候，管理者要了解员工绩效目标的进展情况、工作情况、态度情况，有意识地观察和发现员工的问题。

2. 描述行为

管理者要描述员工日常工作中的具体行为，而不是概括性地直接总结和推断。要解释这个行为对绩效目标可能产生的具体影响。管理者可以向员工表达自己的感受，但是必须说明这只是主观感受，还需要进一步征求员工的想法，让员工能够自我分析、表达心声。

3. 积极反馈

除了发现员工做得不好的地方，管理者还要发现员工做得好的地方。管理者要积极地、真诚地、具体地表扬员工的好的行为，必要的时候，可以嘉奖员工的积极行为。

4. 达成共识

管理者要与员工确认需要改善的工作内容、需要补充的知识和技能、需要获取的资源和支持，并最终与员工达成一致。

5. 鼓励结尾

在谈话快结束时，管理者要着眼于未来，给员工一定的鼓励、支持或帮助，并且规划正面的结果，让谈话以鼓励结尾。

6. 形成记录

谈话的最后，要按照企业的要求，形成书面的记录，写清楚管理者与员工双方都认同的事情、具体的行动计划、改进的措施，以及还没有达成一致的事项。

倾听是沟通的开始，是管理者对员工表现尊重的方式。管理者在和员工进行绩效面谈的过程中，要学会有效倾听。要进行有效倾听，管理者要注意5个技巧，如图9-5所示。

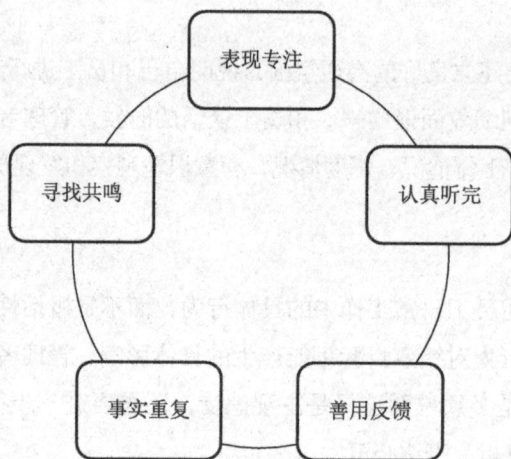

图 9-5　有效倾听的 5 个技巧

1. 表现专注

管理者可以通过一些非语言的行为，比如友好的表情、眼神的接触、时不时地点头、身体自然放松、身体稍微前倾等，让员工感受到管理者对谈话是有兴趣的，管理者已经接收到了员工传递的信息。

2. 认真听完

在员工把话全部讲完之前，管理者不要急于做出评判或纠正，也不要轻易发表自己的观点。管理者要认真地把员工的话听完，在认真体会和理解员工想要表达的观点之后，再给员工回应。管理者要站在员工的立场上去思考和理解员工所讲的观点或所提的问题。

3. 善用反馈

管理者在倾听过程中，要适时给员工一些简单的言语反馈，比如"哦""嗯""是的""没错""这个有意思""我明白"等，来认同对方的陈述。也可以通过说"讲一讲，我们讨论一下""我想了解一下你的想法""这个我很感兴趣"等来鼓励员工表达。

反馈不仅包含言语上的反馈，也包含行动上的反馈，比如管理者应当适时地点头、微笑。需要记录的内容，管理者可以在本子上做记录，这些行为同样能够激励员工继续表达。

4. 事实重复

为了表示自己在认真地聆听员工的讲话，管理者可以针对员工陈述的一些事实或者观点做简单的重复。比如，"我注意到，你刚才说……，我非常认同……""你刚才说的……，我理解的对吗？"。

5. 寻找共鸣

对员工表达的事项，管理者可以先表示自己的认同和理解，表示自己对该事项的想法和员工是相同的。考核双方在交流中产生共鸣是进行下一步沟通的有效保障。

良性的沟通能够让员工把信息充分表达出来，不良的沟通往往会让员工表达的信息不全面。要实施有效的沟通，管理者应当注意5个技巧，如图9-6所示。

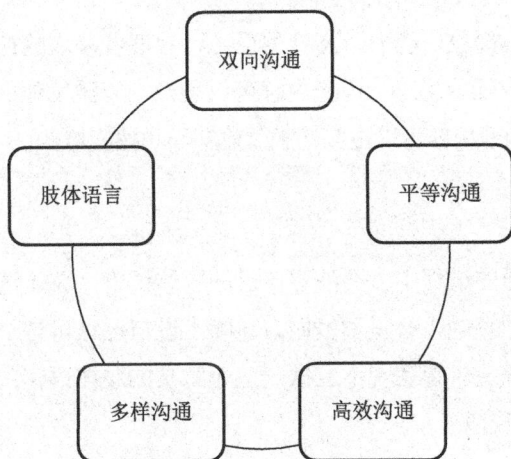

图 9-6　有效沟通的 5 个技巧

1. 双向沟通

沟通过程一定要是管理者和员工的双向交流，而且应当以员工为主要表达方。有一些绩效面谈是管理者向员工单向的信息输出，这样无法实现信息的交流互通，不利于员工绩效的改进。

2. 平等沟通

绩效管理的双方虽然在职位上有所差异，但是在绩效面谈过程中不应当过分强调这种差异。当绩效面谈的双方能够站在同一个位置上平等交流的时候，才是绩效面谈效果最佳的时候。所以管理者在绩效面谈的时候要和员工进行平等沟通。

3. 高效沟通

绩效沟通的主要目的是解决实际问题，而不是漫无边际地拉家常。沟通开始的时候，双方为了缓和气氛，可以简单聊一些非工作相关的话题，但时间不宜过长。管理者和员工应保持高效率沟通，快速聚焦问题，针对问题迅速讨论，以便形成方案、解决问题。

4. 多样沟通

对不同性格、岗位、能力、态度的员工，管理者采取的沟通策略应当是不同的。对于能力较强的员工，沟通内容可以更倾向于激发他的责任心；对于能力一般的员工，沟通内容可以更倾向于绩效辅导和技能培养。

5. 肢体语言

管理者在沟通的过程中，要注意自己的肢体语言。肢体语言能够展示人们的真实想法，比如有的人心里不赞同，却嘴上说自己认可这个观点，这时候他可能会不自觉地摇头。管理者不应做一些无意义的肢体语言，以免分散对方的注意力，影响沟通效果。

9.9 缺资金时如何举办企业文化活动

企业要落实和传播企业文化，免不了要举办各种活动。举办活动需要成本，可是企业的财务预算有限，尤其是一些处在发展阶段的企业，财务状况拮据，这时应该如何低成本举办企业文化活动呢？

没有财务资金支持，还有必要举办企业文化活动吗？企业效益不好时，企业文化活动如何办得精彩？当没有财务预算支持时，如何让企业文化活动不会显得太寒酸？

企业举办企业文化活动的目的是什么？很多人没有仔细思考过这个问题。这个问题也许对每家企业来说答案都不一样，但在大方向上一般都是一致的，即为了传播企业文化，提高员工的凝聚力，活跃企业氛围，为企业经营管理的良好运行服务。

企业文化活动一定要花很多钱才能做吗？

其实不一定。有很多企业举办的活动既朴实无华，又给员工留下了非常深刻的印象。人们对美好事物的印象不完全在于这件事花了多少钱，而在于这件事发生的过程中有没有给自己留下一段特别的回忆。

所以，举办企业文化活动的关键点是如何给员工营造一段特别的回忆。就算财务状况比较拮据，企业依然可以举办企业文化活动。如果企业的财务状况差是企业文化薄弱引起的，企业更应当多举办低成本的企业文化活动。

而且，有些企业文化活动本身也可以低成本地举办，比如以企业文化为主题的论坛、培训、讲座或演讲比赛；或者各种文体活动，比如唱歌、跳舞、体育比赛、晚会、征文比赛等。举办这些活动时可以把企业文化贯穿其中，进行宣导。

按照这个思路来举办企业文化活动，能够从思想上突破没有财务预算就办不成企业文化活动的思维误区。企业在举办企业文化活动的时候可以按照以下思路举办。

（1）待举办的企业文化活动的目的是什么？

（2）要达到该目的，需要向员工传达哪些感受？

（3）要最深刻地传达这些感受，需要用哪些事件提供支持？

（4）如何最低成本地实现这些事件？

比如，某企业想要强化员工之间互相关心、相互协作的企业文化，可以通过举办游戏拓展活动的方式来实现。

企业在举办企业文化活动的时候，可以节省活动中所有不关键的成本。所谓不关键的成本，就是和达到企业文化活动的目标或目的没关系的成本。当然，因为每家企业举办企业文化活动的目的不一样，所以不可一概而论。

比如，定什么样的场地开展活动对有的企业来说不关键；吃什么样的餐食对有的企业来说不关键；乘坐什么样的交通工具对有的企业来说不关键。

除了宣传企业文化必不可少的费用之外，其他费用上应当本着能省则省的原则。比如，如果在会场的布置方面，能用假花就可以不用鲜花；在道具需求方面，能租借就可以不用购买。

企业要注意运用内部的资源，当企业的财务资源吃紧的时候，可以有效运用内部的人力资源。企业文化活动的精髓通常在于员工的共同参与。参与感本身就是增强员工参加活动感受的一种方法。

当企业没有预算举办活动时，可以发动员工，让员工出谋划策，让员工想点子、拿主意，让员工从活动的策划到活动的实施充分参与进来。当员工参与到活动的策划和实施过程中时，很可能活动本身的目的就已经达到了。

企业举办活动有时候不一定只能企业自己出钱，企业可以适当动用一些外部资源来获得经费。

【举例】

以前我公司的采购总监每到公司举办活动的时候都会找供应商提供一些资源支持。供应商因为想和公司长期保持良好的关系，而且供应商也想提高自己对公司的价值，所以有的供应商愿意出这部分费用或者提供一些物品上的支持。

外部资源的支持不仅包括供应商的资源，还包括客户的资源。一些企业可以找到客户资源，让下游的客户为自己举办企业文化活动提供支持。

企业用来采购商品的对公账户中有时候会有积分，比如企业的京东、携程等平台的账户，因为有业务发生，里面的积分往往可以换购一些商品，可以用作活动奖品。

为了增强企业文化活动给员工带来的感官冲击，如果是有奖品的活动，"雨露均沾"的方式通常效果不佳。如果企业文化活动的奖品预算比较少，最好不要让太多员工获得小额奖品，应当设置比较少的大额奖品。让参与员工产生强烈的希望感和失望感。这种感受，很容易给参与员工留下深刻印象。

　　许多想从事或者正在从事人力资源管理工作的朋友都有过这样一个疑问：未来要做一名合格的人力资源管理者应该具备什么样的素质和能力？

　　这个问题其实很难回答。它不是难在方法上，而是难在实操上——不同的时期、不同的环境、不同的公司、不同的经营模式、不同的管理风格等，对人力资源管理者的素质和能力要求大不相同，不可一概而论。人力资源管理者应该具备什么样的素质和能力这一问题，没有标准的答案。

　　有的公司老板的用人理念就是，干部只要听话就行，不需要有太多思想，我说什么你干什么。你说这家公司的人力资源管理者需要具备什么样的素质和能力？可能排第一位的，是执行力；排第二位的，是处理各种突发状况的能力，也就是"救火"能力；其他的能力在这家公司都不太重要。有的老板喜欢放权，干部只要有理有据地提方案，在合理范围内的，他基本上都会同意。那么这家公司对人力资源管理者的素质和能力要求就会非常广泛。

　　有人说这两类老板的做法都不对，这两家公司都不正常。如果真的有什么样的公司叫对、什么样的老板叫对、什么样的做法叫对，那可能世界上所有的公司都会长成一个样。公司本来就各有特点，这从来就不是对与不对的问题，而是合适与不合适的问题。只要是对公司现在和长远发展有利的事情，即使跟许多所谓优秀公司的做法不同，那也是合适的。

　　当我们通过网络搜索引擎搜索"人力资源管理者的能力素质模型"时，会出现许多不知道从哪里来的结论。这些资料的优点是多少可以借鉴，尤其是知识层面的内容；缺点是比较泛泛而谈、缺乏实操性。开公司不是做学术研究，学术研究讲"观察、推理、实验、结论"，公司讲"效益、效率、成本、风险"；学术研究喜欢理论，公司更喜欢方法论和实操。逻辑不同，侧重点当然不同。

　　而且我们会发现，就算具备了这些搜索出来的资料里面讲到的所有的素质和能力，在实务中，人力资源管理者往往也很难得到老板的肯定。为什么呢？因为这种论文式的能力素质模型，大多是通过不同的方法提取关键绩效行为背后的知识和能力得出的结论。

它的逻辑是，寻找一些上市公司、标杆公司、知名公司或规模公司，提取它们现任的人力资源管理者拥有的能力，再进行一些战略需要的微调，最终得出结论，即合格的人力资源管理者就应该具备这些能力。

这个逻辑本身就有很大的问题，具体如下。

（1）现任人力资源管理者的做法就代表正确吗？

（2）这些公司的老板对他们现任的人力资源管理者足够满意吗？

（3）有哪些是老板有要求和期望，但是这些现任的人力资源管理者还没有达到的？

（4）缺乏对未来的评估和预期，总在总结过去，却很少展望未来。

也就是过多地关注"已经达到的层面"，而较少地关注"没有达到的层面"。那些"难以达到"和"没有达到"的，往往才是人力资源管理者能力素质的核心。

而我的逻辑，是从公司需求的角度推导人力资源管理者的能力素质。具体是要做好公司的人力资源管理者，首先要弄清楚人力资源管理者在公司里的定位是什么，要做好哪些事情，以及要做好这些事情，需要什么样的能力。

人力资源管理者通常有来自4个方面的期望和压力，公司高层对其有结构效率、作业效率、创新效率等战略和结果层面的要求；人力资源内部有做好人力资源规划、岗位管理、招聘管理等自身业务和管理层面的要求；业务部门对其有非人力资源的人力资源管理、如何有效激励、如何配合招聘等人力资源业务支持层面的要求；员工对其有获得更好的待遇和福利、公平的晋升机会、更好的人文关怀等个人层面的要求。

人力资源管理者就是在一个"上有老、下有小"的环境中生存，哪一个都不能不管，哪一个都不敢得罪。没事还好，就怕有事都一块儿找你，让你顾此失彼、无所适从。

针对人力资源管理者的这种状况，戴维·尤里奇（Dave Ulrich）其实已经给出了答案，他提出了人力资源"四角色模型"与"三支柱模型"，这套方法论在近几年国内外公司管理和咨询领域应用颇多。

传统公司对这个"4+3"的应用效果如何呢？现在看，大多数公司的应用效果是不理想的。这些公司的人力资源管理大多还停留在事务性、功能性的阶段，直白地讲，就是传统公司的人力资源管理版本太低，而"4+3"是一种较高级的版本，在传统公司很难运行。

但许多传统公司又特别喜欢国外的管理理念，于是就坚持引进，而且做了适当的本土化改造，所以我们能看到现在很多大型传统公司中出现了 HRBP、SSC 和 COE。但其实际的定位和工作原理和尤里奇原本的方法论大不相同，基本是一家公司一个样，还有许多公司的 HRBP 成了"鸡肋"，被当成可有可无的角色，看不到业绩、不好评估价值。

我们在网络上可以看到许多关于 HRBP 应该如何定位的文章。有的说 HRBP 应该这样，有的说应该那样，有的说干脆取消 HRBP 这个岗位，尤里奇的理论根本不适合中国公司。这些不同的观点和看法，在特定的环境、特定的场景中，都有一定的道理。可是他们说来说去，都忽视了一个"大前提"。

这个前提就是随着互联网时代的到来，在经济发展的新常态下，人力资源管理出现了一些新的发展趋势。

1. 组织云、知识云、资源云、能力云等云技术，颠覆了传统的人力资源管理模式

互联网时代，商业模式和用户群体变化迅速，需要更加灵活的组织模式，于是出现了诸多如扁平化、矩阵式组织、无边界组织、分型组织等新名词。人力资源可以分布在世界各地，大家通过云平台将连接在一起。未来组织内人力资源高度共享，基于大数据按需调用，这就是云特质。

高昂的人力培养成本、逐渐升高的流失率，让公司内部的人才培养成为一件越来越不划算的奢侈品。当云形成以后，员工的短板将不是问题，因为当员工面对一个任务的时候，有云的支持，自己做不了的事，可以和别人一起做。在知识云时代，你总能找到人愿意跟你合作来补你的短板。

2. 内部市场化，个体崛起，人人都是 CEO

传统的雇佣关系逐步瓦解，联盟式的雇佣关系开始崛起。在传统公司老板还在头疼怎么激励员工，抱怨员工产出不够的时候，许多快速发展的公司早就开始采取合伙人制、合弄制等新体制。

海尔集团的创客空间，在公司内部进行了彻底的市场化改造，把人力资源的管理变成资本的管理，由一开始的管理员工，变成现在的管理投资收益，由

公司对员工投入、员工为公司输出，变成了员工为自己投入，员工为自己输出的同时也是为公司输出。这不仅是人力资源管理模式的创新，更是商业模式的创新。

不论是合伙人制、创客，还是人才U盘式的协作关系，都是直接以个人层面的金钱和价值的获得为载体的持续强激励。它解决了传统公司一直不愿直视的问题——员工到底为谁打工？是为公司，还是为自己？如果是为别人，个体何必拼尽全力？如果是为自己，个体还有什么理由偷奸耍滑？

3. 人力资源管理数据化，追求人力效能提升

有人认为人力资源管理的数据化是回归泰勒时代，是把人当工具、把人当商品，是一种管理的倒退，因为数据无法显示人力资源管理的复杂性。实际上，在未来，只要管理足够细致，还有什么是不能被数据化的呢？

人们以何种方式组合在一起，决定了他们的效率。所以HR要做到"管理前置"，直接参与关键业务领域的管理，这就需要HR掌握一定的业务数据。这些数据将是HR实施流程和组织再造、用人优化等提高人力资源效能的重要基础。

同时，对于一些插不了手的情况，HR要评估结果，就要做到"管理后置"。现在也已经有了人力资源会计、人力资源效能仪表盘、人力资源成熟度模型、人力资源计分卡等工具来实现这种管理后置。

4. 人力资源管理两极分化，要么"上天"，要么"入地"

在云时代、平台化、个体崛起的未来，HR的许多中间工作将渐渐减少，但对上下两端的需求逐渐显现。"上天"指的是从宏观战略层面参与决策、组织机构和游戏规则等的顶层设计、公司整体绩效操盘等；"入地"指的是贴近团队和个人，提供微观个体层面的能力提升、绩效改进、个性化福利等服务。

在未来的时代背景下，人力资源管理者需要具备哪些素质和能力呢？我想这一定不是一张传统、具体的能力素质图表就能表示的，而应该是几种抽象的、发展的、与时俱进的"形象"。

（1）商人。HR一定要参与公司的运营，要参与公司战略的制定，甚至要参与公司商业模式的设计。

（2）科技达人。HR 要时刻关注并善于利用和借助互联网、云技术、人工智能等新技术，最大限度地提高组织效率。

（3）设计师。HR 要有战略制定、组织机构、流程运作等公司顶层设计和规划的能力，成为领导层的"军师"。

（4）工商市场专家。创业模式的出现，让 HR 由原来的管理员工，变为管理一个个工商业主。这就需要 HR 能够协助公司建立起一套内部的市场秩序，并在过程中适度干预。

（5）教练。HR 要具备内部指导的能力，时不时地扮演内部顾问或"幕僚"的角色，指导管理者和员工的行为。

（6）人力资源管理专家。HR 不仅要掌握传统的人力资源管理理论、组织行为学、心理学等基础知识，还要学会运用大数据，建立专业的分析模型，为组织提供更加专业的人力资源管理服务。

走人力资源管理这条路，你准备好了吗？

1. 基础指标

（1）月度平均人数＝（月初人数＋月末人数）÷2

（2）季度平均人数＝（季度内各月平均人数之和）÷3

（3）年度平均人数＝（年内各季平均人数之和）÷4

（4）职工离职率＝［期内离职人数÷（月末职工数量＋离职人数）］×100%

（5）人员编制管控率＝（总编制人数÷总在职人数）×100%

（6）月度出勤率＝（月内实际出勤天数÷月内应出勤天数）×100%

（7）人员缺勤率＝（缺勤职工人数÷应出勤总人数）×100%

（8）加班强度比率＝（当月加班时数÷当月总工作时数）×100%

（9）劳动合同签订比率＝（签订劳动合同的人数÷报告期内职工平均人数）×100%

（10）职工投诉比率＝（职工投诉的数量÷报告期内职工平均人数）×100%

2. 招聘指标

（1）招聘总成本＝内部成本＋外部成本＋直接成本

（2）单位招聘成本＝招聘总成本÷录用总人数

（3）面试通知比率＝（通知面试人数÷总收到简历数量）×100%

（4）面试应约比率＝（参加面试人数÷通知面试人数）×100%

（5）面试录用率＝（总录用人数÷总面试人数）×100%

（6）招聘完成比率＝（总录用人数÷计划招聘人数）×100%

（7）职工到位率＝（实际到职人数÷总录用人数）×100%

（8）同批雇员留存率＝（同批雇员留存人数÷同批雇员初始人数）×100%

（9）同批雇员损失率＝（同批雇员离职人数÷同批雇员初始人数）×100%

（10）内部招聘比率＝（内部招聘人数÷总录用人数）×100%

（11）外部招聘比率＝（外部招聘人数 ÷ 总录用人数）×100%

（12）空缺岗位人员补充时间＝某岗位从确认需求到新人上岗花费的总天数

3. 培训指标

（1）培训人次＝$N_1 + N_2 + \cdots + N_n$（N_n指参加不同培训的实际人数）

（2）内外部培训人数比率＝（内部培训人次 ÷ 外部培训人次）×100%

（3）某岗位受训人员比率＝（某岗位受训职工人次 ÷ 接受培训职工总人次）×100%

（4）培训费用总额＝内部培训总费用＋外部培训总费用

（5）人均培训费用＝报告期内培训总费用 ÷ 报告期内职工平均人数

（6）培训费用占薪资比＝（报告期内培训总费用 ÷ 报告期内工资总额）×100%

（7）内外部培训费用比率＝（内部培训总费用 ÷ 外部培训总费用）×100%

（8）培训平均满意度＝报告期内所有培训职工满意度之和 ÷ 报告期内培训人次

（9）培训测试通过率＝（通过测试总人次 ÷ 参加培训总人次）×100%

（10）培训后绩效改善率＝（培训后绩效考核结果改善人次 ÷ 参加培训总人次）×100%

4. 薪酬绩效指标

（1）直接生产人员工资比率＝（直接生产人员工资额 ÷ 工资总额）×100%

（2）绩效工资比率＝（绩效工资总额 ÷ 工资总额）×100%

（3）A类职工比率＝（绩效考核结果为A的职工人数 ÷ 职工总人数）×100%

（4）人均工资＝报告期内工资总额 ÷ 报告期内职工平均人数

（5）年工资总额增长率＝（报告期内年度工资总额 ÷ 上年度工资总额）×100%−1

（6）年人均工资增长率＝（报告年度人均工资 ÷ 上年度人均工资）×100%−1

（7）人均保险＝报告期内所缴保险总额 ÷ 报告期内职工平均人数

（8）职工社会保险参保率＝（总社会保险参保人数 ÷ 报告期内职工平均人数）×100%

（9）销售收入比率＝（报告期内销售收入总额 ÷ 报告期内职工工资总额）×100%

（10）净利润比率＝（报告期内净利润总额 ÷ 报告期内职工工资总额）×100%

（11）人均销售收入＝报告期内销售收入总额 ÷ 报告期内职工平均人数

（12）人均净利润＝报告期内净利润总额 ÷ 报告期内职工平均人数